전쟁하는 뇌

전쟁하는뇌

갈등과 평화구축의 신경과학

마리 피츠더프 지음
한지영 옮김

진실의힘

우리의 미래, 이설트와 엘리에게

한국어판 추천사

전쟁은 왜 발생하는가? 고대 이래 인류가 오랫동안 고민해 온 주제다. 국제정치학자들은 전쟁의 원인을 세력균형과 관련된 국제정세의 변화나 국내 정치체제의 성격에서 찾아왔다. 강대국 간에 세력균형이 깨지면 전쟁이 발생한다거나 독재정권일수록 전쟁을 일으킬 가능성이 크다는 명제가 대표적이다. 지도자의 신념이나 전략적 선택을 전쟁 발발의 원인으로 파악하는 학자들도 있다.

이 책의 저자, 미국 브랜다이스대학교의 마리 피츠더프 교수는 국제정치학자들의 이러한 기존 접근방식에 다분히 비판적이다. 제2차 세계대전 이후 발생한 국제분쟁의 양상을 보면 국가 간 전쟁 빈도수가 줄어들고 오히려 국가와 비정부행위자 또는 비정부행위자 간의 분쟁, 즉 사회갈등이 기하급수적으로 증가했다는 것이다. 국제정치학자들이 사회갈등의 중요성을 간과해 충분히 분석 대상으로 삼지 않았다는 이야기다. 그리고 이러한 분쟁 발발에 대한 분석과 예측은 물론 분쟁해소와 평화구축에 공헌한 바도 지극히 제한적이라는 것이다. 피츠더프 교수는 그 이유를 사회갈등의 직접적 원인인 본능과 감정보다는 행위자의 합리적 행동에 초점을 맞추는 기존 접근의 이론적 결함에서 찾는다.

사회심리학자인 피츠더프 교수는 사회갈등이라는 사회심리적 행동이 우리가 알지 못하는 사이에 타고난 뇌·몸 패턴의 영향을 받을 수 있다고 주장한다. 따라서 뇌과학이 새롭게 밝힌 인간 본성을 이해하는 일이 갈등의 원인을 규명하고 분쟁해소와 평화구축의 방법을 모색하는 데 핵심적 역할을 할 수 있다는 것이다. 뇌활동, 호르몬, 유전자 같은 생물학적 변수가 행위자의 행동에 미치는 인과구조를 과학적으로 규명함으로써 분쟁 연구의 새로운 지평을 열겠다는, 참으로 대담하고 새로운 시도가 아닐 수 없다.

이 책은 총 10장으로 구성돼 있다. 1장은 뇌가 사회갈등을 촉발하는 주요 변수라는 명제를 제시하면서 뇌활동, 호르몬, 유전자 같은 생물학적 요인이 인간 행동에 미치는 영향에 대한 그동안의 연구 결과를 개괄적으로 소개한다. 2장은 우리의 기억, 쾌락, 두려움을 담당하는 뇌영역과 분석적이고 논리적인 추론을 관장하는 뇌영역 사이의 긴장관계를 분석해 살인, 집단학살, 대량살인의 발생 원인을 규명한다. 3장은 집단 정체성, 집단기억, 원리주의 등이 사회갈등에 어떤 영향을 미치는가를 살피면서 거울뉴런과 옥시토신 같은 호르몬의 역할에 주목한다.

4장은 '진실'과 거리가 먼 신념과 기억이 어떻게 사회갈등에 영향을 미치는지를 집중적으로 분석하고, 5장은 폭력적 극단주의 현상으로서의 '테러리즘terrorism'을 근본주의라는 신념체계의 시각에서 재조명한다. 특히 근본주의를 유전적·신경학적·호르몬적 시각에서 접근하는 것이 이채롭다. '집단은 평화보다 전쟁을 획책하는 지도자를 고르기가 훨씬 쉬워 보인다'는 명제를 제시한 6장은 지도자의 선택을 사회심리학·사회생물학적으로 분석하면서 사회갈등 상황에서 지도자의 역할을 세심하게 파헤친다. 7장은 전쟁이나 사회갈등에서의 성패가 문화적 차이에 대한 이해에 달려 있다고 설파하고, 8장은 소셜미디어의 무기화와 이것이 전쟁과 사회갈등에 미치는 영향을 분석한다.

9장에서 피츠더프 교수는 기존의 진화심리학·사회행동심리학에서 경쟁이 인간의 일반적인 특성이라고 주장한 것과 달리 인간의 이기적인 행동이 보편적 원칙이 아니라 예외일 수 있다는 일련의 연구 결과를 보여주고 있다. 그러나 사회적·생물학적 상호협력의 진화가 주로 '자기' 집단에 국한되는 경향이 있으므로 이러한 결과를 일반화하기에는 이르다고 경고한다.

10장에서 저자는 네 개의 가장 중요한 함의를 도출한다. 첫째, 뇌구조·호르몬·유전적 유산遺産 같은 개인의 생물학적 요인이 중요하긴 하나, 이들이 우리의 운명을 결정하지 않는다는 것이다. 환경을 바꾸면 우리의 태도와 행동 경향도 바꿀 수 있다는 다소 희망적인 메시지를 던진다. 둘째, 우리는 모두 선천적으로 각기 다른 생물학적 속성을 가지고 태어나며 이는 안보문제를 대하는 우리의 사회적 태도에 중대한 영향을 미친다는 것이다. 셋째, 개인과 사회가 변화할 수 있다는 믿음을 가지라는 것이다. 극소수를 제외하면 개인과 공동체는 건설적 노력을 통해 '타자'로 여겨지던 이들을 변화, 융합시킬 수 있다는 것이다. 마지막은 공감과 포용을 통해 더 큰 '우리'를 만들어 나가야 한다는 주문이다.

한마디로 아주 유익한 책이다. 국제정치학적 시각에서 전쟁과 평화의 문제에 접근해오던 필자에게는 새로운 인식의 지평을 여는 책이 아닐 수 없다. 특히 사회갈등에 대한 새로운 학설과 최근 실험 결과들을 쉬운 문체로 간결하게 풀어나가는 저자의 탁월함에 찬사를 보낸다. 풍부한 비교 사례연구 제시는 독자가 사회행동심리학이라는 다소 난해한 분야를 이해하는 데 큰 도움이 될 것이다. 더구나 이 책은 단순히 사회갈등의 원인을 분석하는 데 그치지 않고 분쟁해소와 평화구축을 위한 처방을 제시한다는 점에서 의의가 크다.

저자는 연구의 한계도 인정하고 있다. 소개된 이론과 사례가 서구에 편중돼 비서구 사회에 적용할 때는 문제가 생길 수 있다는 점을 책의 초반부에서 밝힌다. 집단 간 갈등과 폭력적인 행동의 양상을 결정하는 데는 생물학적 변수 못지않게 사회적·구조적 맥락이 크게 작용한다는 점 또한 분명히 한다. 인간의 뇌가 모두 다르다는 점을 인정하고 생물심리학적·유전학적 기질이 환경에 의해 바뀔 수 있다는 점을 사전에 독자들에게 알린 것도 주목할 만한 점이다. 이러한 학문적 솔직함이 이 책을 한층 더 돋보이게 한다.

특히 이 책은 남북한관계와 한국의 정치현실을 이해하는 데도 몇 가지 중요한 시사점을 던진다. 첫째, 역지사지의 입장에서 상대방에 접근하라. 일방주의는 갈등을 부추길 뿐이다. 둘째, 상대방을 악마화하지 말라. 악마화된 타자와는 공존과 상생의 공간을 만들기 어렵다. 셋째, 대화를 통해 접점을 찾으라. 마지막으로 포용과 공감을 통해 '우리'의 영역을 확대하라. 타자까지 포함하는 '우리'의 대동사회 건설이 갈등해소와 평화구축의 기본이다. 첨예해진 남북한 군사대결과 심화하는 한국 정치의 양극화 현상을 극복하는 데 이러한 처방은 아주 적절해 보인다.

전쟁과 사회갈등, 그리고 한반도 평화구축에 관심이 있는 모든 이들에게 강력히 일독을 권하는 바다.

2025년 7월

문정인(연세대학교 정치외교학과 명예교수)

서문

10월 어느 저녁의 북아일랜드 벨파스트. 20년 넘도록 계속되는 전쟁은 끝날 기미가 보이지 않았고, 시내 중심가에 있는 내 사무실은 일상적으로 벌어지는 폭격으로 흔들리고 있었다. 사무실은 유로파호텔 바로 근처였는데, 세계에서 폭격을 가장 많이 받은 호텔로 알려진 이곳은, 북아일랜드 독립을 요구하는 소수파와 영국 간의 유혈 대립을 완곡하게 표현한 이른바 '트러블The Troubles' 기간에 서른여섯 차례나 폭탄 공격을 받았다. 나는 대학가로 가던 중이었는데 갑자기 차가 총격과 폭격이 빈번한 샌디로Sandy Row 거리 끝에서 서버렸다. 그 거리는 벨파스트에서 친영파Loyalist 성향이 매우 강한 지역으로 준군사조직인 얼스터방위연합Ulster Defence Association의 전통적인 심장부이기도 했다. 얼스터방위연합은 북아일랜드를 영국의 일원으로 남게 하려고 폭력을 쓰고 있었고, 반대로 아일랜드공화국군(이하 IRA)은 정치적으로 통일된 아일랜드를 만들려고 폭력을 쓰고 있었다. 자동차를 어떻게 해야 할지 막막하던 나는 어쩔 수 없이 근처 술집으로 들어갔다. 어찌할 바를 모르겠다는 얼굴로 있자니(페미니스트 친구들, 미안) 건장한 남자들 한 무리가 금세 나를 에워싸며 도와주겠다고 나섰다. 퀸즈대학교 근처에 가는 길이었다고 하니 자기들에게 열쇠를 주면 내가 일을 보는 동안 차를 고쳐놓겠다고 했다. 열쇠를 건네준 나는 학교로 걸어가면서 문득 이런 생각을 했다. '세상 어디에 술집 손님들, 그것도 준군사조직의 소굴로 알려진 술집의 손님들에게 자동차 열쇠를 거리낌 없이 주면서, 더구나 내 억양에서 이런 남자들의 적으로 지목되는 아일랜드 남부 출신임이 드러날 텐데도, 별일 없으리라는 걸 알 수 있는 곳이 또 있을까?' 나는 몇 시간 뒤 돌아왔다. 남자들은 내 차를 자기들 친구 정비소로 가져갔고 친구가 고쳐놓았다며 이제 "그랜드"하다고 말했다. '그랜드 grand'는 북아일랜드에서 모든 게 괜찮다는 뜻으로 쉽게 쓰는 말이다. 내가 한잔 사겠다고 했지만 그들은 사양하며 잘 가라는 인사와 함께 나를 보내주었다.

몇 주 뒤, 바로 그 차가 이번에는 펑크가 나서 IRA의 정당인 신페인당Sinn Féin 사무소 맞은편에서 갑자기 멈춰버렸다. 알다시피 IRA는 친영파의 적이다. 사무소는 신페인당 지도자 게리 애덤스Gerry Adams의 본거지여서 바깥에 우리가 흔히 보디가드라고 부르는 '어깨'들이 한 무리 있었다. 나는 차에서 내려 간절하게 손을 들어 보이며 도움을 청했다. 그러자 그 무리 모두가 다가오더니 지렛대도 없이 차를 들어 올려 스페어타이어를 끼워주고는 잘 가라며 나를 배웅해주었다. 이런 남자들이 적으로 간주하는 외집단外集團, 즉 영국인과 친영파를 어떻게 다뤘는지에 대해 내가 아는 사실과, 북아일랜드 공동체의 전형적인 특징이기도 한 일상적인 예절 사이의 극명한 대조가 다시 한번 드러나는 순간이었다.

한때 나는 타이론Tyrone주의 이른바 '킬링필드'에서 살았는데, 그곳이 그렇게 불린 것은 북아일랜드에서 벨파스트 내 특정 구역을 제외하고 살인발생률이 가장 높았기 때문이다. 오랜 세월 놀라움을 금치 못한 사실이 있다. 그 지역에서 IRA 활동에 가담한 이들 중 상당수가(거의 언제나 남자들이었는데) 할머니들을 식료품점에 모셔다드리고, 동네 축구팀에서 아이들을 지도하고, 일요일 미사에 참석하고 심지어는 헌금을 거두기도 하는 바로 그 사람들이었다는 점이다. 나는 이 남자들이 어떻게 자신들의 활동을 구획하는지, 다시 말해 자신들의 공동체를 향한 선량함을 고스란히 유지한 채 아무 거리낌 없이 반대편의 적을 살해하는지 궁금했다. 이들은 (그리고 내가 이후 만난 다른 많은 나라의 준군사조직과 그들의 공동체는) 자신들의 역사를 어떻게 인식하기에 자신들은 언제나 피해자이고 상대방은 언제나 침략자라고 믿는 걸까? 그것도 입증된 많은 사실을 깡그리 무시하고서 말이다. 결혼식 하객, 축구 관중, 술집을 가득 메운 취객 등을 상대로 그들이 저지른 생명 위협 행위, 남자뿐 아니라 여자와 아이들까지 부상을 입히고 불구로 만든 행위는 늘 스스로 정당화하는데, 왜 다른 이들의 유사한 행위는 결코 정당화되지 않는가? 무엇이 사회 불만과 정치적·종교적 이념을 이처럼 근본주의적으로 자극해, 많은 이가 타인을 죽이는 데 그치지 않고, 기꺼이 자신의 목숨까지 걸고 살인을 저지르거나 감옥에서 단식투쟁을 벌이도록 만들었을까? 왜 그토록 많은 이가 만화 한 편, 깃발 하나, 옷 한 벌, 책 한 권, 노래 한 곡 때문에 기꺼이 죽이거나 죽음을 당했을까? 왜 적에 대한 역사적 기억은 그토록 오래, 보통은 몇백 년, 때로는 몇천 년 전에 일어난 사건인데도 잊히지 않는가? 이 모든 것이 해로운 지도자들 때문인가, 아니면 폭력을 휘두르기 쉬운 정신병적 인격 때문인가? 갈등은 언제나 불공정한 사회·경제체제의 산물인가, 아니면 자신들의 고유한 민족·문화·종교적 정체성이 존중받지 못하거나 위협받는다고 인식하는 집단의 산물인가? 그리고 어쩌면 가장 핵심적인 질문일 텐데, 도처에 널린 폭력과 전쟁은 인간에게 '자연스러운' 것인가? 만일 그렇다면 그 이유는 무엇인가?

　　더 충격적인 생각도 있다. 우리는 대부분의 인간이 전쟁과 갈등을 몹시 싫어한다고 상정한다. 정말 그럴까? 온화하고 명석한 교수이자 아일랜드 총리였던 한 지인이 언젠가 내게 이렇게 말했다. "물론 모두가 평화를 원해요. 안 그래요, 마리?" 그 말에 나는 멈칫하며 의아해졌다. 나는 박사과정의 일환으로 북아일랜드 분쟁 양쪽 당사자인 수많은 준군사요원을 인터뷰했는데, 거의 대부분이 이른바 '작전의 밤'(즉 공동체를 위한 살인 임무)에 출동할 때보다 더 '살아 있다고' 느낀 적이 없다고 말했다.

　　많은 질문이 떠올랐다. 그중 내가 처음에 공부했던 정치나 국제관계 교과서로는 답할 수 있는 것이 거의 없어 보였다(그 책들은 여전히 오늘날 전쟁에 대해 이해하기 위해 많은 교수와 정책입안자들이 이용하는 통상적인 도구다). 내가 가족과 교전지역에 사는 동안 헬리콥터가 끊임없이 머리 위로 날고, 무장한 병사들이 수시로 시골길을 순찰하고, 우리 집에서 몇 킬로미터 떨어지지 않은 곳에서 공화파와 친영파 간의 살인이 벌어지고, 남편이 가업을 이어 운영하던 사업장이 폭파되고, (남편 고모가 운영하던) 지역 우체국이 강도를 너무 자주 당해 문을 닫아야 했던 일을 겪으면서, 나는 어쩔 수 없이 지금 무슨 일이 일어나고 있으며 그 이유는 무엇인지, 또한 그것을 바꾸려면 무엇을 해야 하는지 궁리해야 한다고 생각하게 되었다.

　내가 '갈등해결conflict resolution' 분야(당시에는 그렇게 불렸다)에 첫발을 들인 것은 1980년대 중반이다. 나는 당시 막 성장하는 전문 분야이던 '중재mediation'에 용감하게 뛰어들었다. 내가 지역에서 중재를 가르치기 시작한 때에는 그것이 워낙 새로운 분야였기에, 수업을 듣는 학생 절반가량이 '명상meditation'에 관한 것인 줄 알았다! 그랬던 게 훗날에는 몇몇 동료와 중재네트워크Mediation Network라는 조직을 설립하는 성과로 이어졌다. 이 조직은 북아일랜드에서 벌어지는 갈등을 해결할 중재자를 배출하는 주요 단체로 자리 잡았을 뿐 아니라, 북아일랜드의 준군사조직, 정당, 공동체, 정부 사이에서 수많은 왕복·대면 중재를 담당하고, 나아가 많은 국제 갈등을 중재할 전문가들도 배출했다. 이런 논의에는 언제나 많은 어려움이 따르기 때문에 나는 정의, 공평, 상징, 감정, 역사, 공동체 갈등 같은 주제로 생산적인 토론을 할 수 있는 다양한 방법을 제시한 집단기술group skill 책도 썼는데, 일반론을 다룬 판본이 오늘날 세계 여러 갈등 현장에서 쓰이고 있다(Fitzduff and Williams, 2019).

　내 주요 지적 관심사는 애초 이런 갈등에 폭력을 사용하려 했던, 그래서 투옥되기도 했던 일부 북아일랜드인이 결국에는 어떻게 이런 전략을 포기하며 대화하려고 노력하게 되었는지를 이해하는 것이었고, 이 질문은 내 박사과정의 중심 주제가 되었다. 다소 놀랍게도, 나는 대화와 논리적 판단에 따라 폭력에 대한 지지를 철회한 사람은 극히 일부임을 알게 되었다. 오히려 대다수는 어떤 경험을 하고 나서 사고와 행동이 달라졌고, 그 경험이 그들에게 감정과 본능을 시험하는 도전을 안겨주었다. 나는 또한 그들이 신념이나 행동을 같이하는 '부족tribes'에서 떨어져 나와 자신의 선택을 지지해줄 대안적 기관이나 정당이 없는 상황에서 얼마나 외로운 삶을 살고 있는지에도 관심을 기울였다. 무엇보다 중요한 점은, 이런 발견이 교전 중인 공동체 사이에서 집단 간 이해를 증진하려는 현재의 노력에 중대한 문제가 있음을 제기한다는 점이었다. 북아일랜드에서 기존에 우리가 사용하던 변화 프로그램은 거의 대부분 집단 간의 접촉·논증·추론이 태도, 더 중요하게는 행동을 바꾸는 데 효과적이라는 믿음에 기초하고 있었기 때문이다.

　　나는 곧 감정과 본능에 초점을 맞춘 전략을 시험해볼 기회를 얻었다. 박사과정 연구를 마친 뒤 1990년, 북아일랜드 내 갈등해결정책 수립과 실행을 위한 기금 마련 임무를 띠고 설립된 기구의 초대 최고책임자로 지명된 것이다. 이 기구는 공동체관계위원회Community Relations Council였는데, 곧 북아일랜드 내 정책 수립과 공동체 화해작업의 기금을 조달하는 주요 기구가 되었다.* 이 기구는 유럽연합과 영국 정부 양쪽에서 막대한 기금을 받았다. 이 기구에서 일하고 뒤이어 유엔대학교UNU 부설 국제갈등연구소INCORE 소장으로서 국제 연구·자문·중재작업을 수행하면서 나는 사회갈등에서

* 　　(원주) https://www.community-relations.org.uk/

이성의 역할이 얼마나 작은지, 반면 본능과 감정의 역할은 얼마나 큰지 되풀이해서 인식하게 되었다.

좀 더 최근에는 브랜다이스대학교Brandeis University에서 갈등 해결 전문가를 위한 대학원 과정의 설립 책임자로 참여함으로써 이런 판단을 확고히 했을 뿐 아니라, 세계 70여 개 갈등 현장에서 온 참가자들과 함께 국제관계 이론에서 전통적으로 갈등문제에 접근 해온 방식을 보완할 학습 프로그램을 개발할 기회를 얻었다. 이 새로운 프로그램은 사회과학의 기존 분야, 특히 사회심리학, 새롭게 떠오르는 생물사회학 분야에서 도움을 받았고, 그 결과 생물학적 시스템이 사회적 과정과 행동에 어떤 영향을 미치는지 이해하는 학제 간 연구로 발전했다. 이런 접근은 행동과학, 특히 인간의 의사결정에 심리·신경·감정·문화·사회·인지적 요인이 미치는 영향을 연구하는 사회신경과학의 주요 통찰과 지혜를 빌려 온 것이다.

행동경제학의 등장은 경제학 분야에 대변혁을 일으켰다. 기존보다 좀 더 현실적인 인간 본성 개념을 경제학에 통합하고, 경제학의 고전적 이론이 제시하지 않는 방식으로 (인간의) 의사결정을 바라보려는 노력이 뒤따랐다. 각국 정부도 이제 공공정책을 세울 때 이런 새로운 행동 중심 접근법을 활용하고 있다. 예를 들어 영국 정부는 공공정책을 수립할 때 참고하려고 행동신경과학을 바탕으로 한 '넛지Nudge' 부서를 만들었다. 호주 정부의 선례를 따른 것이다. 구글, 페이스북, 트위터* 같은 소셜미디어 회사들은 사업전략의 일

---

*   (역주) 현재는 X로 바뀌었다.

환으로 (옳건 그르건) 뉴로마케팅neuromarketing을 활용하고 있다(이 책 9장 참조). 세계은행World Bank은 세계 여러 곳에서 더 빨리 개발을 완수해야 하는 일견 까다로운 사회적·경제적 도전을 마주하고 점점 더 행동과학에 의지하고 있다. 이들 기업 상당수는 행동과학, 특히 사회신경과학에서 얻은 통찰이 기업 공동체에는 성공 가능성과 이익률을 높여주고, 정책입안자에게는 비용 대비 효율이 높은 개입을 가능하게 하리라 믿는다. 이런 접근법은 최근 몇십 년 사이 기능적 자기공명영상fMRI, functional Magnetic Resonance Imaging과 호르몬·유전자검사 같은 신기술이 등장함으로써 가능해졌다. 이런 기술은 우리가 개인 또는 집단으로서 서로 관계를 맺는 데 영향을 미치는 사회 요인에 대해, 미약하나마 지금껏 이해해온 바를 확인해주고 더 많은 지식을 선사해주었다.

그럼에도 아직 갈등해결, 이제는 '평화구축'으로 더 자주 불리는 이 분야는 이런 새로운 전략의 영향을 별로 받지 않았다. 우리는 이런 학제 간 접근을 평화구축 전문가나 군인을 위한 교재에서 거의 찾아볼 수 없다. 오늘날 군인의 군사적 책임이 대부분 갈등예방, 그리고 갈등 중 또는 갈등 이후의 사회에서 공동체와 기관을 발전시키는 방향으로 다시 초점을 맞추고 있는데도 말이다. 인간은 누구나 타고난 뇌/몸 패턴에 영향을 받으며, 그것이 알지 못하는 사이에 우리 일을 방해한다는 점을 이해할 필요가 있다. 문제는 이 사실에 주목하지 않으면, 이런 타고난 경향이 우리가 함께 살아가고 우리의 차이를 폭력 없이 해결할 수 있는 능력을 떨어뜨릴 것이라는 점이다. 이 책은 우리가 놓친 이런 요인들을 다루려 한다.

주의할 점

사회심리학과 생물사회심리학의 지식은 갈등해결과 평화구축 분야에서 효과적으로 일하는 데 중요하다. 그러나 이 두 학문이 갈등을 이해하고 좀 더 평화로운 사회를 만들기 위한 도구로서 갖는 한계도 주의 깊게 인식할 필요가 있다.

가장 결정적인 한계는 이 책에서 개략적으로 소개한 연구 대부분이 이른바 위어드WEIRD(Western, educated, industrialized, rich, democratic의 첫 글자를 딴 조어로 서구의 교육수준 높고 산업화된 사회에 사는 부유하고 민주적인 사람들을 뜻한다. Henrich, Heine and Norenzayan, 2010)에 의해, 또한 이들을 대상으로 수행되었다는 사실이다. 지금까지 위어드 인구집단은 사회심리학 연구에서 지나치게 과잉 대표되어왔다. 이런 집단만 연구하기 때문에 연구자들은 세계 인구의 다양성을 고려하는 데 대체로 실패한다. 따라서 위어드 인구집단에서 얻은 결론을 적용하는 것은 연구의 타당성을 떨어뜨릴 수 있다. 이 책은 가능한 한 세계 전역에서 수행된 연구에 폭넓게 접근하려 했지만(이 책 7장 참조), 세계의 갈등을 다룬 내 이전 저서(Fitzduff and Stout, 2006)와 마찬가지로 여러 대학의 연구 여력이 부족한 현실 때문에 제약을 받았다. 빈약한 재정 때문에 교수들이 이 책을 보완하는 데 필요한 연구에 전념할 수 있도록 지원해주지 못했기 때문이다.

다음으로, 특정 집단에 부당하고 잠재적으로 굴욕감을 안길 수 있는 **구조적·사회적 맥락**이 집단 간의 갈등과 폭력적인 행동의 주된 촉진제 역할을 한다는 점이다. 전쟁은 주로 특정 정체성을 지닌 사람들이 불공평하고 배제되었다고 느끼는 상황에서, 생물사회적 요인이 아닌 이런 요인이 조작과 폭력을 통해 작동하면서 시작된다. 최근의 전쟁은 대부분 불평등이나 배제문제로 일어났다. 불공평함이 실제로 신체적으로 느껴진다는 점을 고려할 때(이 책 3장), 이런 맥락이 더 적절히 다루어졌다면 개인 혹은 집단 간의 차이는 사회를 이루는 평범한 요소가 되었을 것이고, 다양한 집단을 잘 관리할 필요성을 더 잘 이해하게 되었을 것이다. 심리문화/사회문화에 대한 이해만으로 이런 문제에 접근하는 것은 충분하지 않으며, 장기적으로 구조적인 문제를 함께 다루어야 비로소 효과를 볼 수 있다.

세 번째 주의할 점은, 이 책이 명확히 설명하고 있는 것처럼, 인간의 뇌가 모두 다르다는 점이다. 예컨대, 어떤 사람은 좀 더 쉽게 다른 사람을 의심하고 어떤 이는 새로운 사람과 새로운 경험에 좀 더 개방적이다. 이런 차이는 분명 인종이나 민족과 무관하며, 과학적 인종주의의 유산을 정당화하는 데 쓰여서는 안 된다. 이제 인종적 열등이나 우월이라는 추정을 공공연히 거론하는 경우는 드물지만, 이를 지지하거나 정당화하기 위해 과학적 기법과 가설을 이용하는 일이 여전히 일부 지역에서는 존재한다.

이 책의 어떤 연구도 이런 차이를 차별의 이유로 삼으려는 이들에게 굳건한 근거가 되어주지 않을 것이다. 불행히도 현실은 반대다. 우리는 모두 세계 어디서 왔든, 어떤 집단이나 민족에 속하든 감정적·인지적 혼란에서 자유롭지 못하며, 그런 혼란 속에서 살아가고 일하고 전쟁을 일으키고, 때로 평화를 이루기도 한다.

네 번째로 주의해야 할 점은, 호르몬·유전자검사 혹은 자기공명영상 스캔을 통해 밝혀진 것 중 결정론을 적용할 수 있는 것은 없다는 점이다. 우리의 유전자, 뇌, 호르몬이 우리를 특정한 생각으로 기울게 할 수 있지만, 그런 생각이 불변하는 것은 아니다. 뇌는 비교적 가소성이 좋으며 생물심리학적·유전학적 기질은 환경에 의해 (얼마간) 바뀔 수 있다. **타고난 경향이 곧 숙명은 아니라는 것이다.** 다른 개인이나 집단을 대하는 행동을 바꿀 수 없는 개인이나 집단은 없다. 연구에 따르면 타고난 특질은 상대적으로 바꾸기 어렵지만, 세심하게 관리하면 변화가 가능하다고 한다.

변화를 가능하게 할 대안적 전략이 무엇이며(나는 그것을 사회가 갈등을 폭력이 아닌 정치, 법, 대화를 통해 풀 수 있는 능력으로 정의한다), 그런 접근이 성공적인 평화구축을 완수하는 데 어떻게 도움이 될 수 있을지 이 책에 담긴 지식으로 좀 더 명확해지기를 바란다.

차례

서론

지금 우리를 행동하게 하는 확신은 어쩌면 후세대뿐 아니라
미래의 우리 자신에게도 끔찍하게 보일지 모른다.

—새폴스키(Sapolsky, 2017)

갈등의 미래

이 책을 쓰는 시점은 이라크와 아프가니스탄에 대한 서구
의 개입이 실패로 끝나고 시리아가 최소 일곱 개 국가의 변덕스러운
개입 속에 각자의 이념에 따라 수천 개의 파벌로 분열되는 등 전쟁
을 수행하는 전통적 방식의 한계가 명백히 드러난 때다. 아프가니스
탄과 이라크에서 일어난 전쟁은 전쟁에 대한 전통적 접근법의 한계
를 두고 논쟁을 촉발했으나(Debs and Monteiro, 2014), 여전히 많은 정
책입안자, 국가 지도자, 학자들이 이 한계를 충분히 인식하지 못하
고 있다. 이 글을 쓰는 지금도, 미국은 신임 대통령의 지휘 아래 스스
로를 지키겠다며 더 새롭고 더 성능 좋고 더 비싼 전쟁 무기에 다시
금 희망을 걸고 있다. 그러나 이 무기가 어떻게 더 평화로운 세상, 또
는 더 안전한 미국 사회를 만들 수 있는지를 입증하는 명확한 증거

는 전혀 없다. 이런 전략은 2001년 9월 11일 아마추어 비행기 납치범 열아홉 명이 고작 상자를 뜯는 커터 칼을 휘두름으로써 미국에서건 혹은 세계 어느 곳에서건 '안전한' 사회라는 개념에 종언을 고했음을 도외시하고 있다.

소형화 기술의 지속적인 발전도 수십억 달러를 들여 군비를 대량 구매하는 것이 무의미함을 보여준다. 예를 들어, 2019년 10월, 겨우 드론 열여덟 대와 순항미사일 일곱 기가(그것도 현대식 군용기에 비해 저렴하고 단순한 형태였다) 사우디아라비아의 원유 생산 시설 절반을 마비시켰다. 이 무기는 세계 원유 공급량의 5퍼센트를 날려버렸고, 국제유가가 20퍼센트 급등했다.

갈등이 있으면 주로 무력으로 해결해야 한다는 우리 사회의 지배적인 신념은 지난 2017년, 120명이 넘는 미군 3성 및 4성 퇴역 장군이 미국 상·하원 지도부에 보낸 공개서한으로 시험대에 올랐다. 서한은 소프트파워soft power를 활용한 접근을 포기하고 군 예산을 늘리는 데 반대하며 "점점 늘어나는 세계적인 위협과 기회에 대응할 수 있도록 (외교 및 개발·평화구축 노력을 지원하는) 국제문제 관련 예산을 충분히 확보할 것"*을 촉구하는 내용을 담았다. 서명한 사람 가운데는 전 CIA 국장이자 퇴역 육군 대장인 데이비드 퍼트레이어스David Petraeus나 전 나토 연합군 최고사령관 제임스 스타브리디스James Stavridis도 포함되어 있었다(Cahn, 2016). 이런 관점은 퍼트

---

*   (원주) https://www.usglc.org/downloads/2017/02/FY18_International_Affairs_Budget_House_Senate.pdf

레이어스 전 장군이 이미 과거 아프가니스탄 참전군 지침서에서 이제는 군대도 소프트파워를 행사해야 한다고 강조하며 암시한 바 있다(ISAF Public Affairs Office, 2010). 그보다 10년 앞서 전 영국 장군 루퍼트 스미스Rupert Smith 또한 군사력이 아닌 또 다른 힘의 중요성과 이를 우선시해야 하는 이유를 역설했다(R. Smith, 2005).* 스미스는 다음과 같이 결론 내린다.

> 대립과 갈등이 온 세상에 존재하고, 각국이 지금도 군대로 무장하고 이를 힘의 상징으로 활용하고 있기는 하지만 …… 대부분의 민간인이 전쟁 하면 으레 떠올리는 전쟁, 인간이 기계화된 무기를 갖추고 전장에서 벌이는 전투로서의 전쟁, 국제사회의 분쟁에서 사태를 결정짓는 중대한 사건으로서의 전쟁, 산업자원을 촉동워한 전쟁, 이런 전쟁은 더는 존재하지 않는다. 우리는 이제 끊임없이 새로운 적을 만들어가며 **사람들 간의 전쟁**을 치르고 있다. 우리는 이 압도적인 현실에 맞춰 접근법을 바꾸고 제도를 정비해야 한다.
> (https://www.historynet.com/interview-rupert-smith-cant-win-war-terror/, 강조 표시는 내가 덧붙였다.)

스미스는 1998년부터 2001년까지 나토 유럽연합군 최고사령부 부사령관을 지냈으며, 그의 경험 대부분은 구 유고슬라비아와 북아일랜드에서 빚어진 갈등에서 얻은 것이다. 군과 경찰을 포함해 북아일랜드의 모든 이해당사자와 일해본 나 역시, 영국군 최정예 부

---

* (원주) https://www.historynet.com/interview-rupert-smith-cant-win-war-terror.htm

대·경찰·영국 및 아일랜드 정부가 총 4만 명 넘는 보안 병력을 갖추고 있으면서도 고작 몇백 명에 불과한 IRA와 친영파 무장세력을 어떻게 진압하고 제거할지 몰라 쩔쩔맨다는 사실을 알고 있었다. 이것이 바로 스미스가 언급했던 "사람들 간의 전쟁"이며, 오늘날 전쟁의 대다수를 차지하는 이런 내전에서는 값비싼 고성능 군사무기가 대부분 무용지물에 가깝다.

이 책에서 다룰 전쟁은 대부분 캘도어(Kaldor, 2012)가 "새로운 전쟁"이라 칭한 사례들로, 수행되는 장소나 시작점이 국내이며 주로 비정부행위자non-state actors가 정규군에 맞서 벌인다. 이런 전쟁은 이해관계가 얽힌 국제사회가 당사자의 대리인인 양 나서 지원을 하는 경우가 많다. 이런 새로운 전쟁은 국제정치체제에 대한 전통적 접근법으로 이해하기가 특히 어렵다. 그러나 안타깝게도 오늘날의 갈등을 이해하는 데 필수적인 연구가 대부분 학자들의 손에 맡겨져 있다. 그런데 이들 중 다수는 새로운 전쟁 상당수가 드러내는 일견 비이성적인 논리를 제대로 인식하거나 이해하지 못할뿐더러 인정조차 않는다. 대다수의 정치 및 국제관계 학자들은 본래 국가를 국제관계의 주요 행위자로 상정해왔으며, 이들 연구의 초점은 국가 간 관계에 맞춰져 있었다. 이들의 연구는 보통 의사결정자는 언제나 국익을 추구하는 이성적 정부행위자state rational actors라고 전제한다.

현실주의자들이 제시하는 세계관은 이해하기가 쉽다. 이성적이고 계산적이며 이기적인 국가들이 위계가 없는 국제체제에서 가장 중요한 행위자다. 각 국가의 생존전략은 기존 힘의 균형을 위협하는 모든 국가에 맞서 힘을 축적하고 동맹을 맺는 방식을 기반으로 한다. 현실주의자들은 또한 안보 딜레마를 힘의 균형을 통해 완화할 수 있다고 믿는다. 힘의 정치가 이 게임의 본질이며, 이 게임은 제로섬이다. 즉, 한 국가의 이득은 다른 국가의 손실이다.(Al-Rodham, 2013)

내전이 국제사회의 대리전으로 발전하기도 하지만, 국가가 직면하는 대부분의 위협은 흔히 국가권력 자체, 혹은 초국가적·전지구적 정체성을 갖는 권력을 두고 싸우는 자국 내 비정부행위자와 불법 준군사조직으로부터 온다. 안타깝게도 국제관계 연구자들은 이런 갈등에 관련된 본능적이고 감정적인 요인을 제대로 인식하지도, 이를 다룰 어휘를 마련하지도 못하고 있다. 이런 요인이 오늘날 벌어지는 정체성 전쟁 대다수의 가장 지배적인 요인일지도 모르는데 말이다.

서구세계도 다르지 않은데, 브렉시트Brexit 국민투표라는 중대한 국가적 결정이 "냉철한 분석과 증거에 기반한 추론이 아니라, 히스테리, 증오, 야만적 감정과 배타적인 혈통민족주의라는 흉측한 괴물에게"(Foster, 2016) 지배되었다고 많은 평론가들이 논평했다. 미국의 경우, 도널드 트럼프 대통령이 당선된 2016년 대선 당시 불신과 혼란이 만연했던 것도 전적으로, 정치적 행동은 대개 이성적이라는 수많은 분석가들의 오해 탓이었다. 불행히도, 이들은 우리의 정치적 의사결정과 지도자 선택이 대개 정체성 상실, 위협과 배제의 맥락 같은 가치적 경향에 좌우된다는 점을 깨닫지 못했다(Fitzduff, 2017). 브렉시트와 트럼프의 선거운동 모두 지도자가 지지자들의 이익에 이성적으로 호소하기보다 본능적·감정적 경향에 호소하는 데 자신들의 수사修辭를 이용했고, 이는 이후 의사결정에 광범위하게 적용되었다(Grillo, 2017). 오늘날 이 밖에도 다른 많은 나라에서 사람들이 자발적으로 우익정당에 투표하거나 독재자를 지도자로 선택하고 있다. 불행히도, 오늘날 세계화, 이민 증가, 불평등의 심화로 촉발된 위기의식은 정치·군사 지도자가 매우 쉽게 이용할 수 있고, 여기에 '타자화othering'를 쉽게 동원함으로써, 즉 특정 개인이나 집단이 본질적으로 '나와 다름'을 강조함으로써 갈등을 크게 고조시킬 수 있다.

다행스럽게도, 실제 전쟁과 수많은 군인, 정치인, 대통령 들이 생각하는 전쟁 사이에 큰 차이가 있음을 군에서 가장 명석하고 권위 있는 인물들이 점차 이해하고 있다. 그 결과, 점점 더 많은 사관학교들이 평화구축 관련 분야와 기술에 문호를 개방했고 이들 학교에서 일하는 평화구축분야의 전문가와 학자도 증가했다. 나와 내 동료들 상당수가 웨스트포인트, 칼라일 소재 미 육군대학, 탬파 소재 해병특수전학교, 샌디에이고 소재 육해군사관고등학교, 국방대학교, 미주국방대학과 같은 군사학교에 교원으로 자주 초빙되고 있다. 조지메이슨대학교, 브랜다이스대학교의 예에서 보듯이 많은 평화구축 대학원 과정에서 군인들을 적극 환영하고 있다. 영국 육군사관학교인 샌드허스트에서도 평화구축분야 전문가와 학자를 초빙하고 있다. 이들과 군인 출신 교원이 협력하여 실전에서 갈등을 해결할 때 무력 사용 외의 대안을 탐색하는 기술을 생도들에게 가르치려는 것이다. 군사학교에 비하면 여전히 작지만, 갈등해결/평화구축 전문 분야의 규모가 빠르게 성장하고 있다. 내가 2004년 브랜다이스 대학교에 국제대학원 전문과정을 신설했을 때만 해도 갈등해결/평화구축전략을 다루는 대학원 과정이 전 세계에 겨우 열 개뿐이었다. 최근 수치에 따르면 이런 문제를 다루는 대학원 과정이 전 세계석으로 160개가 넘는다.

이 과정에서 핵심적으로 요구되는 것은 우리의 생물사회적·신경학적 유산의 실체를 이해하고, 이 유산이 전쟁의 발생과 지속에 어떻게 영향을 미치는지 파악하는 것이다. 이런 이해는 우리가 갈등을 겪는 집단과 더 현실적으로, 더 연민을 갖고, 또한 더 효과적으로 협력하는 데 도움을 줄 수 있다. 그들의 행동은 우리가 이제야 이해하고 평가하기 시작한 인간의 사회적·신체적 과정에 좌우되거나 제약받는 경우가 많기 때문이다. 우리의 마음과 몸이 어떻게 타 집단에 대한 우리의 사회적·집단적 행동에 영향을 미치는지 인식하는 것은 매우 중요하다. 애스가(Asghar, 2016)는 이렇게 주장했다.

> 인간 본성의 복잡한 측면과 인간과 동물 세계의 유사성을 인정하자는 것이 운명론자가 되자는 말은 아니다. …… 나는 이것이 우리 인간에게 맡겨진 가장 숭고한 의무라고 믿는다. …… 또한 그렇게 할 수 있는 능력은 우리의 동료 시민이 우상과 상징에 매료되는 무의식적 힘과 특이한 동기를 있는 그대로 직시하지 않을 때 손상된다고 믿는다. 한마디로, 이들을 바보 멍청이라고 비난하는 것은 더 나은 사회를 만드는 데 전혀 도움이 되지 않는다.

이런 진실을 이해하는 것은 여러모로 유익하고 위안이 된다.

이를 더 철저히 이해하면, 우리 환경을 조정해 인간의 본성 중 가장 부정적인 성향을 촉발하는 맥락을 무심코 지지하지 않도록 할 수 있기 때문이다.

뇌를 실시간으로 추적하고, 약간의 물리적 조작으로 감정·생각·선택을 바꿀 수 있는 기술이 등장한 것은 우리가 인간 본성을 이해하는 데 큰 도움이 되었다(이 책 1장 참조). 사회심리학 연구는 특정 맥락에서 정확히 어떤 행동이 촉발되는지 오래전부터 여러 사례를 제시해왔으며, 신경과학의 최신 발견이 이를 심심찮게 확인해주고 있다. 우리의 뇌와 몸이 특정 맥락에서 보이는 반응을, 심지어 우리가 그 반응을 의식하기도 전에 분석할 수 있는 기술이 등장했다는 사실은 다소 두렵기까지 하다. 그럼에도 나는 우리가 개인이자 사회적 존재로서 지니는 복잡성과 예측 가능성을 이해하는 편이 낫다고 믿는다. 그래야 우리가 거의 이해하지 못하는, 그럼에도 우리로 하여금 이 지구에서 함께 살아가는 다른 많은 사람들과 갈등을 빚거나 폭력적 행동을 하도록 유도하는 감정과 신념에 맹목적으로 끌려다니지 않을 수 있다. 내 바람은 이 책을 읽고 사회적·정치적 태도와 행동의 심리학적·생물물리학적 연관성에 관한 연구를 더 잘 이해함으로써 지금까지보다 더 사려 깊게 평화구축전략을 세우는 것이다.

이 책을 쓰면서 나는 사람들 사이에 명백해 보이는 차이, 이를테면 유전자·신경구조·호르몬 등의 차이에 관한 판단을 유보하고 접근하려 노력했다. 연구 결과에서 드러나듯 각각의 개인과 집단은 생각하고 정보를 처리하는 방식, 결정에 관여하는 감정, 감정 통제 능력, 집단 소속 욕구, 우선시하는 가치, 이념이 삶에서 차지하는 중요성, 적을 식별하는 방식, 사실을 바라보는 방식, 기억하거나 망각하는 대상, 외집단에 대한 두려움과 불신, 지도자를 필요로 하는 정도 등이 **다 다르다.** 이런 차이는 사회적·생물학적·문화적 영향이 만들어낸 것으로(이 책 7장 참조), 좋지도 나쁘지도 않다. 그서 그러할 뿐이다. 아마도 어느 시점에선가 이런 차이 또는 차이의 혼합이 개인과 집단의 생존에 중요한 역할을 했기 때문에 존재하는 것일 테다. 중요한 것은, 우리가 이런 차이를 이해하고 염두에 두는 것으로, 나는 이 책의 마지막 장에 이런 통찰을 평화구축작업에 어떻게 유용하게 적용할 수 있을지 몇 가지 제안을 해두었다.

그러나 신경과학의 최근 연구 결과 중 많은 부분이 잠정적이라는 점도 유념해야 한다. 신경과정을 측정하는 데 쓰이는 기법 중 다수가 아직 초기 단계에 있고, 측정 결과도 여전히 상당히 불안정하다. 생물과학은 우리 뇌를 들여다봄으로써, 갈등을 일으키고 지속하는 기제와 과정을 파악하는 데 도움을 줄 수 있다고 홍보해왔다. 그러나 현실은 생각과 행동을 측정하는 데 사용되는, 기능적 자기공명영상을 비롯한 여러 방법이 아직 초기 단계에 머물러 있으며, 그 결과 역시 불확실하다(공정을 기하려 덧붙이자면, 연구자 스스로도 연구 결과가 잠정적임을 인정하는 경우가 많다).

어쩌면 이 책의 해당 장을 접근할 때는 위키백과Wikipedia의 주의사항, 즉 "이 사이트는 현재 공사 중입니다"를 염두에 두는 편이 제일 좋을 것이다. 사회과학과 생물과학, 그리고 이 둘의 융합은 현재 연구가 매우 활발한 분야인데도, 내가 실제보다 훨씬 많은 사안에 합의가 이루어졌다는 인상을 주었을 수 있겠다. 특히 신경과학 분야에서 여러 설명을 단순화하려다 보니, 이 분야의 실제 복잡성을 과소평가하고 이런 복잡성이 유용한 정책과 실천에 미치는 영향을 간과했을 수도 있다. 그럼에도 이 책에는 장차 군사와 평화구축분야 양쪽 모두에서 활용될 수 있는 통찰을 얻으려는 독자들이 참조할 수 있는 내용으로 가득하다.

1장: 지극히 인간적인 면에 관하여

이 장에서는 사회심리학, 즉 사람들의 감정·생각·행동이 어떻게 타인의 존재에 영향을 받는가를 연구하는 학문에 관해 독자들이 알아야 할 기초적 내용을 소개한다. 또한 집단갈등을 포함한 인간의 행동을 연구하는 모든 학문과의 관련성이 점점 더 중요하게 평가되고 있는, 유전자·뇌구조물·호르몬 작용과정 같은 생물/신경 요인도 살펴본다. 아울러 사회적 행동을 측정하는 능력이 점점 더 향상되고 있는 기능적 자기공명영상, 뇌전도腦電圖 EEG: electroencephalography, DNA분석, 호르몬검사와 같은 다양한 방법도 간략하게 소개한다.

2장: 편도체의 장악

이 장에서는 독자에게 이성이 감정과 맞붙을 때 얼마나 허약한지를 입증된 내용을 바탕으로 소개한다. 우리가 대부분 믿는 것과 달리, 우리 인간의 이성적 판단능력은, 특히 갈등상황에서, 우리가 생각하는 것보다 훨씬(훨씬!) 얄팍하다. 이 장은 사회적 긴장이 어째서 그토록 쉽게 형성되는지, 살인·집단학살genocide·대량살인mass murder이 어떤 상황이든 관계없이 왜 그렇게 빨리 격화하는지 설명한다. 우리의 기억, 쾌락, 두려움을 담당하는 뇌영역과 분석적이고 논리적인 추론을 관장하는 영역 사이의 긴장을 들여다본다. 또한 뇌의 여러 영역 사이 균형이 개인·집단별로 어떻게 다를 수 있는지, 이 차이가 이민·군비 지출·애국심 같은 논쟁적 사안을 바라보는 사람들의 관점에 어떻게 영향을 미칠 수 있는지 살펴본다.

3장: 우리 대 그들

이 장에서는 갈등상황에서 집단에 대한 소속감이 그 구성원이 안전하고 인정받는다고 느끼는 데 얼마나 중요한지 살펴본다. 종교·민족·사회·문화적 정체성 같은 다양한 집단 정체성이 어떻게, 왜 다른 집단 구성원의 목숨이 소중함을 부인하게 하는지, 심지어 자신의 목숨마저 가벼이 여기게 하는지 검토한다. 집단에 소속되는 것의 사회적·생물학적 이점과, 그 때문에 늘어나는 다른 집단을 향한 의심과 거부감을 들여다본다. 또한 우리가 어떻게 생각이 아닌 느낌을 통해 다른 사람들을 이해하는지 알아보고, 이 과정에서 거울뉴런mirror neurons이 담당하는 역할과 옥시토신 같은 호르몬이 집단 갈등에 미치는 영향을 설명한다. 아울러 어떤 집단으로 하여금 '정상적인' 행동과 대비되는 집단행동을 하게 만드는 집단 간 감정전염 현상도 살펴본다.

4장: 나의 진실인가, 너의 진실인가

이 장에서는 신념의 특성, 신념이 '진실truth'이나 '사실fact'과 어떤 관계가 있는지 알아본다. 대부분의 경우 우리의 신념은 '진실'과 거리가 멀다. 신념은 실제로 특정한 사회적 맥락에서 생겨난 것으로, 위협에 대한 신경적 민감성 같은 생리적 필요 및 집단에 소속됨으로써 강화되는 확신과 관련이 있다. 따라서 신념이란 대개 진실보다는 '이집단적利集團的' 믿음에 가깝다. 이 장에서는 왜 우리가 대체로 사실 확인에 신경을 쓰기보다 직감을 합리화하는지, 어째서 또어떻게 일단 신념을 형성하고 나면 이를 뒷받침하는 근거를 찾는 쪽으로 기우는지 살펴본다. 또한 기억 역시(집단기억도 마찬가지인데) 믿을 만한 게 못 된다는 점, 즉 우리 기억이 실제를 저장하기보다는 오늘날 우리가 믿는 바에 부합하도록 사건을 재구성하고 편집하여 새로운 이야기를 만들어낸다는 점도 살펴본다.

5장: 극단주의의 유혹

이 장에서는 상황에 따라 '테러리즘'이라고도 불리는 폭력적 극단주의 현상을 살펴본다. 근본주의는(폭력적 근본주의도 마찬가지인데), 흔히 신념 그 자체보다 양상이 더 중요한, 극단적인 신념의한 형태임을 주목한다. 이 장은 어떤 사람이 극단적인 집단의 일원이 되겠다고 선택할 때, 긴장과 위험상황에 대한 그 사람의 유전적·신경학적·호르몬적 경향이, 특히 그가 속한 집단이 불공평한 취급을 받고 배제되었다는 인식과 결합할 때, 얼마나 큰 영향을 미치는지 보여준다. 이런 집단의 일원이 된다는 것은 진실보다는 연대감과집단성에 관한 것일 경우가 많아서, '신념'을 바꾸려는 전략은 영향력이 제한적이다. 그러므로 이런 집단에서 탈퇴하거나 가입을 예방하는 전략을 설계할 때 이런 집단에 가담하는 표면적 이유뿐 아니라 실제 이유를 고려할 필요가 있다.

6장: 지도자를 따라서

이 장에서는 혼란과 갈등 때문에 분열된 상황에서 분위기나 방향을 설정할 때 지도자가 얼마나 중요한 역할을 하는지 살펴본다. 지도자를 선출할 때 감정이 우위를 차지하는 일은 특히 갈등 때문에 분열된 상황에서 잘 일어난다. 이런 상황에서 우리의 선택은 본능적이며, 환경·감정·유전·뇌구조물뿐 아니라 아드레날린·노르에피네프린·코르티솔 같은, 공포를 일으키는 자극을 대할 때 우리의 반응을 이끌어내는 호르몬에 좌우될 때가 많다. 지도자 선출에서 나타나는 이런 감정의 우위는 불확실성, 외집단의 존재/위협이 촉발하는 위기상황같이 '심리적으로 취약한 상황'에서 특히 두드러진다. 우리를 안전하게 지켜줄 강력한 지도자를 바라는 열망은 민주주의를 향한 열망쯤은 가볍게 뛰어넘으며, 우리가 갈등을 다루는 능력에 중대한 영향을 미친다.

7장: 문화가 만든 규범

이 장에서는 다양한 집단 사이에, 또한 전 세계의 다양한 상황에 존재하는 수많은 문화적 차이를 이해하는 것이 얼마나 중요한지 탐구한다. 이런 차이를 민감하게 알아차리지 못하면 전쟁에서 패배할 수 있고 긍정적인 효과도 축소될 수 있다. 이런 차이에는 고맥락/저맥락 사회의 존재, 권력과 권위에 대한 위계적 접근방식의 차이, 집단주의 대 개인주의 사회, 감정 표현/인식의 차이, 젠더 차이, 공감을 표현하고 체면을 세우며 소통하는 방식의 차이가 포함된다. 이런 사안에서 발생한 문화적 차이를 조율하지 못한다면, 즉 이런 차이를 이해하고 감안해 다른 전략을 세우고 대화에 임하지 않는다면 오해와 갈등이 심화할 수 있다.

8장: 새로운 지평, 새로운 부족

이 장에서는 소셜미디어를 어디서나 만날 수 있는 세상에서 전쟁의 미래는 어떤 모습일지, 또한 소셜미디어가 특히 갈등과 전쟁 상황에서 우리의 사회적·생물체적 본성에 어떻게 긍정적·부정적 영향을 미치는지 들여다본다. 페이스북이나 트위터 같은 소셜미디어 플랫폼은 이미 개인, 공동체, 국가가 서로 관계 맺고 새롭게 연결되거나 기존의 연결을 공고히 하는 방식을 현저히 바꾸어놓았다. 또한 이들 플랫폼은 사람들이 지도자나 타 집단을 판단하고 그 판단에 따라 행동하는 방식도 완전히 바꿔놓았다. 일찍이 이런 힘은 없었으며 긴장과 폭력상황에서 쓰인다면 자칫 재앙과 같은 결과를 낳을 수 있다. 우리 인간의 사회적·생물체적 경향이, 우리를 특정 목표나 목적을 지지하도록 감정적으로 설득하려 드는 다양한 갈등 유발자의 손쉬운 먹잇감으로 만드는 듯하다. 따라서 우리는 우리의 감정적 경향이 악용되는 것을 효과적으로 방지하고 소셜미디어가 인간의 생물사회적 본성의 가장 부정적인 면이 아닌 가장 긍정적인 면을 전달할 수 있는 더 나은 방법을 찾을 필요가 있다.

9장: 향후 나아갈 길은?

이 장에서는 순전히 이기적인 행동이 원칙이 아닌 예외일 뿐임을 보여주는 연구를 살펴본다. 또한 사람들이 서로 협력할 수 있게 하는 인간의 타고난 경향과 능력을 검토한다. 이는 기존의 진화심리학에서 경쟁이 인간의 일반적인 특성이라고 주장한 것과 대조적이다. 하지만 이 연구는 협력의 미래에 긍정과 부정의 시각을 동시에 내비친다. 인간이 사회적·생물학적으로 서로 협력하도록 진화했지만, 지금까지는 주로 '자기' 집단으로 인식하는 사람들과 협력해왔고, 타 집단과는 이제야 조금씩 협력을 늘려가는 중이라고 밝힌다. 이 장에서는 우리의 생물사회적 역사에 비춰, 우리가 기꺼이 관심의 범위를 넓혀 점점 그 수가 늘어나며 우리 사회에 다양성을 부여하는 난민과 이민자를 포용하기를 기대하는 것이 과연 지나친 요구인지 따져본다. 만약 그렇게 해야 한다면, 어떤 방법이 바람직할까?

10장: 평화구축작업을 성공으로 이끌려면

이 장에서는 이 책에서 제시한 통찰을 바탕으로 평화구축 전문가, 외교관, 군인 등이 더욱 효과적으로 평화구축을 수행할 수 있도록, 한창 발전 중인 사회행동심리학에서 제시한 조언들을 소개한다.

1장
지극히 인간적인 면에 관하여

진화는 목에서 멈추지 않는다.
―게어(Geher, 2015)

들어가며

르완다가 목도한 폭력은 상상을 뛰어넘는 것이었다. 1994년 4월부터 6월, 고작 100일 사이에 50만에서 100만에 이르는 르완다인이 살해당한 것으로 추산된다(Nowrojee, 1996). 대형 벌목도와 곤봉을 휘두르며 투치족의 가옥에 쳐들어간 후투족은 투치족 어린아이, 여성, 노인은 물론이고 이들을 지키던 같은 후투족까지 학살했다. 학살당한 이들 중에는 불과 얼마 전까지 후투족의 가까운 이웃이자 친구였던 이들이 다수 포함되어 있었다. 침입자들은 수백, 수천의 투치족 사람들이 안에 있는 채로 성당들을 불태웠다. 신부들이 공모한 일이었다. 살인자들은 원시적인 무기를 사용했음에도 나치가 사용한 기계화된 가스실보다 다섯 배나 빨리 목적을 달성했다(Tiemessen, 2004). 성폭력도 만연해 집단학살 기간에 25만에서 50만 명의 여성이 강간당한 것으로 추산된다(Nowrojee, 1996).

어떻게 이런 잔학행위가 일어날 수 있었을까? 그리고 어떻게 이것이 단지 수많은 다른 잔학행위 중 하나에 불과한 것일 수 있었을까? 구 유고슬라비아 내전에서는 어떻게 술에 취한 세르비아민병대원 10여 명이 학교 체육관을 급습해 갓난아이와 함께 수용되어 있던 100명이 넘는 젊은 무슬림 여성들을 26일에 걸쳐 윤간하는 일이 벌어졌을까? 심지어 일부 여성은 일곱 명에게 강간당했다(Fisk, 1993). 1975년부터 1979년까지 폴 포트가 이끌던 크메르루주 정권은 어떻게 150만에서 200만 명에 이르는 자국민을, 그러니까 1975년 당시 캄보디아 인구 780만 명의 무려 4분의 1에 해당하는 이들을 죽음으로 몰아넣었을까?(Heuveline, 2001) 어떻게 오늘날에도 탄자니아에서는 주술사들이 백색증(유전적으로 피부와 모발 등에 색소가 생기지 않는 증세)이 있는 사람들의 사지를 토막 내 주술과 약의 재료로 삼는 야만적 관행이 횡행해, 이들이 언제든 짐승처럼 사냥당할 수 있다는 지속적인 공포 속에 살고 있는 걸까?(Drury, 2015; Velton, 2017)

어떤 요인으로 이웃이 돌변해 수십 년간 더불어 살아온 이들을 끔찍하게 살육하는 참극이 벌어졌을까? 그 요인은 인간의 광기일까? 아니면 다른 무엇일까?

이 질문은 사회심리학자들을 비롯한 많은 이들이, 특히 홀로코스트 이후 지난 수십 년간 씨름해온 질문이다. 사회심리학자들은 이런 잔학행위를 미친 개인이나 저마다 다르게 타고난 폭력성의 수준, 혹은 정신병의 문제로 치부하는 대신, 집단에 속한 사람들이 서로 동조해 행동하는 방식에 주목한다. 무엇이 지극히 정상으로 보이는 사람들을 믿기 어려울 정도로 빠르게 돌변시켜 다른 사람들을 혐오하고 죽이게 만들고, 자기들과 다르다고 여기는 집단에게는 잔인하게 등을 돌리게 하는 걸까? 전 세계 사람들과 마찬가지로 사회심리학자들도 아돌프 히틀러가 평범한 사람들에게서 이처럼 극도의 증오와 잔학성을 이끌어낼 수 있었다는 사실에 경악했다. 히틀러 정권은 독일 역사상 가장 인기 있는 정권으로, 1933년 거의 40퍼센트에 달하는 독일 국민이 이 정권에 표를 던졌다("Hitler Comes to Power", n.d.). 나치당은 결코 정권을 탈취해 국민의 의사에 반해 600만 명이 넘는 유대인을 학살한 소수정당이 아니었다. 오히려 사회적·정치적 차이를 넘나들며 수많은 사람들의 지지를 받았다(Wilde, 2018). 마찬가지로, 르완다학살이 막을 내린 뒤 13만 명이 넘는 사람들이 살인죄로 수감되어 교도소가 북적였다. 어떻게 한 사회가 이처럼 잔악무도한 상태로 전락할 수 있을까?

한나 아렌트(Hannah Arendt, 1963)는 홀로코스트를 회고하며, 악행은 "가학적인 괴물"이 저지른다는 통념을 거부하고, 이런 악행을 저지르는 사람은 보통 특수한 상황에 놓인 평범한 사람임을 강조하는 "악의 평범성"이라는 관점을 제시했다.

그도 그럴 것이, 우리가 이런 잔학행위를 저지르는 이들을 미친 사람이나 사이코패스로 정의한다면 '정상적'인 인간이란 무엇인지 재정의해야 한다는 뜻이 된다. 그러나 어쩌면 우리는 이런 '비인간적'인 행동을 하는 것이 실로 '정상적'인 인간성의 한 요소이며 잔인함과 폭력성을 자극하는 특정한 집단상황이 조성된다면 우리에게서도 그런 잔인함과 폭력성을 끌어낼 수 있음을 인정해야 하지 않을까?

바로 이런 집단상황이 무엇인지, 집단상황이 갈등과 폭력에 처한 정상적인 사람에게 어떤 긴장을 유발하는지는 오랜 세월 사회심리학의 중요한 연구 주제였다(Fitzduff and Stout, 2006). 이런 접근은 갈등에 영향을 미치는 특정 지도자의 성격적 문제, 국가와 집단이 땅이나 권력을 손에 넣으려는 시도 등을 부인하지 않는다. 그럼에도 이런 요소를 이해하는 것만으로 충분하지 않으며, 이런 긴장에 개인과 공동체가 보이는 반응의 기저에 자리한 집단의 사회심리학적 욕구도 이해해야 한다고 주장한다. 이를 위해 사회심리학자들은 통상 관찰 가능하거나 보고된 자료를 수집하고 체계적으로 분석해서 사람들의 사회적 행동을 연구해왔다. 연구에는 자연스러운 환경, 복잡한 비교실험 설계를 도입한 실험실 환경이 모두 이용되며, 현장실험, 사례연구, 자연적 관찰, 설문조사, 깃발과 상징을 이용해 감정을 무의식적으로 자극하는 기법이 쓰인다.

생물사회학이 도래하다

사회심리학자들은 이런 문제를 연구하면서 자기보고self-report방식이 지닌 한계 때문에 어려움을 겪어왔다. 자기보고방식은 사회적으로 용인될 답변을 해야 한다는 압박감이나, 피험자나 관찰자의 편향이 무의식적으로 작용하기가 쉽기 때문이다. 이런 한계는 사회심리학 분야에 도전과제가 되었고, 경우에 따라 이 분야가 진지하게 받아들여지지 않는 이유가 되었다. 그러나 지난 10여 년간 기술의 발전으로 생물과학이 크게 성장했고, 사회적 행동 이론에 생물학적 개념과 방법론이 도입되면서 상황이 완전히 바뀌었다(Cacioppo and Decety, 2011).

이처럼 사회적·심리적 생물과학에 새롭게 초점을 맞춘 결과, 신경정치학·신경생물학·신경심리학·유전자정치학·정치생리학·행동유전학·인지신경과학 등 뇌·사회·정치의 상호작용을 연구하는 여러 새로운 학문 분야가 발전했다. 이런 발전 덕에 현재 점점 더 많은 사회심리학 연구자들이 연구에 뇌활동, 호르몬, 유전자 같은 생물학적 표지biological marker를 통합하고 있고, 이를 통해 우리가 알지 못하는 생물학적 요인이 우리 행동에 어떤 영향을 미치는지에 대한 이해를 높이고 있다. 이 모든 연구가 전통적인 사회심리학 분야를 더욱 정교하게 다듬었고, 경우에 따라서는 객관적으로 측정할 수 있는 생물학적 과정을 통해 그동안의 연구 결과가 타당함을 입증하기도 했다. 예컨대, 우리 몸의 여러 부분, 특히 뇌가 사회적 갈등을 촉발하는 데 중요한 역할을 한다는 사실이 증명될 가능성이 크다(예: Tusche et al., 2013).

이 연구는 기능적 자기공명영상, 뇌전도, 피부전기활동EDA electrodermal activity 등의 새로운 기술과, 일상 속에서 우리가 자각하지 못하는 사이 우리 마음과 몸에서 어떤 일이 벌어지는지 더 잘 이해할 수 있게 해준 유전자·호르몬 측정기법의 도움으로 가능해졌다(Doraiswamy, 2015). 이런 기술은 대부분 아직 발달 초기 단계에 있고 이를 활용해 얻은 결과도 잠정적인 것으로 알려져 있지만, 어떻게 우리의 몸, 특히 뇌가 우리가 의식하지 못하는 가운데 독자적으로 우리의 태도와 행동에 영향을 미치는지, 또는 반대로 태도와 행동이 뇌활동에 영향을 미치는지 조명하고 있다. 우리 뇌의 활동을 실시간으로 추적하고 뇌에 물리적으로 미세한 변화나 조작을 가함으로써 우리의 감정과 사고, 선택을 바꾸는 기술의 등장은 인간 본성에 대한 우리의 이해를 크게 넓히면서도 동시에 겸허함을 일깨워주었다.

뇌

유전자, 뇌, 호르몬을 다루는 이 새로운 과학 영역은 우리의 성격 특질 중 우리가 다른 집단과 어떻게 관계 맺는가를 비롯한 많은 부분이 적어도 얼마간은 뇌의 생물학적 작용에 기반한다는 매우 강력한 근거를 제시하고 있다. 뇌 자체를 보면, 무게가 1.4킬로그램 정도로 뉴런이라 불리는 약 1,000억 개의 신경세포로 이루어져 있다. 정보 전달은 뉴런과 뉴런, 뉴런과 체내 다른 세포들 간에 신호를 전달하는 신경전달물질에 의해 일어난다. 1,000억 개의 뉴런들 사이에는 1,000조 개의 시냅스 접점이 존재하며, 한 뉴런에서 발생한 신경신호가 뇌영역 곳곳의 다른 뉴런들을 통해 정보를 전달하는데, 때로 그 속도가 초당 400킬로미터에 이른다. '화학적 전령chemical messenger'으로도 불리는 이 신경전달물질은 감정, 식욕, 수면 등 우리 몸의 신체적·심리적 기능에 다양한 영향을 미칠 수 있다. 또한 세로토닌, 옥시토신, 도파민, 코르티솔, 테스토스테론, 에스트로겐, 아드레 날린 등의 호르몬 분비를 촉발하여 주의 집중, 소통, 감정, 학습, 기 억, 재인再認 등과 관련된 사회적 상호작용에 영향을 준다(Dfarhud et al., 2014). 이제 우리는 음악을 듣거나, 문제를 해결하거나, 신비체험 을 하거나, 성적 흥분을 느끼거나, 우울감을 경험하거나, 낯선 사람 을 만나거나, 위협을 감지하고 반응할 때 뇌의 어느 부위가 불이 켜 지듯 활성화되는지 추적할 수 있다(Berridge and Kringelbach, 2015). 현 대 생화학과 뇌영상기법의 발전 덕분에 뇌의 특정 영역을 자극함으 로써 다양한 감정을 의도적으로 유발할 수도 있게 되었다(Selimbeyo-glu and Parvizi, 2010; Volman et al., 2016). 이 방법은 소셜미디어 플랫폼 에서 점점 더 많이 쓰이고 있다(이 책 8장 참조).

뇌영역 중 특히 두 군데는 전쟁과 평화구축분야에서 일하는 사람들이 알아두고 어떻게 기능하는지 이해해야 한다. 그것은 바로 반사적/직관적 충동을 처리하는 편도체와 의식적/논리적 사고과정 을 관장하는 전전두피질이다. 두 영역 간에는 상호작용이 활발하며 중첩되는 기능도 많다는 점도 덧붙여둔다.

편도체扁桃體 amygdala는 아몬드 크기만 하며 우리의 감각, 기 억, 쾌락과 공포 같은 감정을 처리하는 뇌 부위다. 편도체의 작동방 식은 자동적이며(때로 직관적/무의식적이라고 표현되기도 한다), 그 성 질이 충동적이고 본능적이다. 우리가 감정을 느끼는 데는 선택의 여 지가 거의 없다는 뜻이다. 편도체는 뇌에서 가장 오래된 부위로, 최 대 2억 년 전, 최소 6,000만 년 전에 이미 존재한 것으로 추정된다. 편도체는 우리가 살아오면서 좋거나 나쁜 경험으로 여겨졌던 행동을 기록하며, 여기에는 우리 조상의 경험도 누적되어 있다. 또한 주로 우리의 감정을 관장한다. 편도체는 우리의 선택에 매우 강력한 영향을 미치며, 이는 대개 무의식 수준에서, 특히 공포를 유발하는 갈등상황에서 벌어진다. 편도체는 뇌의 사고 담당 부위인 피질이 너무 순식간에 발생하거나 미약해서 알아차리지 못하는 자극에 반응할 수 있다. 따라서 감정과 직관적인 판단의 주요 동인動因으로 작용한다. 편도체는 일종의 경보 버튼으로, 임박한 위험을 알려 자기 자신과 집단을 보호할 수 있는 자동적이고 신속한 감정반응을 불러일으킨다. 이런 감정반응과 직관적 이해는 유익할 수 있다. 예컨대 사람들이 서로 관계 맺게 하여 개인이나 집단의 생존능력을 향상시킬 수 있다. 하지만 해롭게 작용하기도 한다. 편도체는 우리의 안녕을 해칠 수 있는 잠재적 위협에 초점을 맞추고 있어, 개인 혹은 집단이 지닌 잠재적 공포에 늘 반응할 준비가 되어 있다. 그러나 그런 와중에 개인 혹은 집단 간 불안, 공포, 분열이 생길 수 있다. 연구에서도 편도체의 반사적 반응과 판단이 도덕감정, 혐오, 완벽에 대한 이상과 연결되어 있음이 드러났는데(Asp, Ramchandran and Tranel, 2012), 이런 요소는 모두 타 집단에 대한 반응에 영향을 줄 수 있다. 예컨대, 개인이 혐오감을 얼마나 강하게 느끼는지는 편도체 기능의 활성화로 알 수 있는데, 이를 통해 무의식적인 인종 편견을 예측할 수 있음이 밝혀졌다(Y. Liu et al., 2015).

뇌에서 또 하나 아주 중요한 부위가 **전전두피질**前前頭皮質 pre-frontal cortex로, 이는 평화구축이라는 우리의 관심사와 직접 맞닿아 있다. 전전두피질은 의식적/이성적 사고과정에 관여하는데, '비교적 새로운' 뇌영역으로 간주되며, 인간의 언어 발달, 추상적 사고, 상상, 추론, 의식을 담당한다고 여겨진다. 편도체와 복잡하게 연결되어 그 영향을 받으며, 편도체의 본능과 감정에 부차적이지만 매우 중요한 이성적 고려를 덧붙이려 한다. 이미 형성된 기억을 검색해, 어떤 상황에서도 좀 더 분석적이고 논리적이며 신중하게 반응하는 데 기여하는 (혹은 기여하려 애쓰는) 뇌 부위다.

상황에 따라 편도체나 전전두피질 중 하나가 전면에 나선다. 잠재적 위험과 맞닥뜨렸는데 생각하거나 반응을 늦출 시간이 없으면 언제나 우리의 경호원인 편도체가 우리의 이성적 사고가 상황을 이해하기도 전에 말 그대로 털끝이 쭈뼛하게 만든다(Dickerson, 2015). 또한 심박수를 높여 근육에 더 많은 혈액과 산소가 공급되게 함으로써 몸이 신체적으로 즉각 반응할 수 있도록 준비시킨다. 더나아가 아드레날린이나 코르티솔 같은 호르몬을 분비해 신체에 빠르게 에너지를 공급하고 혈류를 근육으로 집중시킨다. 이로써 잠재적 위해상황을 헤쳐나갈 수 있도록 혈압과 혈류량이 최적의 수준으로 유지된다(Scott, 2020).

그 밖에 주목해야 할 중요한 뇌 부위가 해마, 전측대상피질, 거울뉴런이다.

편도체가 주로 감정, 기분, 우울·불안과 관련된 여타 기능을 담당한다면, 여기 가깝게 붙어 있는 **해마**hippocampus는 입력된 감각 정보를 편도체로 보내 편도체가 감정적 반응과 대응을 할 수 있게 한다. 해마는 뇌 네트워크 통신의 중심지로 기능하며, 학습과 기억에 관련된 정보가 지속적으로 교환될 수 있게 한다(Rubin et al., 2014).

과거 경험에 대한 새로운 기억을 형성하는 데도 필수적이며, 개인의 기억은 물론 공동체의 집단기억에서도 중요한 요소로서, 4장에서 다시 설명하겠지만 전쟁을 지속하는 데 강력한 영향력을 행사한다 (Battaglia et al., 2011).

전측대상피질前側帶狀皮質 anterior cingulate cortex은 전전두피질과 무수히 많은 경로로 연결되어 있으며 오류를 탐지하고 갈등을 어떻게 해결할지 고민하는 기능을 담당한다. 또한 보상에 대한 기대, 충동 조절, 의사결정과 같은 기능에도 관여한다. 이와 관련하여 전측대상피질이 인종편향을 감지하고 통제할 때 어떤 역할을 하는지 밝힌 연구(Amodio, Devine and Harmon-Jones, 2008)를 참고할 수 있다.

거울뉴런mirror neurons은 우리가 다른 사람이 무언가 하는 것을 볼 때 활성화하는 뇌세포로서, 그 행동을 모방하려고 한다. 거울뉴런은 사회적 행동 발달에 중요한 도구이다. 우리가 다른 사람의 마음을 이해할 때 개념적인 추론에 그치지 않고, 말 그대로 다른 사람들이 느끼는 것을 느끼고 다른 사람들의 감정을 '살아볼' 수 있게 해주기 때문이다(Bernhardt and Singer, 2012). 공감, 즉 내가 그 사람의 상황이라면 어떨까 상상함으로써 다른 사람의 감정을 이해하고 공유하는 능력에 중요한 도구이다. 공감은 우리가 우리 집단 내 다른 이들을 보호할 수 있게 해줌으로써 우리가 하나의 종種으로서 생존하는 데 중요한 요소로 작용해왔다. 공감이 없으면 집단 내에서 제대로 기능하기가 어렵다. 예컨대 대부분의 사이코는 공감능력이 결여되어 있어 희생자에게 확연히 무신경한 모습을 보인다. 거울뉴런은 우리가 '우리' 집단으로 보는 사람들과 있을 때 더욱 쉽게 활성화한다. 그러나 4장에서 살펴보겠지만, 안타깝게도 다른 집단 사람들에 대해서는 대개 혐오와 공포를 조장한다.

뇌의 진실

우리가 미처 의식하기도 전에 우리의 감정을 탐지할 수 있는 기계의 등장은 그 자체로는 우리를 겸허하게 만드는 일이었다. 우리 본성이 편견 없고, 이성적이며, 사회적으로 포용력 있다는 다수의 주장을 잠재웠기 때문이다. 이 새로운 기계는 많은 경우, 우리의 본능과 감정이 어떤 것인지 우리 스스로가 통상 할 수 있는 것보다 더 정확하고 빠르게 판단할 수 있다. 이 기계는 일상의 감정이 실제로 어떤 것인지 평가할 때 (일반적으로) 매우 정직한 중개인 노릇을 한다. 이 기계는 대체로 무해하고, 이목을 끄는 일이 없지만, 까다로운 갈등상황이 닥치면 우리, 우리 공동체, 나아가 우리 국가에 크나큰 문제가 될 수 있다.

기능적 자기공명영상

현재 뇌의 반응을 검사하는 가장 중요한 방식은 기능적 자기공명영상이다. 이는 신경활동에 반응하여 일어나는 혈액 내 산소포화도 및 혈류 변화를 탐지함으로써 뇌활동을 측정한다. 이것은 특정 정신작용을 수행하는 데 뇌 어느 부분이 관여하는지 보여주는 지도를 그릴 수 있으며 과학자들로 하여금 피험자가 어떤 감정을 경험하고 있는지 뇌활동을 기반으로 식별할 수 있게 해준다. 이로써 연구자들에게 인간의 감정을 분석할 수 있는 믿을 만한 방법이 처음으로 주어졌다. 이것은 우리가 우리와 다른 개인과 집단에 보이는 감정적 반응을 밝혀낼 수 있다. 이런 반응 대다수는 무의식 수준에서 일어나기에 우리는 대체로 알지 못한다. 따라서 기능적 자기공명영상은 긴장, 대립, 갈등이 잠재된 상황에서 인간이 드러내는 사고와 행동 기저에 어떤 뇌활동 패턴이 자리하고 있는지 접근할 수 있는 독보적 수단이다.

뇌전도

뇌전도검사는 뇌파를 측정하여 뇌의 전기적 활동을 알 수 있는 검사이다. 이를 더 발전시킨 정량화 뇌전도quantitative EEG검사는 뇌파를 좀 더 정교한 수학적·통계적 기법으로 분석할 수 있다. 정량화 뇌전도검사는 뇌파 패턴을 추적하고 기록하는 데 그치지 않고, 실험 참가자가 특정 행동을 하겠다는 의도를 보고하기 몇 밀리초 전에 그의 두뇌활동을 기록할 수 있다(Soon et al., 2008; Verbaarschot et al., 2016). 이런 연구 결과는 우리의 뇌가 우리보다 빨리 편견을 읽을 수 있으며, 우리가 의사결정을 한다고 의식하기도 전에 결정을 내려놓는 경우가 많다는 논쟁적인 결론으로 이어졌다.

안면 근전도

안면 근전도facial electromyography 검사는 얼굴 근육에서 발생하는 미세한 전기신호를 탐지하고 증폭하여 근육 활동을 측정하는 기법이다(Kassam et al., 2013). 이는 자극이 주어질 때 그에 대한 긍정적 또는 부정적 감정반응을 측정하고 추적하는 데 유용한 도구이다.

지금까지 소개한 기법의 가장 큰 장점은 개인이 자신의 감정, 생각, 선택에 대해 내리는 판단—놀랄 만큼 잘못된 경우가 많다—을 우회하는 데 사용할 수 있다는 점이다. 이들 기법은 전통적인 자기보고방식이 지닌 한계, 즉 자기제시self-presentation와 사회적으로 바람직함을 의식한 응답편향을 피할 수 있다(van Hiel, Onraet and De Pauw, 2010; Jost et al., 2014). 그리하여 이 기법들은 이 책에서 이제부터 다룰 예정인 평화구축 전문가의 관심 사안, 예를 들어 편견, 지도자 선택, 집단반응, 불확실성을 대하는 개인과 집단의 태도, 개방성이나 폐쇄성과 관련된 감정을 훨씬 더 정확히 평가할 수 있게 해준다.

앞서 설명한 기법들이 비판받는 지점도 있다. 어떤 연구자들은 기능적 자기공명영상 자료를 바탕으로 사회적/정치적 경향을 확정하는 것이 이 기법의 능력 범위를 넘어서는 것이며, 가장 흔히 사용되기는 하지만, 정보처리의 시점과 순서를 파악하는 데 결코 이상적인 도구가 아니라고 주장한다(Theodoridis and Nelson, 2012). 모든 신경영상기법은 신체의 작은 움직임이나 동작 때문에 발생하는 오류에 매우 취약하다. 게다가 연구 비용이 많이 들어 피험자 수가 적은 경우가 많고, 그에 따라 통계적 뒷받침이 부족하고 결과를 재현하기도 어렵다. 또한 대부분의 기법들이 시간·공간 해상도 둘 중 하나 또는 둘 모두 제한적이다. 과제 수행이 정확히 뇌 어느 부위에서 일어나는지 특정되지 않는 경우가 많고 여러 영역이 동시에 활성화되기도 하므로, 특정 행동을 특정 뇌영역이나 그 기능에 직접 연결 짓기가 쉽지 않다. 특히 뇌의 어떤 영역이 원인이라거나 특정 기능이 활성화되었기 때문이라고 말하기가 쉽지 않다(Saad and Greengross, 2014). 이런 한계에도 불구하고, 뇌영상기법은 행동을 예측하고 인간의 뇌구조와 기능에 관한 상세한 모델을 개발하고, 오랜 세월 검증된 여러 사회심리학 이론을 뒷받침해온 입증된 실적이 있다.

이제 기능적 자기공명영상 스캐너가 우리가 어떤 문제나 외집단에 대해 어떻게 생각하고 느낄지 어느 정도 정확하게 시험하고 묘사하며 예측할 수 있는 시대가 되었으니, 우리는 잠시 멈춰 이 지식을 평화구축작업에 어떻게 활용하면 더 효과적일지 생각해봐야 한다.

호르몬에 관한 진실

호르몬 연구와 검사는 평화구축과 관련된 개인 및 집단의 태도와 행동을 상당히 정확하게 평가할 수 있다. 우리에게는 이제 우리 몸의 화학적 작용을 더 잘 이해하게 해준 수많은 연구가 있다. 우리 몸에는 이런 화학작용과 관련된 체계가 둘 있는데, 하나는 뇌의 신경화학이고, 다른 하나는 나머지 몸을 지배하는 내분비계, 즉 호르몬을 생성하는 샘들이다. 호르몬은 세포 간 정보와 지시사항을 전달하는 몸의 전령이다. 내분비계에는 100가지가 넘는 화학물질이 있어 우리 몸이 어떤 과제를 다루기 위해 신체적으로나 심리적으로 필요로 하는 것을 준비할 수 있도록 돕는다. 이 화학적 전령이 우리의 감정을 통제하고 좌지우지한다.

코르티솔, 도파민, 에스트로겐, 멜라토닌, 옥시토신, 프로게스테론, 세로토닌, 테스토스테론, 바소프레신 같은 호르몬은 주의집중, 소통, 감정, 학습, 기억, 재인과 같은 사회적·정치적 상호작용에 영향을 줄 수 있다(Murray, 2017, p. 256). 이제 호르몬 연구를 통해, 갈등상황에서 개인 및 집단의 태도와 행동에 호르몬이 미치는 영향을 더 정확히 평가할 수 있다. 이런 평가는 공포를 조성하는 메시지에 대한 우리의 대응, 우리가 '타자'로 인식하는 이들에 대한 우리의 반응, 그리고 우리의 투표 성향을 이해하는 데 도움을 줄 수 있다(이 책 4장 참조).

평화구축작업과 관련된 가장 중요한 호르몬은 도파민과 세로토닌이다. **도파민**은 뇌의 쾌락 경로에 관여하는 주요 전달물질이고(Sharot et al., 2009), **세로토닌**은 사회집단에서 구성원 간의 관계를 안정화하는 것으로 보인다(Koski et al., 2015). 낮은 세로토닌 수치는 남성의 높은 공격성과 연관된다(Duke et al., 2013). 갈등상황과 전쟁에서 활발한 행위자가 대부분 남성인 점을 고려하면 **테스토스테론**의 역할도 중요하다. 추가로, **옥시토신**은 사회적 유대와 관련된 긍정적 감정을 촉진하며, 집단 내 및 집단 간 역학관계에서 중요한 역할을 한다. 이는 3장에서 더 자세히 다룰 예정이다.

유전에 관한 진실

유전자는 DNA(디옥시리보핵산) 분자의 일부로 신체의 발달과 기능에 필요한 대부분의 정보를 담고 있다. DNA는 **핵산**의 일종으로 한 생명체가 지닌 모든 특징을 결정한다. DNA의 일부인 유전자는 특정 형질을 결정하는데, 그중에 **대립유전자**라는 특수한 형태의 유전자가 있다. 유전자가 한 사람에게 각종 형질이 발현되게 한다면, 대립유전자는 발현되는 형질에 변이를 일으킨다. 유전자 변이는 우리가 세상을 바라보고 행동하는 방식, 타인에게 접근하는 방식, 공포 수준, 정신건강, 나아가 신념과 정치적 견해에도 강력한 영향을 미치는 것으로 보인다.

우리 뇌의 초기 유전적 발달과정에서 나타나는 차이는 우리가 태어날 때부터 분명히 드러난다. 쌍생아에 관한 몇몇 연구는 공포, 자기 민족 중심주의ethnocentrism, 외집단에 대한 태도와, 병원체 회피pathogen avoidance 및 불합리한 공포phobia에 미치는 유전적 영향을 연결 지었다. 이 두 특성은 모두 우리가 이방인을 바라보는 시각에 영향을 미친다(Navarrete and Fessler, 2006). 쌍생아의 사회적·정치적 태도에 대해서도 연구가 이루어졌는데, 사회적 공포와 이민자를 대하는 태도의 상관관계도 대부분 공통의 유전적 요인에서 비롯된 것으로 보였다(Orey and Park, 2012). 유럽계 미국인 참가자를 대상으로 자기보고방식을 통해 실시한 인종편향조사에 따르면, 세로토닌 운반체 유전자5-HTTLPR의 짧은 대립유전자를 지닌 이들에게서 더 강고한 무의식적 인종편향을 예측할 수 있다고 한다(Navarrete and Fessler, 2006). 스트레스 상황과 관련해서는, 세로토닌 운반체 유전자가 외상후스트레스장애 및 반사회적 행동과 관련이 있다는 연구 결과가 있다(K. Walsh et al., 2014). 다른 쌍생아 연구에서는 유전적 요인이 친사회적 행동(Rushton, 2004)을 비롯해 이타심, 협동심, 신뢰, 돌봄(자기보고식 측정에 따름. Dawes et al., 2012; Hur and Rushton, 2007; Knafo- Noam et al., 2015; Reuter et al., 2011)에 폭넓게 기여한다는 사실이 밝혀지기도 했다.

이렇듯 쌍생아 연구는 유전이 특정 정당의 가입 여부는 아니더라도, 개인의 사회적 가치와 신념에 어느 정도 영향을 미친다는 주장을 매우 강력히 뒷받침하고 있다(이 책 3장과 4장 참조). 우리의 유전자가 특정 태도에 직접적인 영향을 미치지는 않지만, 유전적 경향이 사람들이 이방인과 외집단에 대해 느끼는 감정을 처리하는 방식에 영향을 미치는 것으로 보인다(Hatemi and McDermott, 2012).

후성유전학

물론 유전자가 전적으로 우리 삶을 결정하는 것은 아니다. 우리가 태어난 뒤의 유전자 발현이 정확히 어느 정도인지는 아직

논란의 여지가 있지만 사회적 맥락의 영향을 받는 것으로 보인다 (Holmes, 2018; Zhang and Meaney, 2010). 환경이 유전자에 미치는 영향을 살피는 학문을 **후성유전학**後成遺傳學 epigenetics이라고 한다(Duncan, Gluckman and Dearden, 2014). 이는 유전체의 서열을 건드리지 않고 유전자의 발현을 촉진하거나 억제하는 유전자발현조절 메커니즘을 연구하는 것이다(Feinberg, 2008). 즉, 후성유전학은 DNA 유전 부호 자체의 변경이 아니라 유전자 발현의 조절을 살핀다. 경험을 통해 직접적 혹은 간접적으로 후성유전학적 조절이 이뤄진다는 사실이 여러 연구에서 입증되었다. 이는 곧 유전자가 우리의 생물학적 상태를 결정하는 고정적·무의식적인 요인이 아니라 우리가 살고 있는 환경에 반응함을 시사한다. 후성유전학은 새로운 환경이 선택압력selection pressures으로 작용함으로써, 한 개체가 덜 유연한 개체와 비교할 때 **계통발생적**phylogenic 또는 진화적으로 다른 방향으로 나아갈 수 있다고 주장한다(Ryan, Hayes and Craig, 2019). 또한 연구 결과, 경험과 노출이 뇌에 구조적·기능적 변화를 야기할 수 있음이 드러나면서 뇌의 가소성可塑性과 적응능력이 강조되고 있다(Consorti et al., 2019).

환경 요인에 맞춰 행동을 수정할 수 있는 능력을 지닌 개인은 그렇지 않은 개인보다 새로운 환경에 더 잘 적응할 수 있는 것으로 보인다(Bjorklund, 2006; Mameli, 2004). 또한 특정 환경은 인지적·감정적 과정을 완전히 다르게 촉발할 수 있으며, 때로는 매우 강력해서 사람들에게 공통된 반응을 일으키고, 일시적으로 유전적 경향을 억누르기도 한다. 9·11테러에서 큰 타격을 입은 생존자들을 대상으로 한 연구에서는, 사건 이후 18개월 동안 "전보다 더 보수적"으로 변했다고 응답한 사람이 "전보다 더 진보적"으로 변했다는 사람보다 세 배 정도 많다는 사실이 밝혀졌다(Bonanno and Jost, 2016). 유전자와 환경의 상호작용에 초점을 맞춘 일련의 연구에서는, 직업을 잃거나 재정적 손실을 입거나 이혼을 겪은 개인은 노동조합, 이민, 사회주의, 연방주택보조제도를 거의 지지하지 않는 쪽으로 태도가 바뀌었음이 드러났다(Hatemi, 2013).

유전자 발현과 사회의 상호작용을 이해하는 맥락에서 뇌를 살펴보는 또 다른 분야가 **체화된 인지과학**embodied cognitive science이다. 이 관점에 따르면, 개인의 인지와 감정 처리는 그 사람이 처한 특정한 사회·문화적 환경을 종합적으로 살필 때만 이해할 수 있다. 여기에는 태아기 호르몬, 어린 시절의 사건, 가정의 사회·경제적 상황, 일생의 식습관·환경, 정서적 유대가 포함되는데, 이는 모두 유전자가 행동을 통해 어느 정도로 작동하고 발현될 것인지 조절하는 요인이다(Mateos-Aparicio and Rodríguez-Moreno, 2019). 공통된 부분이 상당히 많은 후성유전학과 체화된 인지과학에서는 우리가 타고난 경향, 예를 들면 타인에 대한 타고난 의심과 두려움을 줄일 수 있는 환경을 얼마든지 조성할 수 있다고 주장한다.

'시스템의 연합체'인 우리의 뇌

무니(Mooney, 2012)는 뇌 안에서 유전적·환경적 변이가 결합된 결과를 진화적 연령도 목적도 각각 다른 "시스템의 연합체"로 묘사한 바 있다. 진화의 결과로 신체적 적응을 마친 데 더해, 우리는 진화과정을 거치면서 점점 더 확고해진, 환경이 제시하는 문제를 해결하는 데 적합한 특별한 심리적 적응도 이뤄냈다. 그 결과, 우리는 위험과 '싸움 혹은 도주fight or flight' 압력에 자동으로 반응하도록 만들어진 오래된 뇌와, 이 뇌를 얼마간 대체하여 우리가 맞닥뜨리는 도전을 의식적으로 분석하도록 만들어졌으나 늘 그 일에 성공하지는 못하는 새로운 뇌를 동시에 갖게 되었다(Mobbs et al., 2015, 이 책 2장도 참조).

평화구축 전문가가 직면하는 문제는, 편도체가 뇌에서 메인 프로세서main processor가 될 경우, 사람들이 점점 더 자신들의 감정적 반응을 이용한 조작에 취약해진다는 점이다. 편도체, 공포, 그에 따른 분노의 균형을 맞출 능력이 없을 경우 사람들은 전전두피질의 추론에 귀 기울일 여유를 점점 잃게 된다(Banks et al., 2007).

결론

앞서 얘기했듯이, 우리의 유전자, 뇌구조, 호르몬 수준은 모두 우리가 집단 및 사회생활, 갈등을 추구하는 이유와 방식에 영향을 미칠 수 있다. 지금까지 살펴보았고 앞으로 더 자세히 다루겠지만, 우리는 이미 형성된 뇌와 신체의 전기적·화학작용을 갖추고 세상에 태어난다. 그리고 이것들이 우리의 행동, 신념, 감정, 관계, 지도자 선택 등의 많은 부분을 좌우한다. 부모라면 아이들이 저마다 세상과 그것이 제기하는 도전들을 얼마나 다양한 방식으로 마주하는지 알 것이다. 부모들에게, 아기는 **빈 서판**blank slate과 같아서 생각하고 행동하는 법을 가르쳐야 한다고 주장한 '빈 서판' 가설은 완전히 폐기되었다(Pinker, 2002). 우리의 타고난 경향이 가족이나 공동체에 의해 수정될 수 있고, 대부분 이런 밀접한 공동체를 벗어난 더 넓은 경험을 통해 추가로 수정될 수 있다는 것은 사실이다. 그러나 우리는 성격을 변화시키기가 어렵다는 것도 잘 알고 있다. 이것은 초대형 유조선의 방향을 전환하는 일에 비유되어왔다(즉, 할 수는 있지만 상당한 시간과 노력이 소요된다). 게다가 집단에 소속됨으로써 받는 혜택과 압박을 고려하면, 집단의 태도와 행동을 바꾸는 것은 (특히 긴장과 전쟁상황에서는 더더욱) 어마어마한 과제일 수 있다.

그렇다 하더라도, 변화를 이뤄내기 위해 가장 먼저 할 일은 현실감을 갖추는 것이다. 즉, 사람들을 대할 때 우리가 이상적으로 여기거나 바라는 모습이 아닌, 있는 그대로의 모습을 보는 것이다. 사실, 거의 모든 개인이나 집단의(아마도 사이코패스를 제외해야겠지만) 내면에는 타인에 대한 혐오를 협력으로 전환하고, 손대기 어려운 갈등을 합심해서 해결하며, 비교적 평화롭게 살아가는 인간으로서, 아니면 적어도 폭력 대신 정치·법·대화를 통해 갈등을 해결할 수 있는 인간으로서 함께 살아갈 창의적인 방식을 선택할 능력이 있다. 이제 우리는 어떤 요인이 이런 가능성을 높이거나 낮출 수 있는지 잘 이해하고 있다. 또한 기능적 자기공명영상 스캐너와 유전자·호르몬검사를 통해 우리가 어떤 문제나 외집단에 대해 어떻게 생각하고 느낄 것인지 정직하게 검사하고 묘사하고 예측할 수 있게 되었다. 그러니 잠시 멈춰 우리의 평화구축작업에 대해 생각해보자. 우리가 이런 개인 및 집단의 타고난 경향을 무시한다면 맹목적인 어리석음을 저지르는 것이고, 필연적으로 평화구축작업의 효과와 지속성은 떨어질 것이다.

2장
편도체의 장악

우리 머릿속에는 이성적인 마부가 있어
채찍도 막대기도 소용없이 날뛰는 말의 고삐를 잡아당긴다.
— 플라톤(Platon)

들어가며

2011년 8월 6일부터 11일 사이, 수천 명의 시민들이 런던 시내 곳곳에서 폭동을 일으켰다. 그 결과, 다섯 명이 목숨을 잃었다. 이 일련의 소동은 경찰이 8월 4일 마크 더건이라는 29세 남성을 총으로 쏘아 사망에 이르게 한 뒤 일어났다. 그가 어떤 이유로 총을 맞았는지 명확히 보도되지 않았으나, 많은 사람이 거리로 쏟아져나와 분노와 불만을 쏟아냈다. 이어진 폭동은 모르긴 해도 한 세대에 한 번 나올까 말까 한 최악의 시민 소요사태였다. 폭도들은 창문을 박살 내고, 상점 물건을 약탈하고, 차량을 뒤집어 불태우며 거리를 휘젓고 다녔다. 런던에서 발생한 재산 피해는 약 1억 파운드에 달한 것으로 추산된다(Lock, 2011). 8월 10일까지 3,000명 넘는 시민이 체포되었고, 그중 1,000명 이상이 폭동과 관련된 다양한 위법행위로 기소되었다("England's Week of Riots", 2011). 당시 폭동에서 체포된 이들 대부분이 중산층 가정의 10대 청소년이었다는 사실에 많은 이들이 놀랐다. 폭동죄 혐의로 재판을 받은 이들 중에는 "백만장자의 중학생 딸, 발레 전공 학생, 유기농 재료로 요리하는 요리사, 법과대학생, 대학 졸업생, 음악가, 오페라극장 안내원"이 있었다("The Middle Class 'Rioters' Revealed", 2011).

이후 폭도들을 변호했던 변호사 중 한 명은 자신의 의뢰인들이 사건이 있기 전에는 모범적인 사람이었음을 강조하며 법정에서 이렇게 말했다. "저는 깜짝 놀랐습니다. 이분들은 물론이고, 최근에는 이분들의 가족하고도 얘기를 나눠봤는데, 이분들은 지극히 평범하고 합리적이며, 굳이 표현하자면 교양 있는 젊은 여성들이었습니다."(L. Davies, 2011)

폭동에 가담했던 사람 중 다수는 약탈을 저지르며 일종의 희열을 느꼈다고 했다. 한 젊은 여성은 이렇게 말했다. "모두가 웃고 있었어요. 말 그대로 축제였어요. 음식이나 춤, 음악은 없지만 모두가 공짜 쇼핑을 누리는 축제요." 또 다른 이는 이렇게 말했다. "일단 일이 시작되고 모두가 뛰어드니까 나 역시 따라 했죠. 아무렇지도 않았어요. 그냥 자연스러웠어요, 보통 때 쇼핑을 하는 것처럼요." 하지만 이렇게 말한 여성은 일이 끝난 뒤 경찰에 자수했다. 자신이 한 행동에 어떤 생각이 드느냐고 묻자 이렇게 답했다. "부끄러워요. 내가 그렇게 가게에서 물건을 훔치는 한심한 짓을 했다고 생각하면. 사실 그게 그 사람들 생업이고 식구들 먹여 살리는 수단인데, 우리가 다 망쳐버렸으니 그 사람들은 처음부터 다시 시작해야 하잖아

요."("Reading the Riots", 2011, pp. 28-29)

폭동이 가라앉고 난 뒤, 가담했던 사람들 대부분은 자신이 끼친 피해에 놀랐다. 그런 행동을 저지르는 것이 자신의 '진짜' 모습 중 하나라고 생각해보지 않았기에 혼란을 느꼈다. 실제로 런던폭동의 경우, 폭동에 가담한 사람 중 평상시 폭력적이거나 정신적으로 불안정한 사람이 있었다는 증거는 없었다. 상황이 그들을 격동하거나 부추겨 나중에 돌이켜봤을 때 부자연스럽게 느껴지는 행동을 하게 만든 것으로 보인다. 그런데 과연 부자연스러웠을까? 현재 연구 결과에 따르면 답은 '아니요'인 듯하다. 우리는 모두 계급과 신조에 관계없이, 상황이 지닌 힘에 감정적으로 쉽게 휘둘릴 수 있다. 나중에 우리는 스스로에게 "우리 행동이 정확히 누구 책임이지?"라고 물어볼 것이다. 물론 우리는 "우리지"라고 답할 것이다. 그런데 어느 "우리"인 걸까?

모든 사람에게, 나아가 모든 집단에게는 '감정적'인 마음과 '이성적'인 마음이 위태롭게 공존한다. 우리 인간이라는 존재는 역사 전체를 볼 때 이성보다 본능과 감정에 더 많이 의존해왔다. 눈앞에서 다가오는 호랑이나 활과 화살을 든 적대적인 이웃을 보며 차분히 생각할 시간이 없다. 우리의 생존은 우리의 감정적 본능이 어떻게 반응할 것인가에 달려 있었으며, 이런 본능은 보통 우리 마음의 좀 더 이성적인 부분이 숨을 고르기도 전에 작동하기 시작한다. 그러나 욱하고 화를 내거나, 운전 중 난폭행동을 하거나, 과식하거나, 사랑에 빠지는 등 본능이 이성을 앞서는 경험을 곧잘 하면서도 우리는 대개 이를 받아들이기 어려워한다. 하지만 본능은 보통 무의식중에 발동하며 특히 우리가 집단의 일부로서 함께할 때, 즉 축구 경기 관람, 사회적·정치적 집회 참가, 폭동, 전쟁 등에 뛰어들 때 우리의 기본 설정값이다. 그럼에도 우리 중 대부분은 우리 뇌의 의식적/이성적인 측면이 얼마나 불안정한지 이해하지 못한다. 우리의 편도체가 지닌 힘이 통제를 벗어난 맥락에 스스로 놓이기 전까지는 말이다. 갈등과 폭력 상황에서, 혹은 이런 일이 있기 전 가족과 공동체, 사람들이 스트레스를 받을 때, 공포와 집단 상호작용이 흔히 우리의 (개별적) 감정을 압도한다. 이런 감정은 특히 집단 수준에서, 또한 위협이 눈앞에 닥쳤을 때 통제하기가 극도로 어려울 수 있다. 대부분의 폭력과 갈등상황이 이런 경우에 해당한다.

이 까다로운 문제를 하이트는 '코끼리와 기수'의 비유를 통해 정확히 포착했다. 우리의 감정적 측면을 코끼리, 우리의 이성적·합리적 측면을 기수에 빗댄 것이다(Haidt, 2006). 기수는 코끼리 위에 앉아 있어 코끼리를 부리는 것처럼 보이지만, 몸집이 작은 데다 또 훨씬 나이 많은 코끼리에 비하면 상대적으로 어리기에 통제가 불안정하다. 코끼리와 기수가 어느 방향으로 갈 것인지 동의하지 않으면 언제든, 우리 뇌의 편도체, 즉 코끼리 부분이 이길 가능성이 크다. 우리가 결정을 내릴 때 전전두피질, 즉 우리 뇌의 추론하는 부분을 적극 동원하지 않는다면 말이다. 이 책 1장에서 설명했듯이, 우리의 편도체(반사적/직관적 감정충동을 처리하는 뇌영역)와 전전두피질(의식적/이성적/논리적 반응을 담당하는 뇌영역)은 모두 우리의 주의를 끌고 행동을 수정하려 분투한다.

뇌전도와 호르몬검사는 우리가 편도체의 경향에 좀 더 휘둘리기 쉽다는 점을 분명히 드러낸다. 특히 우리가 생각하는 것보다 느끼는 것에서 주로 힌트를 얻는 긴장상황에서 그러하다(DeLaRosa et al., 2014; Mooney, 2012a). 위험할 수 있는 상황에서는 우리의 편도체가 보통 먼저 고삐를 쥔다.

우리는 특히 자신과 확연하게 다른 사람을 만날 때 감정에 더 잘 휘둘린다(이 책 3장 참조). 우리는 흔히 한번 흘낏 본 것만으로 상대에 대한 생각을 결정한다. 즉각적으로 판단을 내리는 것이다. "우리는 어떤 사람이 우리가 중요하다고 느끼는 특성을 얼마나 갖추었는지 아주 빠르게 판단한다. 호감이 가는지, 능력이 있는지 같은 것들 말이다. 말 한마디 나눠보지 않았으면서도 그렇게 한다. 마치 이런 추론을 빠르고 무분별하게 끌어내도록 하드웨어에 내장하고 있는 듯하다."(Boutin, 2006)

"우리는 신뢰가 얼마간 고차원적인 반응이라고 생각하지만, 우리가 관찰한 바에 따르면 신뢰는 낮은 수준의 뇌구조물이 내리는 높은 수준의 판단일지도 모른다. 어쩌면 그 신호는 피질을 완전히 건너뛰는 것 같다."(Willis and Todorov, 2006) 이처럼 개인이나 집단에 처음 드는 감정은 대개 생물학적 영향의 결과이다. 특히 낯설고 긴장을 느끼는 상황에서 더욱 그러한데, 이런 상황에서는 우리의 감정이 주도권을 잡고 자동반응프로그램을 작동한다. 이른바 "감정의 장악emotional hijack" 상태가 되는 것이다.

감정의 장악

런던폭동에 가담한 사람 다수에게 바로 이 감정의 두뇌 장악이 일어난 것으로 보인다. 감정의 장악이란 편도체, 즉 감정적 자극을 처리하는 뇌 부위가 우리의 정상적인 추론과정을 압도하거나 우회하여 어떤 상황에 직관적으로 반응하는 상태를 가리킨다. 때로 곧 닥칠 수 있는 위험에 대한 '싸움 혹은 도주' 반응으로 일컬어지기도 한다(Cannon, 1915, p. 211). 호랑이에게 쫓기거나 가족, 공동체, 국가가 위협을 받는다고 느끼는 상황에서 이런 장악이 일어나는 데는 타당한 이유가 있다. 위험이 눈앞에 닥칠 때, 우리는 단순하고 긴급하게, 무엇이 되었든 우리의 생존 가능성을 최대로 높일 방법을 취해야 한다. 이런 식으로 감정이 두뇌를 장악할 때 다음과 같은 일이 일어난다.

> 우리는 심박수가 증가하거나 손바닥에 땀이 나는 등의 즉각적인 변화를 느낀다. 냅다 달아나야 할 경우를 대비해 산소를 더 들이마시다 보니 호흡이 얕고 빨라진다. …… 활성화된 편도체가 곧장 전전두피질로 향하는 신경경로도 차단해 열띤 대화 도중 갈피를 잃고 헤맬 수 있다. 다양한 관점에서 바라보는 능력이 사라지므로 복잡한 의사결정을 내릴 능력 역시 사라진다.(Hamilton, 2015)

직관적/감정적 사고와 인지적인 추론 사이의 긴장은 카너먼(Kahneman, 2011)이 강조해왔는데, 그는 이를 '빠르게 생각하기 대 느리게 생각하기fast vs slow thinking'로 명명했다. 카너먼에 따르면, 우리의 마음은 본질적으로 두 시스템으로 작동한다. 시스템 1은 자동적이고 빠르고 본능적으로 작동하며 보통 우리 통제 아래 있지 않고, 시스템 2는 우리의 사고와 반응이 자아에 의해 의식적으로 생겨나는 곳이다. 시스템 2는 보통 우리가 어떤 상황에서 그에 반응하거나 어떤 행동을 취할지 결정해야 할 때 관련 기억을 생각해낼 뿐 아니라, 이 때문에 장차 어떤 일이 벌어질 수 있는지 미래의 관점에서 생각하는 일을 맡는다. 흥미롭게도 두 시스템은 사람들이 타인에 대해 궁극적으로 내리는 도덕적 판단과도 관련이 있는 듯 보인다. 즉, 우리는 감정을 느끼고 그다음에 우리의 도덕적 판단을 뒷받침할 논리적 근거를 찾는다(Greene, 2011, pp. 125-128; Lewis et al., 2012).

우리는 보통 이런 본능적 감정에 대한 선택권이 없다. 우리의 느낌은 일반적으로 뇌구조뿐 아니라, 아드레날린, 노르에피네프린, 코르티솔 같은 호르몬에 의해 결정된다. 이런 호르몬들은 우리가 공포 자극에 어떻게 반응할지 알려준다. 이런 부정적인 자극과 정보에 대한 우리의 초기 반응은 대부분 의식적 사고가 이루어지기 전 (대개는 의식적 사고 없이) 자동으로 나타난다(Jung et al., 2014). 우리는 자극을 제대로 인식한 뒤, 즉 자극에 처음 노출되고 0.5초 정도 지난 뒤에야 이런 정해진 행동 양식을 극복하려는 자기조절을 시작할 수 있다(Lack and Bogacz, 2012, http://lawtech.ch/wp-content/uploads/2016/03/J.-Lack- F.-Bogacz-The-Neurobiology-of-Conflict-2012-Cardozo-JCR.pdf).

다만 이처럼 강한 감정도 이후에는 통상 다양한 전전두엽 부위prefrontal regions와 피질하 변연계 구조물皮質下邊緣系構造物 subcortical limbic structures로 이루어진 신경회로neural circuit가 수행하는 감정의 자기조절로 누그러질 수 있는 것으로 보인다(Beauregard, Lévesque and Bourgouin, 2001). 따라서 인간에게는 숙고과정을 자발적으로 조절함으로써 뇌에서 일어나는 전기화학적 역동에 영향을 줄 능력도 있는 것으로 보인다. 다시 말해 우리가 무엇을 느끼는가는 대체로 우리 책임이 아니지만, 그 느낌에 어떻게 반응할지는 우리가 책임질 수 있다.

그러나 피질이 수행하는 숙고와 관련하여 문제가 또 있는데, 일상에서 우리는 자주 주의를 빼앗기고 의사결정 시 자동조종모드가 작동하는 경우가 많다. 우리의 마음은 곧잘 하드웨어에 내장된 각종 편향과 휴리스틱heuristic*에 의존함으로써 우리의 현실과 우리의 결정을 왜곡한다(Kahneman, 2011). 또한 감정이 이성적이고 의식적인 사고보다 먼저 작동하고 그것을 쉽사리 압도하므로, 느낌이 재빨리 행동을 결정할 수 있다. 그런 뒤에야 우리는 뒤늦게 추론능력을 동원해 그 행동을 합리화한다. 그러므로 우리가 대체로 피질의 도움을 받아 논쟁을 벌일 때, 논쟁이 우리가 잘 기억하지 못하는 감정과 기억에 휘둘릴 경우가 많다.

---

*   (역주) 시간이나 정보가 충분하지 않아 합리적인 판단을 할 수 없거나, 굳이 합리적 판단이 필요하지 않을 때 신속하게 하는 어림짐작을 말한다.

뇌가 다르다

앞서 언급한 감정을 담당하는 부분과 추론을 담당하는 부분 사이의 긴장이 모든 인간에게 존재하지만, 그것이 가하는 압력은 사람마다 크게 다를 수 있다. 이런 차이는 상당 부분 유전적 요인에 의해 결정된다(Mendez, 2017). 기능적 자기공명영상을 이용한 연구 결과, 이런 생물학적 차이가 태도와 신념의 차이에도 영향을 미칠 수 있음이 드러났다. 어려운 과제가 주어진 상황에서, 어떤 이들은 편도체의 활동량이 늘어나 있었던 반면, 다른 이들은 피질의 회백질 부피가 커져 있었다. 연구 결과, 이런 유전적 차이는 태어난 순간부터 관찰할 수 있음이 밝혀졌다. 갓난아기일지라도 선천적으로 편도체의 반응이 활발한 아기들은 갑작스러운 소음이나 위협적인 시각이미지에 훨씬 빨리 반응했고, 다른 아기들은 공포와 불확실성을 좀 더 쉽게 견딜 수 있었다. 편도체 반응이 대체로 공포에 치우쳐 있고 다른 집단 사람을 신뢰하는 게 어려운 이들에게는 대개 자신이 속한 집단의 구성원을 신뢰하고 이들과 협력하는 편이 더 쉬운 선택이다. "불확실성을 싫어하고 이방인이나 자신이 이해하지 못하는 일들을 경계하는, 두려움이 많은 사람들은 자신들에게 안전감을 주는 정책을 지지하기가 쉽다."(Hatemi et al., 2013)

흔히 보수주의자 혹은 전통주의자라고 일컬어지는 이런 사람들은 삶에서 질서, 구조, 확실성을 더 많이 필요로 하는 경향이 있다. 변화에 더 자주 저항하고, 위험을 감수하는 일에 덜 열려 있다. 벌레나 피를 볼 때, 또 동성결혼이나 낙태 같은 쟁점과 관련하여 더 강력한 생리적 혐오 수준을 보인다. 이들은 보통 '순수성'과 질서의 가치를 높이 평가하며 규범을 위반하는 것에 촉각을 곤두세우는 것으로 알려져 있다. 결과적으로 이런 태도는 '그들 대 우리'라는 갈등을 일으키고 심화하기가 아주 쉽다. 예컨대 탈레반의 경우, 이들이 본디 파키스탄에 거주하던 독실한 무자헤딘이었으나 자기들이 볼 때 사회적·도덕적으로 타락하고 순수하지 못한 이웃 시민들의 삶이 혐오스러워 등장했다는 주장이 있다. 이렇게 해서 탈레반, 뒤이어 이슬람국가IS: Islamic State*가 '순수한' 이슬람 국가를 결코 타협 없이 이슬람법 위에 세우겠다고 맹세한 것이다. 생리적인 (혐오) 반응이 더 강한 개인들은 또한 사형제도와 국방비 지출 증액 지지, 이라크전쟁 지지, 애국심 중시 등과 같이 보수적인 입장을 취하기가 쉽다(Oxley et al., 2008). 같은 이유로 반反이민과 분리찬성정책을 좀 더 지지하는 경향도 보인다(Hatemi et al., 2013. 이 책 4장도 참조할 것).

한편 모든 사회에는 이와 다른 유형으로 보이는 사람들이 있다. 이들은 보통 리버럴**로 불리는데, 자극에 대한 생리적 반응, 뇌 기능, 심지어는 고정적인 뇌 해부학적 특징 자체가 보수주의자와 어느 정도 다르다(Taber and Young, 2013, p. 541). 갈등을 마주하면 리버

---

*   (역주) 극단적인 이슬람 원리주의를 내세운 무장테러조직. '이라크·레반트 이슬람국가ISIL', '이라크·시리아 이슬람국가ISIS'로도 불리며, 아랍어 머리글자를 딴 '다에시 Daesh'라는 명칭으로도 알려져 있다.

**   (역주) 'liberalism/liberal'은 '리버럴리즘/리버럴'로 번역했다. 정치사상의 관점에서 해당 번역어는 '자유주의/자유주의자'이지만 '자유주의자'가 미국에서는 '사회주의자', 유럽에서는 '극단적인 자유시장 옹호자'를 의미하고, 한국에서도 보수우파와 진보가 '자유주의/자유주의자'에 각각 다른 의미를 부여하고 있어 이렇게 옮겼다.

럴은 보수주의자보다 좀 더 유연하게 대처하고, 필요하다고 느끼면 습관적인 반응을 바꿀 가능성이 크다(Amodio et al., 2007).

연구자들이 DRD4-7R이라는 유전자 변이형을 발견했는데, 이 변이형은 신경전달물질의 일종인 도파민에 영향을 미친다. 이 변이형을 지닌 개인들은 열린 마음의 소유자가 되고 다양성과 새로움에서 특별한 즐거움을 느낄 가능성이 크다(Settle et al., 2010).

자, 이제 외집단에 대한 선호도와 정치적 신뢰 같은 정치적 행동과 태도가 단지 사회화의 결과만이 아니라 개인이 유전적으로 타고난 경향의 일부이기도 함이 분명해 보인다(Klemmensen et al., 2012). 공포를 더 크게 느끼는 경향에 생물물리학적 요소가 있다고 해도, 사람들이 정확히 무엇에 공포를 느끼고 어느 집단을 증오하는가는 그들의 역사, 문화, 사회환경에 따라 달라질 것이다. "선거는 감정의 시장에서, 즉 가치, 이미지, 비유, 도덕적 정서, 마음을 뭉클하게 하는 웅변술로 가득한 시장에서 판가름 난다. 그곳에서 논리는 조연일 따름이다."(Westen, 2008)

집단감정

개인의 감정이 다른 사람에게 쉽게 퍼질 수 있음도 주목할 필요가 있다. 신경과학에서 입증된 바에 따르면 어떤 한 개인의 뇌에서 뉴런이 발화되는 패턴이 그가 관찰하거나 상호작용하는 다른 개인의 해당 패턴을 거울처럼 반영할 수 있다(Iacoboni, 2009). 다시 말해 사람들은 다른 개인이 어떤 활동을 수행하거나 특정 감정을 경험하는 모습을 단순히 바라보거나, 아니면 그와 함께 있는 것만으로도 '감정전염emotional contagion'이라 불리는 과정, 즉 감정이 개인 사이를 자동적·무의식적으로 옮겨 다니며 집단 패턴을 형성하는 과정을 통해 그 감정에 물들 수 있다. 감정전염은 집단시위, 폭동, 집단학살을 설명하는 데 도움이 될 수 있다(Peterson et al., 2015; Murray, 2017; Reina, Peterson and Waldman, 2015). 이런 '감정전염'의 효과는 보통 지배적인 감정적 분위기가 흥분, 유대감, 적을 찾는 것이기 쉬운 정치적 집회나 여타 다른 목적의 집회에 참석하는 사람들에게서 확연히 드러난다. 도널드 트럼프의 유세에 참석했던 사람들의 얼굴이 이런 감정의 흥미로운 사례이다.

이런 감정전염은 현재의 상황에서뿐 아니라 기억을 통해서도 일어날 수 있는데, 기억은 대부분의 경우 수십 년간 지속된 갈등에 의해 형성되고 조장되고 환기된 것들이다. 볼칸(Volkan, 2001)은 집단기억과 피해자 서사가 무엇인지, 그것이 어떻게 이른바 "선택된 트라우마chosen trauma"를 통해 한 세대에서 다음 세대로 감정적으로 전달될 수 있는지 말한다. 선택된 트라우마란 어떤 대규모 집단으로 하여금 "극단적인 손실을 입게 하고, 무력감과 함께 다른 집단에게 박해받았다는 느낌이 들게 하며, 굴욕적인 상처를 공유하게 한" 사건의 심리적 표상을 뜻한다(Volkan, 1998, p. 4). 이런 기억은 집단전염과 쉽게 연결될 수 있으며, 지도자들에 의해 쉽게 환기될 수 있고, 전쟁 회고록·스토리텔링·민족주의 음악과 상징 같은 절차를 통해 집단에 동기를 부여하는 감정적 토대가 될 수 있다.

왜 우리의 뇌는 서로 다른가?

왜 어떤 사람의 뇌는 다른 사람의 뇌보다 태생적으로 두려움을 더 많이 느끼는 것일까? 학계에서 추측하기로, 진화의 관점에서 이처럼 다양한 유형의 개인이 존재하는 편이 사회와 집단이 여러 도전에서 살아남기 위해 가장 적절히 대응하는 데 유용하다고 입증되어서이다. 보수주의자든 리버럴이든 완전히 한 성향의 사람들로 이루어진 사회는 생존하기가 어렵다. 낯선 이에게 전혀 두려움을 느끼지 않는, 편도체가 완전히 손상된 사람은 세상 사람 모두를 "같은 편"으로 느끼며 외집단에 대해 아무런 위협을 느끼지 않는다(McCloskey, 2015). 이런 느낌이 결여되면, 역사를 통해 볼 때, 분명 조종, 학대, 살해 위험에 노출되기가 쉬울 것이고 집단의 생존 가능성이 낮아질 것이다. 반면에 사회는 좀 더 보수적 성향을 띠고, 지난 역사에서 잘 작동한 것으로 보이는 절차와 제도를 지속할 수 있으며, 그것들이 쉽사리 무시되어서는 안 된다고 생각하는 사람들을 필요로 한다. 주목할 점은 좀 더 보수적인 사람들이 역사적으로 다수를 차지해왔다는 것이다. 일각에서는 최근 리버럴리즘의 성장이 오늘날 많은 사회에서 죽음의 위험이 낮아지고 있는 덕분에 점점 더 많이 누릴 수 있게 된 진화적 사치라고 주장한다(Doolittle, 2016). 미국을 비롯한 많은 민주주의 국가에서 리버럴리즘이 서서히 성장하고 있는 것을 보면 이 의견이 타당해 보인다.

전투에서 느끼는 짜릿함

이 장 도입부에서 언급한 런던폭동에 가담한 사람들에게 이런 폭동은 평소 억눌러두었던 감정에 굴복할 수 있게 해준 짜릿한 기억으로 남을 것이다. 어느 기자가 그 폭동을 다루며 이렇게 말했듯이 말이다.

> 폭동에 가담한 사람 중 다수에게, 그 일은 그들 인생의 아주 멋진 경험 중 하나로 남을 것이다. 왜냐면 폭동은 대체로 쓸쓸하고 원자화된 지루한 삶을 살던 이들에게 파업보다도 훨씬 더 강력하게 연대, 집단의 힘을 느끼게 하고, 단순히 주는 대로 받는 처지가 아닌 사회 전반에 영향을 미치는 경험을 선사하기 때문이다.(Harman, 1981)

따라서 폭동에 가담하거나, 죽이거나 죽이려 하거나 죽음을 당하는 행위를 포함한 군사 임무를 수행하며 전쟁에 참가하는 것이 많은 가해자들의 삶에 "고양된" 느낌을 줄 수 있음을 이해할 필요가 있다. 내가 박사학위 연구 주제로 삼은 것이 폭력으로 사회를 바꾸겠다는 신념을 포기한 북아일랜드의 준군사요원들이었다(Fitzduff, 1989). 인터뷰에 응한 준군사요원 대부분이 (다소 창피해하며) "활동부대"와 함께, 다른 이들의 표현을 빌리자면 "살인 임무"를 띠고 출동할 때보다 더 "살아 있다"는 느낌을 받은 적이 없다고 말했다. 이제는 폭력을 피하게 되었지만 그들은 활동부대의 일원으로서 자신들의 삶에 짜릿함과 의미를 동시에 부여받았던 때를 그리워했다.

자신이 참가한 전쟁이 합법적이었든 불법적이었든 참전용

사가 이런 긍정적인 느낌을 갖는 경우는 드물지 않다. 미국 참전용사들이 살인에 어떤 반응을 보였는지 조사한 맥네어(MacNair, 2006) 역시 같은 얘기를 한다. "다수의 임상 관찰에 따르면 살인은 장기적으로 정신적 외상을 남길 수 있지만, 들뜨고 신나는 느낌, 살인에서 오는 짜릿함, 즉 '컴뱃 하이combat high'라는 즉각적 효과가 있는 것으로 보인다."(p. 198) 실제로 그런 남성(이들은 대부분 남성이다. 이 책 7장 참조) 중 일부는 이런 살인이 주는 고양감에 중독될 수 있다. 시우바 등(Silva et al., 2001)은 이것을 다수의 참전용사에게 발견되는 "행동중독action-addiction"증후군으로 칭하며, 이들이 "과거 전투 경험과 관련된 생각, 느낌, 행동을 다시 경험해보길 갈망하며, 그에 따라 공격성을 수반하는 행동 패턴"을 보인다고 설명한다(p. 313). 심지어는, 전쟁이 남성에게 흔히 흥분과 힘에서 오는 도취감을 선사하는 것으로 보아 이 중독에 생화학적 원인이 있을 수 있다는 주장이 제기되기도 했다. 이렇게 중독된 것으로 보이는 참전용사 중 다수는 "민간인의 삶을 대놓고 경멸하며 따분하고 하찮다고 여긴다."(Glover, 1985, p. 17)

다른 이들도 중독될 수 있다. 여러 전쟁터를 누빈 베테랑 기자 크리스 헤지스는 이렇게 말한다. "내 안에는 전쟁이 주는 단순명료함과 고양감을 그리워하는 또 다른 내가 있다. …… 전쟁의 변함없는 매력은 이렇다. 파괴와 대학살이 펼쳐지지만 전쟁은 우리 모두가 삶에서 열망하는 것들을 준다. 살아가는 목적, 의미, 이유 말이다."(Hedges, 2002, p. 3) 평화구축 전문가들이, 합법적으로 또는 불법적으로 군인이 되는 사람들 다수가 느끼는 이런 매력을 깨닫지 못한다면(이 책 5장 참조), 우리의 평화구축전략과 전후 재활프로그램은 실패하고 말 것이다. 우리는 한때 군사주의에 깊이 젖었던 사람들이 자신의 욕구를 배출하고 기술을 활용할, 예를 들면 정치 같은 대안적 수단을 찾지 못한다면, 이처럼 고양감, 의미, 소속감을 느끼려는 욕구가 전쟁 후에도 지속될 수 있다는 점을 기억해야 한다.

우리의 피질이 마주한 새로운 도전, 소셜미디어

오늘날 세계 각국이 마주한 새로운 유형의 전쟁이 있다. 여기서 물리적 무기는 갈등상황에 처한 시민들의 기분과 감정을 고양하려고 정부나 여타 집단이 동원하는 소셜미디어에 비해 부차적 역할을 한다(이 책 8장 참조). 트위터와 페이스북은 단순히 뉴스피드news feed를 바꾸고 감정전염을 이용해 사용자들의 감정을 조작함으로써 플랫폼으로서 힘을 과시해왔다(Booth, 2014). 이런 힘은 인류 역사상 전례가 없으며, 전쟁과 평화구축 측면에서 참혹한 결과를 초래할 수 있다.

소셜미디어 플랫폼의 알고리즘은 강렬한 감정을 담은 게시물을 우선 노출되게 함으로써 그 게시물의 메시지를 다른 수백만 사용자에게 엄청난 속도로 퍼뜨리는 것으로 보인다(Nicas, 2018). 이런 플랫폼들은 곧잘 우리 사고의 이성적 부분을 우회하며 "대신 우리의 감정적이고 반응적이며 즉각적인 효과나 간편한 해법을 추구하는 부분, 그러니까 재미있어 보이고 우리의 자아를 북돋우며 우리가 영웅이라고 느끼게 만드는 이미지를 클릭하면서 만족하는 부분에 말을 건넨다."(Golumbia, 2018) 소셜미디어와 그것이 촉발하는 "뇌 줄기를 향한 경주"("Optimizing for Engagement", 2019)가 등장함으로써 감정적 설득은 더 쉬워지고 복잡한 사고는 더 어려워진다. 이는 사회적 긴장이 팽배할 때 특히 그러하며, 우리는 우리를 감정적으로 설득하여 자신들의 특정한 목표나 목적을 지지하게 만들 의도로 갈등을 파는 사람들의 손쉬운 먹잇감이 된다. 이처럼 우리 인간의 사회적·신경학적 경향과 욕구는 소셜미디어를 이용해 다른 이들에게 해로운 영향을 미치려는 사람들에 의해 쉽게 장악될 수 있다. ISIS/다에시The Islamic State of Iraq and Syria/Daesh가 수천 명의 젊은 남성과 일부 여성을 자신들의 명분에 복무하도록 그토록 성공적으로 모집할 수 있었던 것도 소셜미디어를 아주 세련되게 이용한 덕분이었다.

감정, 특히 공포가 전염된다는 점을 고려할 때, 소셜미디어에 능숙한 열성 집단이 어떻게 전쟁을 선동할 수 있는지 쉽게 이해할 수 있다. 르완다에서는 라디오방송만으로도 집단학살을 촉발할 수 있었다(Kellow and Steeves, 1998). 전쟁은 이미 소셜미디어에 의해 왜곡되고 있으며, 이런 왜곡은 미래의 전쟁에서 중요한 역할을 할 것이다(이 책 9장 참조).

결론

카너먼(Kahneman, 2011)을 비롯한 많은 이들의 연구에서 보듯이, "합리성에 관한 신화rationality myth"를 허물기란 대단히 어렵다. 우리 대부분은 우리 자신을 합리적인 존재로 여기고 싶어 하기 때문이다. 본능과 느낌이 우리가 삶에서 내리는 대단히 중요한 결정에 영향을 미칠 수 있다는 말을 아마도 많은 독자들이 받아들이기 어려울 것이다. 그러나 합리성보다 감정에 기우는 인간의 경향을 이해하면, 우리 일의 전략을 더 효과적으로 세울 수 있다. 적어도 두려움 같은 감정에서 비롯된 어떤 이의 태도에 대해 너무 오래 논리적으로 따지지 않음으로써 불필요한 노력을 아낄 수 있다. 대체로 사실보다 그들의 주장 뒤에 있는 느낌을 이해하는 편이 더 나은 길로 보인다. 이런 이해는 더 생산적인 다른 접근법을 제시할 수 있다.

평화구축분야에서 일하는 다른 많은 사람들과 마찬가지로, 나는 우리 자신의 갈등과 세계 곳곳의 다른 갈등에 대한 '해결책'을 서류함 가득 채워두고 있다. 나는 이스라엘/팔레스타인, 북/남수단, 구 유고슬라비아, 카메룬, 북아일랜드 등에서 벌어지는 갈등과 관련해, 이런 갈등을 끝낼 수 있는 가능성을 보여주는, 상상력을 발휘하여 만든 시각적·개념적 지도 대부분을 보아왔다. 그러나 오래전에 배운 게 있다. 문제는 이런 갈등에 대한 '해결책'이 없는 게 아니다. 보통은 많다. 다만 우선시되어야 하며 더 어렵기도 한 과제는, 사람들이 서류함 가득한 해결책에 이성적으로만이 아닌 감정적으로도 함께 접근할 수 있도록 하는 것이다.

우리는 평화구축작업을 주로 합리적/논리적 사고에 근거를 두고 하게 되는데, 이런 사고가 지도자들에게 미치는 영향이 얼마나 미미한지 이해하지 못할 때가 많다. 평화협정이 결렬되는 것은 대부분 관계자가 인지적 기술을 동원해 영리한 정치적·사회적 타협안을 만들어냈을지라도 지도자들이 자기 나라나 국민에게 돌아가면 협정을 지속가능하게 하는 데 필요한 감정이 결여되기 때문이다. 그 결과, 협정을 이행하는 과정에서 위기가 발생하면 지도자와 그 지지자들이 애초에 폭력을 촉발하고 지속하게 했던 감정으로 되돌아가고 만다.

3장
우리 대 그들

생물학적으로 인간은 협력하도록 진화했다.
다만 일부 사람하고만 그렇다.

—그린(Greene, 2011)

들어가며

1941년부터 1945년까지 우스타샤민병대와 암살단이 크로아티아 시골에 거주하던 세르비아 민간인 수천 명을 살해하고 마을을 불태웠다. 남녀노소를 불문하고 난도질해 죽이고, 산 채로 구덩이와 골짜기 아래로 던져버리고 교회에 불을 질렀다. 스레브레니차와 오즈렌 인근의 세르비아인 마을에 사는 사람들이 모조리 몰살당했고 블라세니차와 클라다니 사이 마을에서는 아이들이 말뚝에 꿰뚫린 채 발견되었다(Yeomans, 2005). 우스타샤의 잔혹하고 가학적인 행위는 나치 지휘관들조차 충격에 빠뜨렸다. 다음은 게슈타포가 1942년 2월 17일 나치 친위대장 하인리히 힘러에게 보고한 내용이다.

우스타샤는 징집 대상 연령인 남성뿐 아니라 힘없는 노인, 여성, 아이들에게까지 잔혹한 짓을 저질렀습니다. 이 크로아티아인들이 학살하고 가학적인 고문으로 죽음에 이르게 한 세르비아정교회 신도들의 수가 약 30만 명에 이릅니다.(Goni, 2002, p. 202)

우스타샤민병대가 살해한 사람 중 상당수는 한때 이들의 이웃이자 친구들이었다. 어떻게 이런 일이 벌어졌을까? 불행히도, 이 살인자들이 오래된 적과 새로운 적을 찾아낼 때 인간의 유전적 본성, 뇌 기능, 호르몬의 격동이 작용했을 가능성이 크다. 이런 요인은 역사상 모든 민족과 집단이 '적'으로 규정한 집단과 전쟁을 벌일 때 유용했다.

인간의 편향

사회심리학, 진화심리학, 진화생물학을 결합한 진화사회심리학(Schaller, Simpson and Kenrick, 2014)은 우리의 개인적·사회적 심리가 자연선택을 통한 진화의 산물이라는 다윈식 가정에 기초한다. 진화사회심리학은 몸이 진화적 필요에 적응한 것처럼, 마음도 우리의 변화하는 사회적·환경적 맥락에서 제기되는 문제를 해결하기 위해 적응했다고 주장한다. 우리의 마음이 진화에 의해 연마되었다는 생각이 누군가에게는 받아들이기 어려운 것일 수 있으나, 뇌가 신체의 일부임을 받아들인다면 인간의 뇌가 우리의 환경에 의해 형성되었다고 주장하는 것이 논리적으로 일관된다.

우리가 새로운 생물과학을 통해 배우고 있는 바에 따르면, 인간의 뇌는 이 책 2장에서 살펴본 것처럼, 우리가 알아차리지 못한 감정에 본능적으로 반응하는 경향이 있을 뿐 아니라 집단 안에서 유대감을 형성하려는 욕구를 발전시켜온 것으로 보인다. 집단이 우리에게 우리가 인간으로서 갈망하는 많은 이점(예컨대, 안전, 의미, 소속감)을 제공해주기 때문이다. 그러나 내집단內集團을 정의하려면 외집단을 규명해야 한다. 그리고 외집단을 적이나 친구, 우리 집단의 일원 또는 외부인으로 범주화하는 것은 모든 공동체, 사회, 국가에서 공통적으로 나타나는 특징이다. 보통 종교와 문화, 사회적 이념이 어떤 집단을 하나로 묶지만, 집단의 경계를 세우는 데 이것들이 꼭 필요하지는 않다. 사실 어떤 범주화도 가능하다. 외집단의 규정은 인종, 계급, 젠더 및 젠더 지향, 제복, 언어, 종교, 문화, 민족, 지리적 위치 등을 근거로 할 수 있다. 아주 사소해 보이는 사회적·역사적·신학적(예컨대 수니파와 시아파 사이의) 차이도 세계 곳곳에서 폭력적인 사회갈등의 틀을 제공할 수 있다. 많은 곳에서 특정 단어를 어떻게 발음하느냐가 얼마든지 죽이느냐 죽음을 당하느냐의 표지가 될 수 있다. 예컨대, 성서 시대에 길르앗 사람은 에브라임 사람에게 어떤 단어를 정확히 발음해보라고 시키곤 했다. 그것이 그들의 친구와 적을 구별하는 유일한 방법이었다(사사기 12장 6절).*

물론 외집단을 규정하는 방식은 맥락에 따라 다르며 또 바뀔 수 있다. 예를 들어, 19세기 미국인 대다수는 아일랜드인과 이탈

---

*   (원주) https://biblehub.com/judges/12-6.htm

리아인을 '백인'으로 간주하지 않았다. 또한 1909년 미국 법원의 결정이 있고서야 아르메니아인이 '백인'의 일부로 인정되었다. 아직도 많은 나라에서 젠더 지향이 '정상적인' 여성/남성의 성격을 띠지 않는 것으로 간주되는 사람은 여전히 감옥에 갇히거나 죽음을 당할 수 있다.

집단의 욕구가 위와 같은 경향을 띤다는 점은 사회심리학자들이 수행한 실험을 통해 반복적으로 입증되어왔다. 필립 짐바르도와 그의 동료들이 실시한 '스탠퍼드교도소 실험(Zimbardo et al., 1973)'은 집단의 일원으로서 우리의 정체성이 윤리적으로 시험받는 상황에서 인간으로서 우리가 어떻게 반응하는지 실험하기 위해 설계되었다. 이 실험에서 자원자들은 모의 교도소의 '교도관'이나 '수감자' 역할을 부여받았다. 피험자들은 부여된 역할을 신속히 수용했고 그 결과, 많은 '교도관'이 '수감자'를 가학적으로 대하거나 심리적으로 학대하게 되었다. 또한 많은 '수감자'가 이런 학대를 받아들였고, 심지어는 역할을 수행 중인 '교도관'의 요청에 응해 학대를 저지하려는 동료 '수감자'를 적극적으로 괴롭혔다. 이 실험은 실험 주관자들이 '평범한' 자원자들의 안전을 우려하게 되어 엿새 만에 중단되었다. 자원자들은 모의 교도소 실험상황에서 대부분 성격이 나빠진 것으로 보였다. 이 실험은 대부분의 평범한 인간이 특정 상황에서는 포악하고 잔인한 사람으로 변할 수 있음을 확인해준 것으로 보였다.*

***

*   (역주) 이 실험이 조작됐다는 주장도 있다. 작가 벤 블럼Ben Blum이 실험과 관련한 미공

우리가 서로를 편 가르는 것이 얼마나 쉬운지는 무자퍼 셰리프와 동료들의 '로버스동굴공원 실험'에서도 입증되었다. 이 실험에서 소년들은 무작위로 두 집단으로 나뉘어 같은 목표를 두고 경쟁하게 되었다(Sherif et al., 1961). 이런 과정만으로도 두 집단 간에 빠르게 적대감이 생겨났고, 무작위로 분리된 지 몇 시간 만에 적이 되어 곧 서로를 대놓고 적대하기 시작했다. 즉, 어떤 집단이든 그 구성원이 소속감을 강하게 느낄수록 자기 집단 고유의 것을 더욱 선호하게 될 뿐 아니라 내집단의 규범에 순응하지 않는 구성원과 다른 집단의 구성원을 쉽게 희생양으로 삼는 듯 보인다.

왜 이런 일이 벌어지는 걸까? 대부분의 개인은 자신과 타인을 사회적 범주 안에 두며, 개인을 집단으로 범주화하는 단순한 행위만으로도 '우리'와 '그들'의 구분이 생겨난다. 이 이론은 '사회정체성 이론social identity theory'으로 알려져 있다(Tajfel, 1978). 물론 사람들은 대개 자신에게 중요한 정체성이 한 개 이상 있으며, 이들 정체성은 서로 겹칠 수 있다. 그러나 어느 정체성이 더 두드러지고 중요한지는 상황에 따라 크게 달라질 수 있다. 갈등 시기에는 일반적으로 특정 정체성이 더 단순해지고 개인의 자아개념에 더 필수적인 요소가 되며, 사람들이 자기 집단의 정체성을 협상 가능한 것으로 인식하기가 더 어려워진다. 이는 객관적인 사실에 부합하거나 주관적인 불만과 결합하여 대대적인 적대감을 조성하며, 결국 교우나 혼인

개 녹취와 관계자들의 인터뷰를 근거로 미국 온라인 매체 《미디엄》에 기고한 기사 '거짓말의 수명The Lifespan of a Lie'에 따르면, 교도관들의 가혹행위는 계획된 것이었고 수감자들이 실험을 중단할 수 있다는 조건도 지켜지지 않았다.

관계를 통해 밀접한 관계를 맺었던 이웃끼리도 철천지원수가 될 수 있다. 월러(Waller, 2006, p. 90)에 따르면, 짐바르도의 실험과 같은 사례는 "집단으로서 우리는 상상할 수 없는 악, 한 개인이 저질렀다면 미친 짓이라고밖에 표현할 수 없는 악을 겉보기에 도덕적 동요 없이 제시된 목표에 고도로 집중하여 저지른다"는 충격적인 사실을 보여준다. 그는 또한 도덕적 제약이 개인보다 집단에서 힘을 발휘하지 못하며, 이로 인해 구성원들이 타인에게 해를 끼치거나 "상상할 수도 없는 악"을 자행할 수 있는 충분한 정당성을 구성원 개개인에게 부여할 도덕적 권위를 내세우기가 더 쉬워진다고 지적한다.

왜 집단에 소속되는 것이 중요한가

왜 우리는 외집단을 대할 때 태생적으로 민감하게 반응하는 뇌를 물려받았을까? 우리 종種이 발전해온 수백만 년의 시간 중 대부분을, 우리는 작은 집단에 소속되어 살았고 또 번영해온 것으로 보인다. 따라서 진화는 우리 안에 이런 집단에 소속되고 관계 맺고 싶은 강렬한 욕구를 심어놓은 듯하다. 또한 우리는 언제나 외집단을 찾아내는 것으로 보이는데, 이는 아마도 내집단에 대한 편애와 외집단에 대한 적대감이 결합하여 매우 성공적인 생존전략으로 떠올라서일 것이다(Choi and Bowles, 2007). 집단신념체계도 생존전략에 도움이 되는 듯 보인다. 일반적으로 우리의 지리적 위치, 우리가 처한 사회적 맥락, 우리가 가족·공동체·국가와 맺는 관계가 우리가 무엇을 믿고, 일반적으로 어떻게 행동하며, 누구를 미워하는지를 우선적으로 결정한다. 우리는 공동체를 영위하면서 종교·문화·민족주의와 같이 그간 우리 집단에서 잘 작동했고 생존에 기여한 것으로 보이는 신념 패턴에 의지한다. 이처럼 사회의 영향을 받은 사고방식과 행동양식은 보통 우리에게 제2의 천성이 된다. 우리는 생각하거나 선택해보지도 않고 우리의 신념과 일하는 방식을 옳고 자연스러운 행동의 기준으로 받아들인다. 이는 특히 공동체의 규범과 신념에서 크게 벗어날 경우 배제되거나 위험에 처할 수 있기 때문이다. 집단에 소속되는 것이 중요하다 보니, 사람들은 보통 자신이 속해 있거나 속하고 싶은, 또한 그 구성원이 된다는 것이 상대적인 안전을 의미하는 집단에 동조하도록 자신의 신념을 조정한다. 그런 까닭에 대부분의 종교와 상당수의 이념적 믿음이 입증된 "진짜" 신념이기보다 지리적 위치에 의해 결정된 신념이다.

집단에 소속되는 것은 다음과 같이 중요하고도 긍정적인 기능을 제공한다.

> 이는 깊은 욕구를 채워주고 타인과 관계를 맺음으로써 얻을 수 있는 만족감, 안전하다는 느낌을 제공한다. 가족, 직업인, 종교단체, 자발적 단체, 국가의 일원으로 자신을 규정하는 데 필수적이다. 개인의 정체성이 규정되고, 자아를 집단과 동일시하며 집단 구성원과 관계를 맺음으로써 가치와 중요성을 얻는다.(Staub, 1989, p. 252)

스타우브는 집단의 지지가, 그 집단이 강제수용소에 수용된

피해자들이 모인 것이든 공동의 명분을 위해 일하는 동지들이 모인 것이든, 최악의 상황에서도 생존에 긍정적으로 기여한다는 연구 결과를 인용한다. 친족을 포함해 자신이 속한 집단의 생존은 인간이 서로 협력하고, 마을과 도시를 건설하고, 아이를 낳아 가족을 이루고, 집단에 가해지는 위협에 맞서 자신과 자신의 영역을 지켜내는 데 매우 중요하다. 사람들이 문화적·민족적 집단에 느끼는 동질감이 환경적 스트레스에 완충재로 작용할 수 있다(Decety et al., 2018). 특히 다문화 공동체에서 살아가는 소수집단은 인종적 정체성을 확고히 할수록 심리적 안녕, 교육적 성과, 신체적 건강을 증진하며 공동체에 더 잘 적응할 수 있다. 예를 들어, 아프리카계 미국인은 인종차별이 증가한 것을 감지하면 그에 대응해 대체로 더 강화된 인종 정체성을 발휘한다. 다른 소수인종집단의 구성원과 동질감을 강화하는 것도 학업 성취를 높이고(C.O. Smith et al., 2009) 심혈관계 질환의 위험을 낮출 수 있다(Chae et al., 2010). 다만 이런 동일시는 반사적으로 나타나므로 의식적으로 억제하기가 어려울 수 있다(Ito and Urland, 2005). 무엇보다도 사회적 규범을 깨뜨리는 것은 그런 행동을 하는 사람에게 수치심과 오명을 안기기 때문이다.

문제는 뇌가 집단 구성원으로서 '우리'를 만들어낼 때, 자신의 정체성을 규정하는 데 맞상대 삼으려고 외집단을 적극적으로 필요로 한다는 점이다(Appiah, 2018). 소속되고자 하는 욕구는 사회에 긴장과 폭력이 존재할 때, 이전의 친밀했던 관계를 희생하면서까지 서로 반목하고 집단끼리 편 가르기가 깜짝 놀랄 정도로 쉽게 이뤄질 때 훨씬 강렬하다. 보통은 잠복해 있는 우리의 집단편향, 즉 인종이나 다른 정체성에 대한 편향은 진화에 의해 '준비된' 공포로 볼 수 있다. 다른 집단과 접촉하는 것이 위험을 불러올 수 있음을 아주 오래전부터 알고 있었기 때문이다. 어떤 연구자들은 이것이 외집단이 지닌 세균에 대한 두려움 때문일 수 있다고 주장했다. 일명 '병원체 스트레스 이론pathogen stress theory'이다(Thornhill and Fincher, 2014). 그 논리는 이렇다.

> 인류 진화의 역사를 돌이켜볼 때, 낯선 외집단의 구성원이 중대한 질병의 위협을 초래했을 가능성이 크다. …… 외집단의 병원체가 초래할 수 있는 치명적 위험을 강조하는 이론들과 일치하게도, 이런 편향은 표적이 인종적 외집단의 일부이기도 할 때 가장 강했다. 연구 결과는 질병 회피 과정과 집단 간 인식에서 나타나는 편향에 근본적인 연관이 있음을 시사한다.(Makhanova, Miller and Maner, 2015, p. 18)

이런 위협은 제한된 자원인 땅과 식량이 관련되면 공포로 다가올 수 있다. 예를 들어, 르완다는 1994년 집단학살이 있기 전 아프리카에서 인구 밀도가 매우 높은 나라 중 하나였고, 이런 갈등의 배경에는 땅과 관련한 상당한 압박이 있었다(Takeuchi and Marara, 2009). 따라서 우리가 두려움에 사로잡혀 예단하는 것은 우리로 하여금 외집단이 우리의 생존, 가족·공동체의 생존에 초래할 수 있는 잠재적인 위협을 두려워하게 만드는 일종의 생존 기제로 볼 수 있다.

기능적 자기공명영상의 등장

비교적 최근에 사회적 범주화 연구에 신경과학을 응용하면서 집단 간 범주화의 밑바닥에 깔린 특수한 과정에 관해 중요한 통찰을 얻게 되었다. 우리의 뇌는 선천적으로 집단에 소속되는 것에 민감한 듯 보인다. 이는 신경구조가 우리와 다른 사람에게 느끼는 편견과 공포를 증폭할 때가 많다는 뜻이다. 많은 상황에서 우리 몸은 이런 감정을 우리 자신보다 먼저 느끼므로, 어떤 집단의 구성원이라는 사실이 우리의 신경 처리에 자동적·무의식적으로 영향을 미친다.

편도체, 뇌섬엽insula, 복측선조체腹側線條體 ventral striatum, 이 셋 모두가 당파적 편향, 인종 편견, 집단 간 관계, 특정 개인이나 집단에 어떤 태도를 취할지에 관한 개인의 결정에서 중요한 역할을 하는 것으로 보인다(Tusche et al., 2013; Zamboni et al., 2009). 즉, 우리가 우리와 다른 사람이나 집단을 만날 때, 우리의 편도체는 사회적 범주화의 단서를 잠재적 위협이나 보상의 관점에서 신속히 처리한다. 처리 결과 감정적 반응이 뒤따른다. 이런 과정은 차별적 행동에 중요한 영향을 미친다(Cunningham et al., 2004).

사회적 범주화와 관련해 기능적 자기공명영상을 활용한 몇몇 연구가 뇌에 "외집단 인종의 얼굴" 편향이 존재함을 입증했다. 즉, 흑인과 백인 실험 참가자가 자신과 같은 인종의 얼굴보다 다른 인종의 얼굴을 볼 때 편도체의 활동이 상대적으로 더 크게 증가함을 보여주었다(Ronquillo et al., 2007). 외집단 구성원에 대한 반응에서는 공감과 정신화mentalizing와 관련된 복내측腹內側전전두피질ventromedial prefrontal cortex의 활동이 감소하는 것이 특징인 듯 보인다(Amodio, 2014). 덧붙여, 개인이 외집단의 구성원에게 반사적으로 부정적 반응을 보일 때 전측대상피질의 활동이 증가한다(Krill and Platek, 2009). 흥미롭게도, 감정반응을 통제하는 배외측背外側전전두피질dorsolateral prefrontal cortex을 자기장 변화로 뇌의 특정 영역에 전류를 일으키는 경두개經頭蓋자기자극transcranial magnetic stimulation(Millar, 2012)으로 억제하면, 다른 사람이나 집단에 관해 지닌 편향을 표출하는 일이 증가한다(Fecteau et al., 2007). "예컨대 흑인 미국인과 맞닥뜨릴 때 백인 미국인은 흔히 반사적인 공포반응을 경험한다. 이는 백인 미국인이 흔히 의식하지 못하고 또 잘 인정하려 들지 않는 반응이다."(Bruneau, 2016)

우리는 특정 집단에 소속되는 것에 선천적으로 민감하고 우리의 정체성을 공유하는 이들에게서 안전함과 편안함을 느끼는 뇌를 물려받은 듯 보인다. 예컨대 외집단을 가리키는 단어보다 내집단을 가리키는 단어를 쓸 경우 복내측전전두피질, 전측대상피질, 배측대상피질을 포함하는 특정 네트워크가 활성화된다. 이 영역들은 이전 연구에서 '스스로 생각하는 자기personal self' 개념을 담당하는 것으로 확인된 신경 네트워크와 일치한다. 이 네트워크로 판단할 때 우리 자아상의 많은 부분이 우리가 속한 집단에서 비롯되는 것으로 보인다(Morrison, Decety and Molenberghs, 2012).

유감스럽게도, 한 집단에 편견이 있는 사람들은 대부분의 외집단에도 편견을 지닐 가능성이 크다. 외집단 간의 일반화(즉, 외집단

투사를 의미한다. Albarello et al., 2017)를 조사한 두 연구에서, 부정적으로 인식되는 소수민족 외집단 구성원이 이들이 포함된 더 넓은 외집단의 전형으로 인식되는지, 또한 이런 경향이 집단 간 위협이 있을 때 증가하는지 살펴보았다. 두 연구 모두 우리가 흔히 집시 또는 보헤미안으로 아는 롬인Romani에 대한 편견이 아랍인에 대한 편견을 예측하는 요인인지 시험했다.

이런 반응은 보편적인 듯 보인다. 다양한 민족적 배경을 지닌 사람들을 대상으로 한 많은 연구가 인종이나 피부색에 관한 편향이 광범위하게 존재함을 밝히고 있다. 여기에는 히스패닉·흑인·백인 참가자, 흑인·백인·일본인 참가자, 중국인·한국인·백인 참가자, 중국인·인도인·여타 동아시아 민족 참가자(Perera-W. A., 2016), 터키인·독일인 참가자, 아랍인·이스라엘 유대인 참가자(Brigham et al., 2007) 간의 반응을 비교한 연구가 포함된다. 이 연구들은 모두 같은 결론에 도달했다. 즉, 모든 인종이 다른 인종의 신체적 차이를 알아차리고 반응한다. 다른 사람들이 자신들과 얼마나 다른지도 중요하다. 차이가 클수록 편견을 보이는 반응이 강해진다. 연구에 따르면 편도체의 활동은 관찰 대상 얼굴이 객관적으로 얼마나 '검은색'인지와 분명한 상관관계가 있었다. 얼굴이 '검을수록' 편도체의 활동이 커졌다(Ronquilla et al., 2007). 또한 앞서 언급했듯이, 백색증의 경우처럼 극단적인 흰색도 공포와 폭력을 유발할 수 있다.

우리는 우리와 다른 사람들에게 그냥 반응하는 정도가 아니라 거의 순간적으로 반응한다. 판단하는 데 보통 1초도 걸리지 않는다(Amodio, 2014). 많은 실험에서 확인된 바로는 뇌는 인종이나 젠더에 관한 최소한의 단서를 바탕으로 밀리초 단위의 시간 안에 이미지들을 구별해 처리한다. 다른 인종의 얼굴에 고작 150밀리초 노출되는 것만으로도 편도체가 활성화된다. 우리의 뇌는 놀라운 속도로 우리/그들 범주를 생성하지만, 태도도 그처럼 빠르게 결정되어 고정관념과 편견이 아주 쉽게 자리 잡는다. 이처럼 자동적으로 판단을 내리는 과정을 보면 왜 편향이 우리가 현재 지닌 신념에 비추어볼 때 틀렸을지라도 한사코 지속되는지 어느 정도 설명된다.

이런 결과는 또한 카너먼이 제시했던 두 가지 사고 시스템 (이 책 2장 참조) 중 인종 편견에 관여하는 시스템이 빠르고 자동적인 처리임을 시사한다. 다른 집단에 대한 부정적이거나 긍정적인 느낌은 대부분 본능적이고 우리의 의식 바깥에서 일어난다. 따라서 이를 억누르려면 가외의 정신적 노력이 필요하다(Phelps et al., 2000). 유감스럽게도, 이처럼 공포 조건화를 통해 학습된 반응은 주로 자율신경계의 반응(예: 심박수 증가)으로 나타나므로, 위협적인 맥락에서 자극에 단 한 차례 노출되는 것만으로도 매우 빠르게 학습될 수 있으며, 이런 연관성이 소멸되기가 어려울 수 있다(Schiller et al., 2013).

진화적 관점에서, 내집단의 공포에 민감하게 반응하는 것이 위험에 대응하여 집단행동을 조직화하는 데 중요한 기능을 한다. 한 메타분석에 따르면 개인들은 문화적 외집단보다 문화적 내집단이 표현하는 감정을 더 잘 인식하고 이해한다(Chiao et al., 2008). 사람들은 외국인보다 자신과 국적이 같은 사람들의 감정을 식별하라는 요청을 받을 때 감정 처리와 관련된 뇌영역이 더 활성화된다(Chiao et al., 2008; Freeman et al., 2009). 이런 감정 인식에 '내집단 이점'이 작용하는 것으로 보인다(Mesquita and Leu, 2007).

따라서 우리가 다양한 정체성이 공존하는 환경에 살아가는 데 익숙하지 않은 이상—익숙한 경우에는 공포와 편향의 첫 느낌이 별 의미 없음을 알게 될 때가 많다—우리 집단에 '타자'로 비치는 집단을 처음에는 통상 조심스럽게 대한다는 점을 알아두어야 한다. 더불어 우리가 점점 더 전전두피질의 합리성을 발휘하게 되어 장차 우리의 느낌과 행동을 잘 조절할 수 있기를 희망해야 할 것이다.

우리 중 일부는 더 강한 편견을 지닌다

우리 모두는 타인이 우리와 어떻게 다른지 알아차리고 반응하는 경향이 있지만, 우리 중 일부는 외집단으로 여겨지는 집단에 더 부정적으로 반응한다. 모든 사회에는 외집단과 관계 맺기를 좋아하는 사람이 있고, 이런 집단을 피해야 할 위협으로 여기는 사람도 있다. 이 책 2장에서 살펴보았듯이 우리 중 일부는 태생적으로 다른 이들보다 두려움을 잘 느낀다.

위협적이거나 혐오스러운 자극에 대한 반응성에서 기본적으로 드러나는 개인 간 차이를 통해 인종편향에 관한 개인 간 차이를 예측할 수 있다. 유럽계 미국인 참가자를 대상으로 세로토닌 운반체 유전자가 무의식적 또는 자기보고식 인종편향에 미치는 영향을 연구한 결과, 세로토닌 운반체 유전자의 짧은 대립유전자 변이형을 지닌 사람에게서 더 강한 수준의 무의식적 인종편향을 예측할 수 있었다. 그러나 자기보고에 의해서는 노골적인 인종편향이 드러나지 않았다(즉, 이런 반응은 무의식적이었으며 자기보고에 드러나지 않았다).

이런 반응성은 특히 사람들이 흑인이나 아랍인과 같은 다른 사회집단의 구성원과 접촉해본 적이 없을 때, 이에 더해 자신들이 위험한 사회적 환경에 처했다고 인식할 때 더욱 두드러진다. 이런 반응은 집단 간 편향에 관한 유전자-환경 모델의 증거가 된다. 특히 환경적 위협에 맞닥뜨렸을 때 무의식적 편견이 더 심해지는 과정에서 세로토닌 운반체 유전자라는 특정 유전자가 어떤 핵심적 역할을 하는지 보여준다(Cheon et al., 2014, pp. 1268-1275).

이런 높은 공포 수준은 이민, 법과 질서, 사형제 같은 문제에 어떤 태도를 취할 것인지 결정하는 데 중요한 역할을 할 수 있다. 이에 대해서는 이 책 4장에서 살펴볼 것이다.

공감 뉴런

집단에 소속되는 것이 중요하고 이점이 있다 보니, 우리 몸은 우리가 집단 구성원으로 남아 있는 데 유리하도록 설정된 것으로 보인다. 우리가 두려움을 좀 더 잘 느끼는 기질이라면 특히 그러하다. 이는 생물학적 관점에서 인간이 여러모로 이점이 많은 협력에 적합하도록 진화했을 수 있으나 그 상대는 주로 내집단이라고 여기는 사람들임을 뜻한다. 이는 일부 연구자들로 하여금 우리가 타고나기를 부족주의tribalism에 적합하다고 주장하게 했는데, 부족주의는 점점 더 세계화가 진행되고 있는 오늘날 세계에서 하나의 도전이 될 수 있다.

　　우리가 부족주의에 적합하다는 주장은 거울뉴런의 활동을 관찰해보면 더욱 그럴듯하게 다가올 것이다. 이들 뉴런은 뇌의 전운동피질前運動皮質 premotor cortex과 하두정피질下頭頂皮質 inferior parietal cortex에 있는 세포들의 작은 회로로, 우리가 스스로 고통을 느낄 때, 혹은 다른 누군가의 고통을 느낄 때 자동으로 동원된다(Acharya and Shukla, 2012). 이것들은 우리가 다른 사람들의 고통이나 흥분에 감정적으로 반응하게 하는 신경회로의 일부이다. 과학자들은 거울뉴런이 발견되기 전에는 일반적으로 우리가 우리 뇌와 인지적 사고과정을 이용해 다른 사람들의 행동을 해석하고 예측했다고 믿었다. 그러나 이제 많은 사람들이 우리가 생각이 아닌, 감정 반응을 다루는 뇌 회로의 '거울'뉴런을 통한 느낌에 의해 다른 사람들을 이해한다고 믿게 되었다. 이들 뉴런은 우리의 공감능력, 즉 우리로 하여금 다른 사람들의 의도와 느낌을 더 잘 이해하게 하고, 다른 사람의 관점에서 세상을 볼 수 있게 하는 감정과 연결되어 있다. 기능적 자기공명영상을 이용한 뇌영상실험은 이들 뉴런이 한 사람이 어떤 행동을 할 때, 또 그가 다른 사람이 어떤 행동을 하는 것을 볼 때 활발해지는 것을 보여주었다. 어떤 행동을 하거나 어떤 표정을 짓는 사람에게 일어나는 뉴런의 활성화는 그런 행동이나 표정을 관찰하는 사람에게도 동일하게 일어난다(예: 경기하는 선수와 관중의 흥분, 찡그리는 사람을 보고 따라서 찡그리기. Lack and Bogacz, 2011).

　　연구자들이 수행한 메타분석에 따르면 양측 전측뇌섬엽피

질anterior insular cortex과 내측/전측대상피질로 이루어진 핵심 망이 고통에 대한 공감 여부를 관장하는데, 이때 상대가 내집단인지 외집단인지가 중요하다(Lamm et al., 2011; Mattan et al., 2018). 즉, 우리가 낯선 사람으로 인식하는 집단 사람들, 특히 어떤 식으로든 우리에게 위협이 된다고 생각되는 사람들과 맞닥뜨리면, 우리 뇌는 보통 공감 거울뉴런을 완전히 끄고 '타자'로 여기는 집단과 어떤 감정적 연결도 없도록 강력히 저항한다(Bobula, 2011; Bruneau and Saxe, 2010). 사람이 자신과는 집단적 배경과 소속이 다르다고 인식하는 사람과 상호작용하거나 공감할 때 나타나는 신경충동을 관찰한 기능적 자기공명영상 연구에 따르면 거울뉴런은 상대 집단이 다르다고 인식될 때 활동이 저하되거나 심지어 활동이 전혀 없는 것으로 나타났다(Bobula, 2011; Xu et al., 2009). 결국 우리가 다른 사람에게 보여주는 공감의 양은 그 사람과 맺은 사회적 관계에 따라 결정되는 경우가 많다(Bobula, 2011).

다른 사람의 정서상태를 공감하는 자세로 인식하고 반응하는 능력은 일찌감치 두 살부터 나타난다(Svetlova, Nichols and Brownell, 2010). 이 능력은 사람에게 보편적으로 내재된 듯 보이나, 그 표현은 문화적 맥락에 따라 달라질 수 있다. 흥미로운 점은 공감을 관장하는 뇌 부분이 여성이 더 크다는 점인데, 통상 여성이 남성보다 더 큰 공감능력을 보인다(Schulte-Rüther et al., 2008).

우리의 타고난 경향인 내집단편향은 높은 수준의 통합 혹은 '결속형bonding' 사회자본, 즉 특정 사회 안에서 살고 일하는 사람들 간의 관계망을 연구해온 사회학 연구에서도 확인된다. 어떤 집단의 관계망이 끈끈할수록 다른 정체성을 지닌 집단과 '연계bridging' 하고 협력할 수 있는 능력이 감소하는 것으로 보인다(Putnam, 2000). 즉, '결속형' 사회자본은 규범과 신뢰를 수반할 수 있지만, 연결망을 사회적 맥락 안에 협소하게 묶어두는 탓에 사람과 집단을 바깥 세계로부터 고립시키는 락인lock-in 메커니즘으로 작동할 수도 있다(Molina-Morales and Martínez-Fernández, 2009). 이 주장은 거울뉴런 연구로 확인되는데, 이웃과 적대적 상호작용을 하는 집단은 내부 갈등이 적은 경향이 있다. 그리하여 다른 집단의 정체성과 대비되는 자신들만의 정체성을 더욱 확고히 한다(Cohen, Montoya and Insko, 2006).

평화구축작업과 관련하여 중요한 점은, 집단 간 힘의 차이가 외집단에 대한 공감의 역동성에 영향을 미칠 수 있다는 것이다. MIT에서 기능적 자기공명영상을 활용해 수행한 연구에 따르면, 갈등 당사자끼리 나누는 대화가 서로 공감하는 능력에 얼마간 긍정적 효과를 발휘한다. 그러나 이런 효과는 집단이 상대 집단의 지위를 서로 어떻게 인식하는지에 따라 달라지는 사회적·정치적 관점에 크게 좌우된다. 조망수용perspective-taking 연습(즉, 다른 개인이나 집단의 관점 같은 대안적 관점을 인식할 수 있도록 설계된 연습)에 참여한 이스라엘 유대인과 미국인 집단의 구성원은 모두 팔레스타인인과 멕시코인 집단에 긍정적인 공감을 보였다. 팔레스타인인과 멕시코인은, 이스라엘인이나 미국인이 버스 폭탄테러, 이민자들로 인한 임금 하락 등으로 고통을 겪는 것에 대해 들으면서도 공감이 커지지 않았다. 그러나 자신보다 힘이 세다고 인식되는 집단이 자신들의 말을 주의 깊게 듣는다고 느껴질 때는 더 많은 공감을 표시했다(Bruneau and Saxe, 2012). 이런 연구 결과는 공감을 구하는 데 어떤 대화형식이 효과적일지는 집단 간에 인식되는 힘의 불균형에 따라 달라짐을 드러내며, 효과적인 대화전략의 일부 또는 보완책으로서 구조적인 사회적 차이를 다뤄야 함을 분명히 보여주고 있다.

옥시토신, 우리를 묶어주는 호르몬

우리는 또한 옥시토신이라는 호르몬의 작용 덕에 태생적으로 집단 결속에 우호적이다. 옥시토신은 주로 출산 중 자궁벽을 수축시키고 수유 중 젖이 뿜어져 나오는 사출반사let-down reflex를 자극하는 신경호르몬이다(Gordon et al., 2011). 그러나 중추신경계에 작용하여 결속, 신뢰, 내집단 편애, 공감, 타인에 대한 너그러움을 포함한 사회적 행동을 조절하기도 한다(Yang et al., 2013). 옥시토신 수준이 유전될 수도 있음을 가리키는 몇 가지 지표가 있다. 김희정 등(Kim et al, 2010)이 유럽계 미국인과 한국인을 상대로 옥시토신 수용체 유전자OXTR의 단일염기다형성인 rs53576에서 일어나는 유전변이를 관찰한 바 있다.

사회적 상호작용 후 혈액에서 측정된 옥시토신의 변화는 뇌에서 일어나는 옥시토신 변화와 관련이 있다. 비강으로 옥시투신을 투여하면 공포와 불안(Kirsch et al., 2005), 외국인 혐오에 따른 외집단 거부(Marsh et al., 2017)를 줄이고 신뢰(Kosfeld et al., 2005)와 공감(Sheng et al., 2013)을 키워주고, 우리로 하여금 더 협력적이고 더 신뢰할 수 있는 사람이 되게 하며 이웃에게 연민을 더 잘 느끼게 한다(De Dreu et al., 2011). 또한 옥시토신은 사회생활 중 겪을 수 있는 배신에 따른 두려움을 줄여주고 편도체 같은 뇌영역을 억제하는 데 중요하다. 왜냐하면 옥시토신은 사람들이 협력할 가능성을 높이고 사회적 공동체 안에서 상호작용할 때 발생하는 사회적 위험을 더 기꺼이 감수할 수 있게 하기 때문이다.

안타깝게도, 이처럼 옥시토신이 유도하는 협력과 신뢰는 집단 내부에서 생겨나며, 외집단으로 인식되는 집단을 향해서는 생겨나지 않는다. 실제로 증가된 옥시토신은 어느 한 사회집단을 결속하는 데 도움이 될 수 있지만, 이 집단과 경쟁하거나 이 집단 바깥에 있다고 인식되는 사람들을 향해서는 좀 더 방어적이고 공격적인 행동으로 이어지기도 한다(De Dreu et al., 2010, 2011). 또한 자기 민족 중심적 행동을 부추기고 자기 집단 혹은 부족 바깥에 있는 사람들을 향한 의심과 거부감을 키울 수 있다.

거울뉴런의 활동과 옥시토신 수치는 집단 간에 존재하는 비인간화dehumanization, 즉 다른 사람을 '인간 이하'로 보는 행위의 수위를 높일 수도 있다(Haslam, 2006). 역사적으로 비인간화는 상대방을 패퇴시키려는 이들의 목표를 지원해왔다. 비인간화의 목적은 다른 집단을 인간으로 생각하지 않고 해를 입힐 수 있게 하는 것이다. 모든 인간 사회는 다른 인간에게 해를 끼치는 것을 금지하지만 동물에 해를 끼치는 행위는 금지하지 않는다. 그렇기에 상대 집단을 동물과 유사하게 묘사하는 일은 역사적으로 식민지배, 노예제의 존속, 집단학살을 지원해왔다. 상대편 사람을 원숭이, 쥐, 바퀴벌레, 해충, 돼지

따위로 묘사하는 일은 전쟁을 격화하는 데 필수적이었다. 르완다에서는 투치족을 바퀴벌레로 불렀고, 아일랜드인들은 영국 매체가 지속적으로 유인원으로 묘사했다(Wade, 2011). 이스라엘에서는 현직(2020년 시점) 국방부차관이 한 인터뷰에서 이렇게 말했다. "나는 팔레스타인인을 완전한 인간으로 생각하지 않습니다."(Bruneau, 2017)

한 집단이나 국민이 스스로 더 우월하다고 여기는 가정은 보편적인 듯 보인다. 최근 한 연구에 따르면 모든 연구 대상 국가(예를 들어, 미국, 영국, 덴마크, 네덜란드, 스페인, 그리스, 헝가리, 이스라엘, 요르단, 팔레스타인)에서, 사람들은 완전한 인간을 100점 만점으로 하는 비인간화 척도Ascent dehumanization scale(이 척도는 상대 집단을 비인간화하는 인식의 정도를 드러낸다)에서 적어도 한 집단에 자신의 집단보다 최소 15점 낮은 점수를 매겼다(Kteily et al., 2015). 예를 들어 연구 결과에 따르면, 유럽에서 사람들이 무슬림 난민을 비인간화하는 정도를 보면, 보수 성향과 편견을 감안하더라도, 반反난민정책 지지와 난민 정착 반대를 예측할 수 있다(Bruneau, Kteily and Laustsen, 2018). 2016년 미국 대선 선거운동의 반무슬림 수사修辭를 다룬 연구에 따르면 무슬림을 비인간화하는 것이 개별 테러 행위를 놓고 모든 무슬림을 처벌하려 드는 마음과 밀접한 관련이 있음이 드러났다. 이는 외집단은 구분되지 않으므로 폭력적인 행동에 연대 책임이 있다는 일반적 가정에서 비롯된다(Kteily, Hodson and Bruneau, 2016).

다른 집단이 한 행동을 놓고 자신이 아닌 그 집단을 탓하는 거의 보편적인 습관은 적대적인 집단 사이에서 전형적으로 나타난다. 우리는 보통 우리 공동체나 국가의 폭력은 용납할 수 있고 적의 폭력은 용납할 수 없다고 생각한다. 갈등 시기에, 개인과 집단은 다른 이들의 행동은 적대적이고 자신의 행동은 온건하다고 해석하는 특수한 경향을 보인다(Crick and Dodge, 1996). 사람들은 자기 집단과 상대 집단이 똑같이 행동하더라도 자기 집단 바깥에 있는 누군가의 동기에 공감할 가능성이 적다. 그래서 집단이나 국가는 통상 '저들의' 폭력은 '테러리즘'이지만 자기들의 폭력은 안보상 필요에 따른 정당한 것이라고 말한다. 이는 일반적으로 '귀인편향歸因偏向 attribution bias'으로 불리며, 이 책 4장에서 다룰 예정이다.

공정함의 지각知覺

더 힘이 세다고 인식되는 집단에 대한 공감 수준의 차이는 공정함에 대한 우리 몸의 반응과 관련이 있다. 사회환경에서 인지된 위협은 (예컨대 지위를 위협받거나, 확실성·자율성·관계 맺음에 대한 욕구가 좌절되거나, 공정에 관한 감각이 훼손되는 경우) 신체적 위협에 맞닥뜨렸을 때 뇌에서 활성화되는 신경회로와 동일한 신경회로를 활성화한다(Rock, 2009). 불공정하다고 느끼는 처사와 맞닥뜨릴 때, 뇌의 기본적 태도는 공정한 대우를 요구하는 것이다.

동물도 공정함에 관한 감각을 타고난 듯하다. 이제는 고전이 된 한 연구를 보자. 원숭이가 각각 한 마리 들어 있는 아크릴유리 우리 두 개가 나란히 놓여 있다. 둘은 서로 볼 수 있다. 첫 번째 원숭이가 조련사에게 돌을 건네고 보답으로 오이를 받는다. 두 번째 원숭이가 조련사에게 돌을 건네고 포도를 받는다. 첫 번째 원숭이가 다시 조련사에게 돌을 건네고 오이를 받는다. 그러자 오이를 몇 번 깨작깨작하더니 조련사에게 되던지고 우리를 흔든다. 이 상황이 반복될 때마다, 원숭이는 오이를 조련사에게 되던진다(Dobrin, 2017). 원숭이는 보상으로 자기가 더 좋아하는 포도를 명백히 원하고 있다(King, 2014).

어쩌면 우리 조상이 지닌 공정함에 대한 민감성은 집단을 결속하는 기준으로 사용되었을 것이다. 즉, 공정하게 처신할 경우 부족에게 받아들여지고 보호받고 자원에 접근할 수 있었다. 그러나 공정하게 처신하지 않으면 내쫓기거나 먹을 것을 얻지 못하는 식의 불공정한 대우를 받고 생존이 위험에 처했다(Tabibnia and Lieberman, 2007).

뇌의 전측뇌섬엽이 일종의 고통으로 경험되는 이런 불공정한 느낌과 관련하여 중심적인 역할을 하는 듯 보인다(Lack and Bogacz, 2011). 한 기능적 자기공명영상 실험에서 참가자들은 공정하거나 불공정한 행위를 한 사람이 고통스러운 전기충격을 받는 모습을 관찰하도록 했다. 연구 결과, 남성과 여성이 드러내는 공감에서 흥미로운 차이가 있었다. 기능적 자기공명영상에 따르면 불공정한 행위를 한 사람을 관찰했을 때 남성의 공감 관련 신경 반응이 현저히 줄었으나, 여성의 경우 그렇지 않았다(Kemp and Guastella, 2012).

불공정함을 인지했을 때 일어나는 이런 반응은 집단 효능감을 강화하는 데도 기여한다. 사람들은 특정 집단과 자신을 더 강하게 동일시할수록, 자신이 집단에 소속되어 있다는 이유로 불의의 피해를 본다고 더 굳게 믿는다. 또한 자기가 속한 집단이 집단행동을 통해 목표를 이룰 수 있다고 믿을 가능성이 크다(Klavina and Zomeron, 2018). 이런 사실을 이해하는 것이 대화나 중재 절차를 수행할 때 중요하다. 즉, 협상을 통해 도달한 합의가 지속되려면 공정성 문제를 (불공정성 문제가 인지된 경우도 포함해서) 잘 처리할 필요가 있다. 프랜시스 스튜어트(Stewart, 2008)에 따르면, 수평적 불평등, 다시 말해 정체성을 기반으로 벌어지는 불평등(즉, 정체성 때문에 배제되거나 학대받는 사람들. Stewart, 2008)이 오늘날 일어나는 거의 모든 갈등의 원인이다.

집단기억

집단기억은 역사와 공정함을 인식할 때 대단히 큰 영향력을 발휘한다. 집단기억이란 "과거의 사회적 사건과 관련하여 의사소통 방식의 사회적 상호작용을 통해 집단적으로 구성되며, 우리의 행동, 느낌, 생각에 중대한 영향을 미칠 수 있는 널리 공유된 지식"이다 (Garagozov, 2016, p. 28-35).

집단기억의 목적은 한 사건의 의미를 만들거나 부여하며, 더 나아가 그 사건이 드러내는 사람들에게 의미를 부여하는 것이다. 거의 모든 사람·집단·국가가 스스로 인지한 억압의 기억이 있으며, 그 기억은 흔히 집단 정체성의 기억 형태로 자손에게 전해진다. 이런 기억은 이야기, 상징, 음악, 교육과정, 대중매체, 박물관, 교육제도,

정당을 통해 대중이 기념하고 기억함으로써 만들어지고 유지된다. 이 모두는 해당 집단의 집단적 속성을 지속시키지만, 편견·갈등·박해를 부추기기도 한다(Psaltis, 2016; Volkan, 2009). 볼칸(Volkan, 1998)은 대규모 집단이 다른 집단에 의해 끔찍한 손실을 입고, 무력감을 느끼며 희생당하고, 굴욕적인 상처를 공유하게 된 사건을 일컫는 '선택된 트라우마'라는 용어를 만들어냈다.

이렇다 보니 민족·종교·정치·문화·언어적 특성으로 구분되는 집단들 사이에 자신들이 더 큰 피해자라는 경쟁이 생길 수 있으며 갈등 국면의 전환이 더 어려워질 수 있다. 갈등하는 집단들은 대개 자신들이 어떤 성격의 억압을 받았는지 언급하면서, 자기 집단의 역사는 긍정적으로, 다른 집단의 역사는 부정적으로 제시한다. 지도자들이 이런 집단기억을 강조하는 데 중요한 역할을 할 수 있다. 이처럼 한 집단의 역사는 자신들이 받은 대접이 억울하고 부당하고 비도덕적이며 미리 막을 수 없었다는 시각에서 해석될 때가 많다(Bar-Tal et al., 2009).

피해자를 자처하는 이런 경쟁에서, 이런 집단기억 사건이 얼마나 오래전에 일어났는지는 중요하지 않은 듯 보인다. 예를 들면, 히브리 성서에 기록된 유대민족이 겪은 사건, 무슬림이 수니파와 시아파로 갈리게 된 1,400년 전 집안싸움, 850년에 걸친 영국의 아일랜드 점령, 1389년 세르비아인이 겪은 코소보 전투, 1915년 아르메니아인 '집단학살', 1948년 이스라엘 건국으로 팔레스타인인들이 삶의 터전에서 강제 추방된 사건인 '나크바Nakba'가 있다. 이런 이야기는 상대적으로 평화로운 시기에는 잠잠하기도 하지만, 보통은 현재 벌어지는 많은 갈등에 열기와 동기를 불어넣는다.

우리 편이 가하는 위협

갈등상황에서, 상대편의 위협이 늘 집단이 다뤄야 할 가장 어려운 문제인 것은 아니다. 평화구축작업에서 때로 소홀히 취급받는 문제가 있는데, 사람들이 스스로 충성스러운 집단 구성원으로 평가되는지 또는 되지 않는지 우려하며 자기편 사람들에게 느끼는 두려움이다. 사람들은 신경 수준에서 외집단 구성원보다 내집단 구성원이 보내는 감정 신호에 더 강하게 반응한다. 그리고 이 신호는 상대를 승인하는 것일 수도 위협하는 것일 수도 있다(Chiao et al., 2008). 이런 신경 활성화는 감정을 인식하고 의도를 추론하는 영역에서 발견되었다. 일본인과 백인의 얼굴에 드러난 감정 표현을 보고 어떤 신경반응이 나타나는지, 일본에 거주하는 일본인 참가자와 미국에 거주하는 백인 참가자를 상대로 차오 등(Chiao et al.)이 연구했다(2008). 참가자들은 내집단 구성원에게 확연한 신경반응을 보였다. 즉, 두 문화권의 참가자 모두 자신과 동일한 문화집단의 구성원이 얼굴에 두려움을 드러냈을 때 편도체의 활성화 정도가 더 컸다. 이런 두려움은 접촉과 대화를 심각하게 제한할 수 있으므로, 이를 다루는 작업이 북아일랜드(Church, Visser and Johnson, 2002)나 이스라엘(K. Ross, 2017) 같은 일부 갈등 현장에서 진행되고 있다. 이는 공동체 간의 접촉과 대화를 촉진하기 위한 유용한 예비작업으로 평가되고 있다.

결속의 중요성과 집단 배신의 공포에 관해 우리가 알고 있는 점들을 감안할 때, 이런 두려움을 이해하는 것이 매우 중요하다. 이런 두려움이 집단으로 하여금 어떤 개방성도 띠지 못하게 하여 적과의 대화를 차단하기 때문이다. 이런 두려움을 다루지 않으면 자기 집단의 정체성을 더 굳건히 하고 집단이 지닌 가장 극단적 견해와 가까운 견해를 드러내는 방식으로 충성심을 과시하려 들기에 집단 작업에 임하는 태도가 경직될 수 있다.

'우리' 지도자 고르기

지도자는 흔히 감정에 기반한 선택으로 선출된다. 평화보다 권력을 추구하는 지도자는 대개 앞서 살펴본 우리의 신경회로와, '다른' 집단을 본능적으로 두려워하는 경향을 이용하여 자신들에게 투표하도록 설득한다. 다른 집단의 위협을 더 예민하게 인식하도록 하는 것이다(이 책 6장 참조).

편견을 갖는 경향이 바뀔 수 있을까?

사회환경은 태도와 행동을 조절할 수 있으며 편견을 갖는 경향을 완전히 없앨 수는 없어도 누그러뜨릴 수 있다. 신경과학 연구에서 중요하다고 손꼽히는 결론이 있는데, 인간의 뇌는 사회적 학습과 이를 통해 신경경로neural pathways 재배선再配線을 유도하는 맥락에서 상호작용함으로써, 전 생애에 걸쳐 계속해서 물리적으로 변형되는 경향이 있다는 것이다. 우리가 역사에서 보았듯이, 어느 외집단이 우리 적인가 하는 정의定義는 사회적으로 학습되며, 집단의 역사를 볼 때 적은 대부분 바뀔 수 있고 실제로 바뀐다. 이는 우리 뇌가 부족주의에 적합하도록 배선되어 있지만 경험을 통해, 또한 상호작용과 관용을 촉진하는 맥락과 제도 안에서 (종국에는?) 더 넓은 집단을 포함하도록 재배선될 수 있음을 시사한다. 일부 연구자는 상대에 대한 편견은 다른 문화를 충분히 접하지 않아 생기는 것일 뿐, 하드웨어에 내장된 것처럼 고정불변한 것은 아니므로 감소될 수 있다고 주장한다. 시장경제가 활발한 사회에 사는 사람들은 낯선 사람에게 이타심과 관용을 발휘하고 협력하는 데 더 능숙한 경향이 있다(Buchan et al., 2009). 이 가설을 뒷받침하는 증거가 있는데, 몇 년에 걸쳐 한 문화에 동화된 이민자들은 자신과 동일한 인종의 얼굴을 타 인종의 얼굴보다 더 잘 인식하는 '인종 간 얼굴인식 효과cross-race effect'가 감소한다(Herzmann et al., 2011). 후속 연구를 보면, 사람들을 여러 인종이 섞인 팀에 배정했더니 상대를 평가하는 척도로서 거의 자동으로 작동하는 인종적 편견이 줄어들었으며(Van Bavel and Cunningham, 2009 참조), 이런 집단에 소속되는 것이 처음 몇백 밀리초 안에 이루어지는 인지과정에 영향을 미칠 수 있음이 확인되었다(Ratner and Amodio, 2012; Van Bavel et al., 2013).

이 가설을 뒷받침하는 또 다른 연구 결과가 있는데, 민족적 배경이 다른 가정으로 입양된 아동이 그 입양 가정과 동일한 민족의 얼굴을 더 잘 인식하는 데서 확인되는 인종 간 얼굴인식 효과의 가역성이다(Cunningham and Zelazo, 2007). 자신이 속한 집단 바깥에 있는 사람들을 향한 긍정적인 느낌은 이런 사람들에 관한 긍정적 학습을 장려하는 환경에서 다양한 상호작용과 경험을 나누며 생길 수 있다(Livingston and Drwecki, 2007). 많은 연구가 애초의 인종 편견이 다른 상황적 맥락과 동기를 통해 바뀔 수 있음을 보여주고 있다(Kubota, Banaji and Phelps, 2012). 친숙함이 관용을 낳는다. 예를 들어 유명하거나 존경받는 다른 인종 인물의 얼굴을 볼 때 편도체 활성화에서 나타나는 차이가 줄어들었다. 이는 편도체의 활성화가 개인의 신념으로 조절될 수 있음을 보여준다(Marsh, Mendoza-Denton and Smith, 2010). 또한 다른 인종과 문화를 더 많이 접하면 뇌 회로에서 작동하는 인종 편견을 억누를 수 있다. 한 연구에 따르면 미국에 장기간 거주한 아시아 이민자들은 다른 미국인들의 얼굴에 인종 간 얼굴인식 효과를 보이지 않았다. 이는 다른 인종에 노출되는 것이 이 효과를 감소시킴을 뜻한다(Herzmann et al., 2011).

결론

우리가 처음 접하는 외양으로 타인을 알아차리고 판단하는 경향을 완전히 없앨 수 있을지 의문이다. 평화구축 전문가들은 흔히 총체적이고 압도적인, 어쩌면 지구라는 맥락 바깥에 있는 적을 희망한다. 인간들이 단합하여 각자의 차이를 잊고 싸울 수 있게 해주는

'안전한' 표적이기 때문이다. 이런 바람은 논리적이고 인간 본성을 정확히 인식하고 있다. 이는 인간집단의 본성과 이들 사이에서 벌어지는 전쟁에 관해 우리가 이해하는 내용, 그리고 집단의 감정을 결집할 공통의 적이 지니는 유용함과 일치한다.

　　우리는 지금 세계 역사에서 중요한 지점에 도달하고 있다. 전쟁, 환경 위협, 경제 및 난민이 원인인 대규모 이주로 전 지구화가 가속화된다는 것은, 우리가 세계 대부분의 사회에서 인구 다양성이 크게 증가하고 있음을 목도한다는 뜻이다. 우리는 또한 종교적 정체성 때문에 전 지구적 수준에서 벌어지는 전쟁이 국제적 문제가 되어가는 것도 보고 있다. 환경 파괴, 전 세계에 퍼진 불법 민병대의 활동 같이 세계가 직면한 많은 위협은 인류 전체의 협력을 통해서만 대적할 수 있다. 우리가 우리의 사회적 테두리를 확장하여 이런 전 지구적 협력을 할 수 있을지는 생명체로서 우리의 역사를 돌이켜볼 때, 여전히 의문이다. 이런 다양성을 포용하려면 지역 및 전 지구적 수준에서 적극적인 사회적·문화적 절차를 개발해야 한다. 그러지 않으면 대규모 이주가 세계 많은 지역에서 이미 목격되고 있는 긴장의 증가로 이어질 수 있다. 사회경제적 불평등이 만연한 상황에서 '이방인'과 접촉하는 것은 자신의 목적을 위해 불신과 두려움을 조장하려는 세력에 이용당할 수 있다. 또한 자신과 다른 사람에게 태생적으로 두려움을 잘 느끼는 사람들로 하여금 공동체의 긴장을 점점 더 폭력적으로 표출하게 함으로써 불안한 집단을 만들어낼 수 있다.

4장
나의 진실인가, 너의 진실인가

보수적인 사람이 두려움을 잘 느끼는 게 아니다.
두려움을 잘 느끼는 사람이 더 보수적인 것이다.
—하테미 등(Hatemi et al., 2013)

들어가며

2015년, 요크대학교와 캘리포니아대학교UCLA 연구원들이
경두개자기자극transcranial magnetic stimulation(금속 코일을 이용해 뇌에 펄
스를 보내는 비침습적 기법)이 사람들이 사회문제에 접근하는 방식에
어떻게 영향을 미치는지 연구했다(Holbrook et al., 2015). 참가자는 모
두 정치적 성향이 중도인 대학생이었고 종교적 신념이 있음을 확인
하기 위해 실험 시작 전 검증을 거쳤다. 검증과정의 일부로, 참가자
들에게 악마, 악령, 지옥, 신, 천사, 천국을 얼마나 믿는지 점수를 매
기게 했다. 참가자들은 또한 표면상 최근에 이민한 사람이 쓴 것으
로 된 글 두 편을 읽었다. 한 편은 미국을 극구 찬양했고 다른 한 편
은 매우 비판적이었다.

연구 결과에 따르면, 표적이 된 뇌영역이 경두개자기자극

을 통해 일시적으로 차단된 사람들은 신, 천사, 천국에 대한 믿음이 32.8퍼센트 감소했다. 또한 자신의 조국을 비판한 이민자에 대한 긍정적인 느낌이 28.5퍼센트 증가했다. 이 보고서의 주 저자 콜린 홀브룩Colin Holbrook 박사의 말을 빌리면 "이 연구 결과는 매우 놀랍다. 또한 위협에 반응하는 비교적 기본적인 기능을 수행하도록 진화한 뇌 메커니즘이 이념적 반응도 생성할 수 있도록 바뀐다는 생각과도 일치한다."("Belief in God", 2015) 즉, 연구자들이 뇌의 특정 영역을 활성화함으로써 편견이 담긴 신념과 심지어 신에 대한 믿음까지 바꿀 수 있었다.

　　또 다른 실험에서 양쪽 복내측전전두피질에 손상을 입은 환자 열 명, 복내측전전두피질 바깥 영역에 손상을 입은 환자 열 명, 의학적 비교 목적으로 선정된 사람들로 생명이 위태로울 만큼 심각한 (비신경계) 건강문제를 경험한 환자 열여섯 명이 권위주의, 종교적 근본주의, 특정 종교적 신념을 묻는 일련의 척도식 질문에 응답했다(Asp et al., 2012). 복내측전전두피질에 손상을 입은 사람들이 표현한 권위주의와 종교적 근본주의의 정도는 통상의 수준보다 확연히 높았다. 또한 복내측전전두피질이 손상된 환자들은 자신들의 근본주의 수준이 뇌 손상 이후에 더 높아졌다고 보고했다.

　　이 책을 쓰는 지금, 많은 사람들이 '허위사실' 또는 '가짜뉴스'로 간주하는 것들이 점점 더 많이 유포되면서 세계의 사회·정치 제도가 더욱 취약해지고 갈피를 못 잡고 있다. 이렇게 된 데는 특히 소셜미디어의 활약이 크다(이 책 8장 참조). 이런 문제는 새로운 게 아니지만 소통수단으로서 소셜미디어가 지니는 일견 무한해 보이는 힘 때문에 이제 더욱 대중적이고 영향력이 커지게 되었다.

　　　그러나 우리의 신념체계에 맞도록 사실을 취사선택하는 것은 어디서나 늘 있던 일이었다. 나는 1690년 아일랜드에서 있었던 신교도 승리의 상징, '보인전투Battle of the Boyne'가 기독교 성경에 실려 있다고 믿는 친영파 준군사요원들을 만난 적이 있다. 2001년 세계무역센터 공격을 누구 책임이라고 생각하는지 알아보기 위해 미국 이외의 열일곱 개 국가 1만 6,063명을 인터뷰한 여론조사에서는, 알카에다가 공격을 자행했다고 믿는 사람이 오직 아홉 개 국가에서만 다수였다(Allen, 2008). 요르단인은 11퍼센트, 이집트인은 16퍼센트, 인도네시아인은 23퍼센트, 멕시코인은 33퍼센트만 알카에다라고 믿었다. 누구 책임이냐고 물었을 때 이집트인 43퍼센트가 이스라엘이라고 답했다. 터키인 36퍼센트는 미국 정부라고 생각했고 팔레스타인인 27퍼센트도 마찬가지였다. 영국에서는 26퍼센트가 그 공격을 누가 자행했는지 모르겠다고 답했다. 중국인 56퍼센트도 같았다(Allen, 2008).

　　　'사실'에 대한 믿음이 이렇게 다른 것은 미국에서도 마찬가지다. 한 설문조사에 따르면 미국인의 55퍼센트, 공화당원과 복음주의 교회 신도 75퍼센트가 헌법에 기독교 정신이 수록되어 있으며 '건국의 아버지들'이 "예수 아래 한 국가"를 원했다고 믿었다(Stone, 2007). 2015년 CNN 여론조사에 따르면 미국 시민의 20퍼센트가 오바마 대통령이 미국에서 태어났음을 여전히 믿지 않았다. 공화당원의 경우 거의 50퍼센트에 육박했다. 같은 조사에서 미국인 29퍼센트는 오바마 대통령이 무슬림이라고 믿었고 그중 43퍼센트가 공화당원이었다(Agiesta, 2015).

어떻게 우리 중 그렇게 많은 사람이 그토록 중요해 보이는 실제 사실을 모르거나 못 보는 것일까? 보통 그 이유는 우리 믿음을 지배하는 것이 우리 중 많은 이들이 바라거나 믿는 것처럼 합리적 지성이 아니라 감정이기 때문이다. 다시 말해 우리는 대개 우리 믿음을 합리화하는데, 그 믿음이라는 게 사실은 직감을 좇은 결과이다.

어떻게 우리 몸이 우리 믿음을 지배하는가

우리의 믿음은 많은 경우 사실이나 '진실'이 아니라 우리 자신이 생명체로서 갖는 경향에 의해 상당 부분 결정되는 것으로 보인다. 생명작용과 품성이 불가분의 관계에 있다는 연구가 많다. 이는 곧 우리 신체의 생명작용이 바뀌면 성격, 취향, 선호, 인지, 주의, 감정, 태도, 행동, 신념에도 변화가 생길 수 있음을 뜻한다.

쌍둥이 연구에서 사회적·정치적 견해의 유전적 요인이 확인되었다. 2001년 미국인 일란성 쌍둥이 195쌍과 동성의 이란성 쌍둥이 141쌍을 대상으로 한 연구에서 연구자들은 연구 대상으로 삼은 여러 태도 중 자본주의, 낙태, 교육, 사형제도, 기성 종교에 대한 태도에서 유전 효과가 확연함을 관찰했다(Olson and Jang, 2001).

2005년 미국의 또 다른 쌍둥이 연구에서 자본주의, 노동조합, 청소년 관람 불가 영화, 낙태, 공립학교 내 기도 실시, 이혼, 재산세, 징병을 포함한 28개 사회·정치 현안을 놓고 일란성 쌍둥이가 어떤 태도를 취하는지 조사했다. 이 연구는 일란성 쌍둥이와 이란성 쌍둥이를 비교했고, 서로 다른 태도를 취하는 원인이 유전적 요인인 경우가 53퍼센트인 것으로 추정했다(Alford, Funk and Hibbing, 2005). 안면 근전도와 피부 전도도를 이용한 후속 연구를 보면, 보수적이라고 확인된 사람들의 편도체 부피가 더 컸으며 예상치 못한 불쾌한 청각 자극에 민감하게 반응한 사람들은 사형제도, 국방비 지출, 이라크전쟁, 애국심을 지지하는 등의 보수적 태도를 취할 가능성이 더 높았다(Oxley et al., 2008). 놀람반응startle response을 덜 보이는 개인은 해외 원조, 총기 규제, 관대한 이민정책, 평화주의를 지지하는 문제 등에서 진보적인 태도를 취할 가능성이 더 높았다.

편도체 부피가 더 큰 것은 보수적 성향뿐 아니라 기질적 두려움과 양陽의 상관관계가 있는 듯 보인다(Van der Plas et al., 2010). 2011년 카나이 등이 수행한 연구에서 정치적 견해의 차이와 뇌 구조의 차이에 상관관계가 있음이 드러났다(Kanai et al., 2011). 연구자들이 실험에 자원한 학생 90명을 상대로 자기공명영상 스캔을 실시했다. 이에 앞서 학생들은 "매우 진보적"에서 "매우 보수적"까지 걸쳐 있는 자신들의 정치 성향을 표시했다. 스캔 결과, 자신의 정치적 견해가 보수적이라고 보고한 학생일수록 편도체 부피가 크고, 진보적이라고 보고한 학생일수록 전측대상피질의 회백질 부피가 큰 것으로 나타났다.

2010년 한 연구에서 DRD4로 알려진 유전자가 일반적인 사회/정치 성향의 발달에 관여함을 밝혀냈다. 7R로 불리는 DRD4 변이형을 지닌 사람들은 새로운 것을 추구하고 친구들의 의견을 더 잘 경청하고 더 폭넓게 친구를 사귀는 경향이 있어 훨씬 더 다양한 관점, 태도, 생활양식에 노출된다. 이 연구는 진보적 성향이 발달하려면 유전적 입력(7R 변이형)과 친구관계망 같은 환경적 입력이 모두 필요하다고 주장한다(Settle et al., 2010). 투세 등이 수행한 최근 연구에서는, 선호도 조사에서 무소속 정치인의 순위를 높게 매기는 것은 복측선조체의 활동과 양陽의 상관관계가 있고, 기성 정당의 순위를 높게 매기는 것은 뇌섬엽과 대상피질의 활동이 활발한 것과 관계 있다고 확인해주었다(Tusche et al., 2013).

하테미 등(Hatemi et al., 2014)은 유전자가 사회적·정치적 태도에 미치는 영향을 알아보려고, 다섯 개 민주국가에서 수행한 아홉 개 연구에서 수집한 1만 2,000쌍이 넘는 쌍둥이들에 대한 자료를 바탕으로 연구했다. 원천 자료에는 쌍둥이의 40년에 걸친 변화가 담겨 있었다. 하테미 연구진은 정치적 태도, 자신이 좌·우파인지의 판단, 우익 권위주의, 삶의 가치, 경제적 평등주의, 개인주의 대 집단주의, 자유 대 평등 등에 주목했다. 원천 연구는 덴마크, 호주, 스웨덴, 헝가리, 미국에서 1980년부터 2011년 사이에 수행되었다. 하테미 연구진은 유전적 요인이 개인 간 이념 차이의 중요한 원인임을 발견했다. 이는 세월의 변화, 지리적 위치, 측정 방법, 인구집단과 무관했다.

그러므로 더 많은 군비 지출, 범죄자에 대한 더 가혹한 처벌, 더 제한적인 이민정책을 지지하는 사람들은 이들이 이런 문제에 무지하거나 분노해서 그런 측면도 있지만, 생리적·심리적으로 혹시 발생할지 모를 부정적 사태를 더 잘 인식해서 그런 듯하다. 더 보수적인 이념은 전통, 위계질서, 현상 유지를 강조하므로, 불확실성과 위협을 줄일 필요성을 태생적으로 더 잘 느끼는 사람에게는 개방적이거나 진보적인 이념보다 더 잘 맞는 듯 보인다(Jost et al., 2017). 그러므로 보수적인 사람들은 어떤 공공정책이 그들이 인식하는 위험을 완화해주리라고 생각할 경우 그것을 지지할 가능성이 높다. 그들의 뇌 패턴이 진보적인 사람들보다 이런 위험을 더 잘 인식하기 때문이다.

이런 두려움은 생애 초기에 시작된다. 연구자들에 따르면, 교사가 두려움이 많고 융통성이 없고 우유부단하고 상처를 잘 받고 감정을 잘 표현하지 못한다고 평가한 3세 아동들은 성인이 되어 정치적으로 더 보수 성향을 띠었다. 이와 대조적으로, 더 활기차고 회복력 있고 자립적이고 표현력이 풍부하고 주도적이며 친밀한 관계를 형성하는 경향이 있다고 평가한 3세 아동들은 성인이 되어 더 진보 성향을 띠었다(Jost and Amodio, 2012).

물론 앞서 한 모든 논의가 특정한 사회적·정치적 견해가 유전됨을 뜻하지는 않지만, 공통된 신체적 소인素因이 개인과 집단으로 하여금 좀 더 보수적인 사회 기본원칙과 정치이념을 채택하도록 만든다는 점을 시사한다(Ludeke, Johnson and Bouchard, 2013). 긍정적인 결과를 더 잘 예상하는 진보적인 사람들과 달리, 위험을 더 잘 예상하는 보수적인 사람들의 타고난 소인은 바뀌기 어려울 수 있다. 조너스 캐플런에 따르면, 이런 태도는 우리 몸의 생리적 특성과 밀접한 관련이 있어 쉽게 바뀌지 않는다는 것이다(Kaplan, Gimbel and Harris, 2016).

정치적 신념은 종교적 신념과 비슷하다. 둘 다 한 개인의 정체성을 이루는 일부이며 그가 소속된 사회적 집단에 중요하기 때문이다. 당신이 대안적 관점을 고려하고자 한다면, 당신 자신의 대안적 버전을 고려해야 할 것이다.(Jonas Kaplan, "Hard-Wired", 2016)

집단신념, 결속인가 구속인가

앞서 살펴본 것과 같은 다양한 신념의 진화적 목적은 무엇일까? 이 책 3장에서 보았듯이 집단의 일부로서 우리가 갖는 견해는 통상 집단사고이다(즉, 사실 확인보다 집단의 전통에 근거한다). 우리 견해는 하이트Haidt가 말한 것처럼 '이집단적利集團的 groupish'이다. 우리는 보통 우리 집단에 좋다고 생각하거나 좋다고 들은 것을 승인한다는 뜻이다(Runciman, 2012). 우리는 우리의 믿음 대부분을 물려받았다. 아마도 우리 조상이 생존하는 데 도움이 된 것들이 유산으로 남았을 것이다. 집단에 각별히 소속되고 싶어 하고 그에 따라 특정한 신념을 갖는 것이 과거에 집단이 집단 차원의 생존을 위한 사회적 경쟁에서 승리하고 일명 '자기 집단 중심적 이타성parochial altruism'을 통해 이익을 얻는 데 도움이 되었을 것이다(Yamagishi and Mifune, 2016).

종교든 문화든 사회든 거의 모든 이념 틀이 집단 유대를 강화하고 결속력을 발휘하는 데 이용될 수 있는 듯 보인다. 가장 지배적인 집단신념체계로 남아 있는 종교적 신념은 이런 결속과정의 분명한 사례다. 세계 인구의 84퍼센트가 기성 종교에 속해 있다(Pew

Research Center, 2012). 우리의 신념은 개인행동과 집단행동의 강력한 동기가 될 수 있다. 그리고 여기에는 폭력행사도 포함된다. 역사를 돌아볼 때 거의 모든 형태의 종교, 이를테면 기독교, 불교, 이슬람교, 힌두교, 유대교가 그랬고, 또 상당수는 오늘날에도 그러한데, 이들은 많은 사람들에게 의미와 위안뿐 아니라 배제와 폭력을 정당화하는 신념 틀도 제공하고 있다(이 책 5장 참조).

대부분의 사람들은 기존의 신념이나 가치, 혹은 개인이나 집단의 특수한 상황과 잘 맞거나 그것을 강화하는 신념에 편향되어 있다. 신념은 대체로 일단 채택되면 현실과 일치하는지와 상관없이 계속 유지된다. 집단은 합리적인 문제 제기에도 불구하고 곧잘 이런 신념을 고수한다. 그래서 예를 들자면, 다수의 트럼프 지지자에게는 트럼프 집회에서 느끼는 '진실'이 다른 정치인이나 학자가 신문에서 설파하는 것보다 훨씬 더 중요하다.

집단신념이 제공하는 기능, 예컨대 연대감, 함께한다는 느낌, 존재의 의미가 이런 신념의 실체보다 더 중요한 경우가 많다는 데 주목할 필요가 있다. 종교적·사회적 근본주의자와 신학적·도덕적·사회적 논의를 시도해본 사람 중에는 그들과 이성적인 대화를 하기가 얼마나 힘든지 깨닫는 사람이 많다. 현실은 이렇다. 우리가 어떤 정보에 대해 보이는 반응 중 상당수는 이성적이기보다 자동적이고 감정적이며, 사실 어떤 의식적 사고보다도 먼저 시동이 걸린다 (Mooney, 2012b).

우리는 모두 우리에게 진실이 있다고 생각한다

'진실', 즉 우리가 이념적으로 옳다는 느낌을 유지하기 위해 구축된 신경기반구조는 실로 어마어마하다. 이런 타고난 경향은 확증편향, 그러니까 우리의 생각을 우리가 믿고 싶은 것에 맞게 조정하는 현상과 더불어 우리의 생존에 도움이 되도록 내재된 특징으로서 진화적 적응의 필수적인 부분으로 보인다. 이런 과정은 일반적으로 의식이 접근할 수 없는 뇌영역에서 자동으로 일어나므로 우리는 좋든 싫든 대개 그 영향 아래 놓인다. 사람들 대부분은 심리학자 리 로스Lee Ross와 앤드루 워드Andrew ward가 말한 것처럼(1996), 자신들만 세상을 객관적으로 본다고 믿는 '소박실재론자naïve realist'이다. 반면 자신들에게 동의하지 않는 이들은 타고나길 비합리적인 사람이라고 여긴다. 이렇게 '편향의 맹점bias blind spot'이 생기는 것은 인간의 뇌가 효율적으로 작동하도록 설계되었기 때문이다(Bruneau, 2016).

일단 우리가 집단의 일부가 되면 '몰개성화deindividuation'라는 과정이 일어날 수 있다. 이는 사람들이 집단에 소속되고 집단의 구성원이라는 지위에서 이익을 얻으려고 개인의 정체성과 신념을 포기한다는 뜻이다. 일반적으로 집단에 소속되면 개인의 태도는 집단의 규범이 가리키는 방향으로 바뀐다. 이전의 신념은 폐기되거나 새로운 신념에 맞게 변경될 수 있다. 집단신념이 신성불가침이 되면 구성원들은 흔히 집단신념을 이성적으로 생각할 수 있는 능력(과 자유)을 잃는다. 견해가 형성되면 그 견해를 뒷받침하는 증거를 보고

찾으려고 하고, 이의를 제기하는 증거는 무시하는 경향이 이를 부채질한다. 과학적으로 입증된 사실에 근거한 주장은 흔히 사람들의 신념을 바꾸지 못한다. 전문가의 견해(예컨대 지구온난화에 관한 견해)를 수용하는 것과, 신뢰하는 사람에게서 들은 일화나 개인적 경험에 의존하면서 한 부족의 훌륭한 구성원이 되는 것 중 하나를 선택하라고 하면 많은 사람들이 후자를 고른다(Achenbach, 2015; Kysar and Salzman, 2005).

      기능적 자기공명영상을 활용한 연구에서 웨스턴 등(Westen et al., 2006)은 사람들이 자신이 깊이 간직한 신념에 반기를 드는 논리적 모순과 맞닥뜨리면 부정적 감정을 느끼지만 추론을 담당하는 피질의 활동은 증가하지 않음을 보여주었다. 해리스 등이 수행한 또 다른 기능적 자기공명영상 연구(Harris, Sheth and Cohen, 2008)에 따르면, 참가자들은 확고한 신념과 모순되는 서술과 맞닥뜨릴 때 '혐오'와 유사한 부정적 감정반응을 보였고, 신념을 확인해주는 서술에는 긍정적 반응을 보였다. 우리 대부분은 집단신념을 지키려고, 혹은 우리가 믿는 것을 확고히 하려고 각자 보수나 진보 성향의 폭스뉴스/MSNBC, 《뉴욕타임스》/《워싱턴타임스》, 《데일리텔레그래프》/《가디언》, 《예루살렘포스트》/《하아레츠》 등을 시청하거나 읽으며 할 수 있는 모든 일을 다 한다. 갈등집단들은 자신들의 갈등을 다룬 동일한 언론 보도를 봐도 자신들에게 불리하게 편향되어 있다고 생각한다(Perloff, 2015).

동기 기반 추론

　동기 기반 추론은 때로 **합리적 비합리성**(Huemer, n.d.)으로 불리기도 한다. 이는 한 개인이 어떤 것이 거짓임을 알면서 일부러 믿기로 마음먹는다는 뜻은 아니다. 그보다는 결정을 내릴 때 외부의 감정적 호소와 그 자신의 인지적 편향이 마음껏 영향력을 행사하도록 내버려둔다는 뜻이다. 합리적 비합리성이 작동하려면 특정 신념이 진리라서가 아니라 다른 이유로 사람들에게 호소력이 있어야 한다. 휴머(Huemer, n.d.)는 다음과 같은 편향이 동기 기반 추론을 부추긴다고 본다. 첫째, **자기이익편향**. 사람들은 자기와 자기가 동일시하는 집단에게 (받아들여진다면) 이익이 될 신념을 따른다. 둘째, **자아상 구축**. 사람들은 자기가 채택하고 투사하고 싶어 하는 자아상과 제일 잘 맞는 신념을 따른다. 셋째, **사회적 유대의 도구**가 되는 신념. 즉, 사람들은 자신이 어울리고 싶어 하는 사람들의 신념을 따르려고 한다. 마지막으로 **일관성편향**. 사람들은 자기의 신념과 잘 맞거나 강화하는 신념을 선호한다. 우리는 믿고 싶은 것을 믿는 일이 너무도 중요한 나머지 스스로를 속일 수 있는 능력까지 갖게 된다. 즉, 자기가 하는 말을 믿게 되는 것이다. 예를 들자면, 우리는 확신에 차서 지구온난화는 항상 있었고 인간이 원인이 아니라고 하거나, 흡연이 건강에 나쁘지 않다고, "우리 할아버지는 평생 담배를 피우셨는데 아흔 살까지 사셨다"라고(Livingstone Smith, 2007) 말할 수 있다. 이런 추론이 동기 기반 추론이라는 것조차 모르고서 말이다.

　동기 기반 추론이 광범위한 현상임이 확인되자 우리가 추론에 관해 부정확하게 추론해왔다는 주장이 제기되었다. 우리가 추론의 원래 목적을 오해했다는 것이다. 메르시에와 스페르베(Mercier and Sperber, 2012)는 인간의 이성이 객관적 진실에 도달하는 장치로 진화하지 않았다고 주장한다. 그보다 이성의 목적은 "대중의 지혜"에 도달하려고 집단 안에서 선택적인 논쟁을 촉진하는 것이다. 무니(Mooney, 2012a)는 이에 동의하며, 서로 다른 견해를 드러내어 각각의 장단점을 논의하게 함으로써 사람들로 하여금 이익을 취하게 하는 과정이 생존에 도움이 되었을 것이라고 말한다. 따라서 논쟁과정은 진실 자체를 추구하기보다 생존에 기여했다는 의미가 있다.

동기 기반 추론과 선택적 논쟁이 수렵·채집 시대에는 매우 유용한 접근법이었을지 모르나, 70억에 달하는 인류가 자신들만의 진실을 말할 수 있게 된 요즘은 그렇지 않을 수 있다. 어디 가서 짐승을 쫓고 먹을 것을 구하고 안전을 도모할지 공동체가 논의하는 데 쓰인 기술이 대규모 집단의 합의를 추구하는 오늘날의 요구와 맞지 않을 가능성이 크다.

귀인오류歸因誤謬 attribution error는 동기 기반 추론의 확장판이다. 사회심리학 분야에서 확립된 결과에 따르면, 사람들은 다른 사람의 행동을 상황적 인과관계를 무시하고 그 사람의 성격에서 비롯된 것으로 설명하는 경향이 있다(L. Ross, 1977). 다시 말해 우리는 무언가 나쁜 일이 일어나거나 우리가 나쁜 행동을 했을 때 우리의 신념과 행동을 정당화하려는 경향이 있다. 그러나 다른 사람이나 집단이 같은 행동을 했을 때는 그러지 않는다. 우리는 흔히 그런 행동이 그들의 잘못이지 우리 잘못은 아니라고 느끼고 말한다. 예를 들면 그들의 폭력은 테러리즘이고 우리의 폭력은 안보상의 필요라고 정당화한다. 아일랜드에서는 이를 보통 '그쪽이야말로whataboutery' 논쟁이라고 불렀다. 그러니까 이런 식이다. "그래 우리가 술집에서 평화롭게 축구 경기를 보던 사람을 열 명 잘못 죽였다 치자, 아니면 죄 없는 구경꾼 한 명을 잔인하게 죽였다 치자고. 그런데 그놈들은 어저께, 지난달, 100년 전에 우리에게 어떻게 했더라?"

불확실성 회피

지금까지 살펴본 것처럼 사람들은 모호함을 싫어하는 정도나 확실성에 대한 욕구가 유전적으로 다르다. 스펙트럼의 한쪽 끝에는 유전적으로 불확실성을 더 민감하게 느끼고 싫어하며 삶을 살아가는 데 질서, 구조, 명확한 믿음을 더 필요로 하는 사람들이 있다. 이는 태어날 때부터 관찰되는 차이점이다. 다른 쪽 끝에는 인지적 복잡성cognitive complexity을 요구하는 새로운 사물과 새로운 경험에 유전적으로 더 개방적인 사람들이 있다. 이들은 신념과 확실성에 내포된 미묘한 차이를 더 잘 견딜 수 있다. 이를 나타내는 지표가 **통합적 복잡성**integrative complexity이다. 통합적 복잡성은 한 개인이나 사회가 사회 내의 불확실성과 모호함을 견디고 새로운 정보나 아이디어를 받아들이는 능력을 반영한다. 또한 개인 또는 집단이 변화를 유연하게 고려할 수 있는 능력과 미묘한 차이를 식별할 수 있는 인지적 능력도 반영한다(Suedfeld, Leighton and Conway, 2006). 이런 통합적 복잡성의 결여는 평화협정을 체결하려 할 때 문제가 될 수 있다. 연구에 따르면 통합적 복잡성이 낮으면 갈등을 해결하는 능력이 줄어들고 잘못을 타인에게 돌리기가 쉬워진다(Sillars and Parry, 1982). 게다가 통합적 복잡성이 낮은 사람들은 전쟁 같은 경쟁적 행동에 의지하고, 좌절할 때 폭력을 쓰기가 쉽다. 반면 통합적 복잡성이 높은 개인은 협상을 성공으로 이끌고 비폭력적 수단으로 갈등을 해결할 가능성이 높아진다(Conway, Suedfeld and Tetlock, 2001).

사회적 불확실성의 회피 정도가 약한 상황과 강한 상황의 주요한 차이점을 법과 규칙의 수립방식에서 알 수 있다. 불확실성 회피도가 낮은 문화에서는 법과 규칙의 수가 적고 그 성격도 보통 좀더 일반적이라면, 불확실성 회피도가 높은 나라에서는 법과 규칙의 수도 많고 엄밀한 법과 규칙을 수립한다(Hofstede, 1997). 따라서 불확실성 회피 점수가 높은 나라는 보통 매우 규칙 지향적 사회이며 잘 정의되고 확립된 법률과 규제를 따른다. 불확실성 회피 점수가 낮은 사회는 모호함과 불확실성을 덜 우려하고 다양성, 실험, 위험 감수를 더 많이 용인하는 사회이다.

불확실성을 회피하게 하는 또 다른 요인이 개인이나 집단의 **종결 욕구**need for closure 수준이다(Kruglanski and Webster, 1996). 이 욕구는 한 개인이 어떤 질문에 대한 확실한 대답을 바라고 모호함을 극도로 싫어하는 현상을 뜻한다. 종결 욕구가 큰 사람은 자신에게 맞는 일부 정보만 취하고 마치 얼어붙은 듯 새로운 정보를 고려하려 들지 않는다. 연구에 따르면 보수적인 사람들이 리버럴보다 종결 욕구가 더 큰 편이다. 이는 리버럴리즘과 개방성 간의 밀접한 관계를 고려할 때 당연히 예상할 수 있는 일이다. 판노 등(Panno et al., 2018)은 정치 성향을 예측할 수 있는 변수로 인지적 종결 욕구를 조사했고 둘 사이의 밀접한 연관성을 발견했다.

이처럼 확실성을 바라는 마음은 우리가 지도자를 바라보는 관점에도 영향을 미친다. 우리는 우리의 지도자가 우리가 우려하는 문제에 확실성을 보이며 발언하기를 원한다. 그들이 내세우는 주장의 실체는 대체로 상관하지 않는다. 망설임을 드러내는 지도자, 심지어 협의의 가치를 지지하는 지도자도 격렬한 반대에 부딪힐 수 있다. 우리가 필요로 하는 것은 그들이 명확하고 강력하게, 특히 우리가 두려워할 때 나서는 것이다. 대부분의 보수적인 사람에게 불확실성이나 우유부단은 약점으로 비칠 수 있다(이 책 6장 참조).

옳고 그름의 문제?

상호합의된 가치체계 또한 가치를 공유하고 협력할 수 있게 한다. 도덕성은 집단 내 협력을 돕는 자연적 장치로 보인다. 경쟁적 이해관계에 놓인 개인끼리 사회적 상호작용을 할 수 있도록 하고 공격적인 행동을 억제한다(de Waal, 2006). 도덕적 신념이 일상에서 어떻게 작동하는지 살펴보면, 다른 신념과 마찬가지로 대부분 이성적이라기보다 직관적이다. 하이트(Haidt, 2012, p. 47)는 도덕 판단이 주로 의식적 추론보다 자동적인 과정, 즉 도덕 직관에 근거한다고 주장하는 '도덕 판단의 사회적 직관주의 모형'을 개발했다. 그는 사람들이 주로 자신이 본능적으로 느끼는 것을 뒷받침할 증거를 찾으려 추론을 펼친다고, 즉 본능적으로 느낀 뒤 그 느낌이 합리적으로 들리게 하는 타당한 이유를 만들어낸다고 주장한다(Critcher, Inbar and Pizarro, 2013).

대부분의 사람들은 보통 어떤 신념을 본능적으로 옳다고 받아들인 뒤 그것이 왜 도덕적으로 옳은가 하는 근거를 추론해낸다. 이것이 자신이 소중히 여기는 가치를 정치 신념에 적용할 때 흔히 일관성을 잃는 이유이다. 예를 들면, 생명의 가치를 내세워 낙태권을 부인하면서 동시에 사형제도를 지지할 수 있다(Critcher et al., 2009). 크리처 등은 이런 차이는 리버럴과 보수주의자가 정치문제를 바라보고 해석하는 방식이 뚜렷이 달라서라고 주장한다. 이들은 보수주의자는 종결 욕구가 강력해 어떤 문제를 눈에 잘 띄고 접근하기 쉬운 가치의 관점에서 바라본다고 주장한다. "이런 욕구 때문에 보수주의자의 태도가 상황에 따라 더 잘 변하기는 하나, 이렇게 태도를 전환함으로써 보수주의자는 자신이 중시하는 도덕적 가치를 절대적으로 고수하고 설사 신념에 모순이 생기더라도 이를 무시할 수 있다."(Critcher et al., 2009, p. 181) 이들의 연구는 도덕적 판단을 내릴 때 리버럴과 보수주의자 둘 다 위해 요소, 돌봄, 공정성 같은 고려사항에 비슷하게 반응하지만, 내집단, 권위, 순수성 같은 고려사항에는 보수주의자가 더 강하게 반응한다고 주장한다(Cole Wright and Baril, 2011).

이처럼 가치의 우선순위를 서로 다르게 매기는 것이 평화구축 분야에 막중한 과제를 안겨준다. 하이트와 조지프(Haidt and Joseph, 2004)의 '도덕기반 이론moral foundation theory'에서 보듯이, 더 '리버럴'한 사람들에게는 자신이 충성하는 집단을 넘어서는, 예컨대 이민자 같은 타인을 돌보고 공정하게 대하는 것이 우선하는 가치이며 보통 이런 가치를 정부가 주도하는 사회시스템에 통합해야 한다고 생각한다. 다른 집단에는 신성함, 권위, 자유, 질서가 '큰 정부'의 대표적 가치인 '공정함'과 '돌봄'보다 더 중요한 가치이다. 이런 가치 차이는 평화구축, 정부의 역할, 부의 분배, 지도자의 역할을 구상하는 데 영향을 미치며, 오늘날 세계 여러 지역에서 정치적·사회적 차이를 만들어내는 근원이 된다(Zambakari, 2017).

이런 가치에서 나타나는 차이는 평화협정 체결, 갈등 이후의 제도 구축, 민주주의를 정착시키고 좋은 관리체계를 만들기 위한 절차를 합의할 때 영향을 미칠 수 있으며, 이 모두는 협상 참가자와 이들이 대변하는 사람들의 각기 다른 가치체계를 고려하여 균형점을 찾아야 한다. 집단에는 때로 다른 집단이 권위 있다고 인정하지 않지만 자기 집단 구성원이 고수하는 특정 도덕이나 가치에 기반한, 예컨대 종교적 의무 같은 고유한 원칙이 있다. 따라서 평화구축과정에 참여하는 집단 간의 기본적 차이를 이해하는 일은, 수많은 국제적·사회적 갈등의 기저에 무엇이 있고, 집단 간 지속가능한 협정을 이끌어내려면 무엇이 필수적인지 이해하고 인정하는 데 매우 중요하다.

체제 정당화

체제 정당화는 사람들이 기존의 사회·경제·정치체제가 반드시 옳지 않더라도 확실성과 질서를 획득하고 유지하려는 욕구를 포함한 기본적인 심리적 욕구를 충족하려고 그 체제를 옹호하고 강화한다는 개념이다(Jost, Gaucher and Stern, 2015). 많은 연구자들이 체제 정당화 지수가 높을수록 양측 편도체의 부피가 크다는 것을 관찰했다(Nam et al., 2018). 체제 정당화는 변화에 대한 저항, 현상 유지, 불평등의 정당화를 수반하므로 보수적 성향의 중요한 한 양상이다(Jost, Nosek and Gosling, 2008). 연구자들은 체제 정당화가 잠재적으로 인간 행동을 유발하는 강력한 동기가 될 수 있음을 발견했다. 불확실성, 위협, 사회적 불화를 줄이려는 인간의 근본적 욕구를 충족하기 때문이다(Jost, Ledgerwood and Hardin, 2008a). 현상 유지를 합리화하는 것은 흔히 편안함이라는 단기적 느낌과 관련되어 있다. 감정적 수준에서 체제 정당화는 보수적인 사람들이 현상 유지에 관해, 이를테면 불평등을 받아들이는 식으로, 리버럴보다 더 좋고 더 행복하고 더 만족스럽게 느끼도록 한다(Butz, Kieslich and Bless, 2017). 평화구축 전문가들이 느끼는 문제는, 이런 수용이 불평등에 대한 해결책을 찾으려는 사전작업에 걸림돌이 되고, 이런 불평등을 해결하고 종내는 전쟁을 종식해 평화를 유지하게 할 수 있는 제도를 개발하는 데 영향을 미친다는 점이다.

체제 정당화의 이런 양상은 다양한 민족 또는 종교집단이 모여 살고 불확실성을 강하게 회피하는 성향의 국가에서 집단 사이의 긴장감이 높아지기 쉬움을 시사한다. 사회 변화의 잠재력이 적고 불평등 문제 해결을 꺼리기 때문이다. 조스트(Jost, 2017)는 이런 방어적 태도를 고려할 때, "체제 정당화는 우리가 조만간 직면해야 하는 우리 사회의 일면을 (예컨대 점점 벌어지는 빈부격차, 자연환경 훼손같이 당장 떠오르는 매우 중대하고 걱정스러운 두 사례를) 부정하고 변명하게 만들 수 있다"라고 언급했다(Bridge and Voss, 2014도 참조할 것).

기억과 신념

> 모든 전쟁은 두 번 치러진다. 한 번은 전장에서, 또 한 번은 기억에서.
> ―비엣 타인 응우옌

우리의 기억은 결함이 있는 것으로 악명이 높다. 기억은 사건을 현재 상황에 맞게 재구성하고 편집하며, 과거와 현재를 융합해 오늘날 우리가 믿어야 하는 것에 적합한 이야기를 제시한다. 우리 기억은 네트워크처럼 작동하며 우리의 목적과 감정에 따라 아이디어를 검색하고, 그런 방식으로 의식적인 마음이 작업하고 논쟁할 대상을 정한다.

> 당신의 기억은 사건을 재구성하고 편집해 당신의 현재 세계에 맞는 이야기를 만들어낸다. 기억은 현재와 맞도록 설계되어 있다. …… 기억은 마치 영리한 시간여행자처럼 현재의 조각을 빼내 과거에 끼워 넣는다. 정확성 면에서 기억은 비디오카메라가 아니다. 오히려 기억은 현재 정보로

과거를 다시 쓰고 당신이 기억하는 내용을 생존에 도움이 되는 새로운 경험으로 바꿔놓는다.(Bridge and Voss, 2014, https://www.sciencedaily.com/releases/2014/02/140204185651.htm)

이처럼 기억은 성질상 적응능력이 높으므로 우리가 어떤 사건을 재소환할 때마다 재구성될 수 있다. 우리는 일상에서 우리 삶에 관한 이야기를 구성하고 우리에게 일어나는 다양한 사건에 의미와 인과관계를 부여한다. 이처럼 우리는 곧잘 왜곡의 산물인 기억으로부터 자서전을 써내는 방식으로 스스로를 이해한다.(Schacter, Guerin and St Jacques, 2011; McAdams, 2013도 참조할 것)

다시 말해 히빙, 스미스, 알포드(Hibbing, Smith and Alford, 2014, p. 241)가 말한 것처럼 "만일 사실이 당신이 선호하는 세계관을 방해하면, 그저 무의식중에 사실을 '살못 기억'하면 된다."

집단기억은 한 집단 안에서 공유되는 일련의 기억이다(Brown, Kouri and Hirst, 2012). 집단기억은 "한 집단의 공통된 정체성을 바탕으로 과거를 통일되게 묘사한다."(Licata and Klein, 2005, p. 243) 특히 갈등상황에서 집단기억은 거의 언제나 편향되고 정치 이슈화 한다. 집단기억의 목적은 집단을 한데 묶고 집단적인 기억 왜곡을 통해 집단 정체성을 만들고 유지하는 것이다. 집단적인 기억 왜곡은 "망각이라는 적극적인 형태"(Ricoeur, 2006)부터 기록 자료의 용의주도한 삭제와 "침묵의 약속"(Ben-Ze'Evev, Ginio and Winter, 2010)에 이르기까지 다양한데, 모두 "집단기억상실증"(K. Walsh, 2001)을 만들어내는 데 기여한다.

전 세계적으로, 갈등을 겪는 사회들은 긴장이 고조되면 집단기억을 왜곡하려 나선다. 이들은 오래된 적을 새롭게 매도하고 사건의 기억을 다시 지어내 자기주장이나 자기편을 긍정적으로 비출 수 있다. 그러면서 보통 자신들이 저지른 잔학행위를 부인하거나 묵살한다. 사람들은 구체적인 목적에 맞게 특정한 역사적 사건·순간·인물을 선택해 자신의 주장을 강화하거나 목표를 옹호하려 들 것이다. 이는 특정한 사회적 정체성이 중요해질 때마다 개인들이 일부 역사적 사건이나 시기를 특정한 방식으로 기억하고, 거기에 다른 내집단 구성원과는 최소한 어느 정도를 공유하지만 외집단 구성원과는 공유될 수도 공유되지 않을 수도 있는 평가와 감정을 연관 지을 수 있다는 뜻이다(Figueiredo et al., 2017). 흥미롭게도 똑같은 과거를 서로 다른 정치적 행위자들이 상당히 다른 목표를 이루려고 이용할 수 있다. 이렇게 재구성된 역사는 정치인, 활동가, 매체가 이념적 주장이나 정치적·사회적 관점을 정당화, 맥락화, 합법화하려고 주기적으로 동원한다.

신념과 정당정치

2006년 드루 웨스턴Drew Westen과 그의 동료들이 수행한 연구에서 미국의 공화당원과 민주당원이 정치적 문제를 생각하는 방식에 차이가 있다는 주장이 제기되었다(Westen, Blagov, Harenski, Kilts and Hamann, 2006). 하테미 등은 후속 연구(2008)에서 유전이 개인의 정당과 관련한 정체성을 확고히 하는 데 중요한 역할을 한다는 것을 발견했다. 두 연구 모두 정당 가입 여부는 특별히 묻지 않았다. 어떤 한 개인을, 미국의 예를 들자면 민주당원이나 공화당원, 영국의 예를 들자면 노동당원이나 보수당원으로 만드는 유전자 같은 건 없는 듯 보인다. 기독교나 이슬람교 또는 힌두교를 믿게 만드는 유전자가 따로 없듯이 말이다. 그러나 어려운 정치문제에 접근하는 정서적·인지적 기본 수준에는 차이가 있다. 이는 사회적·정치적 편견이 기본적인 신경인지구조neurocognitive structures에 의해 유지될 수 있음을 뜻한다. 그리고 이 구조는 사람들의 개인적 목표와 집단 간 특정 상황에 대한 기존의 사회적 기대에 따라 그 표현이 달라진다(Amodio, 2014). 가장 최근의 연구에서 다른 연구자들은, 정당과 관련한 정체성의 유전 여부는 상황에 따라 달라지며, 각 정당 지지자 간의 대립이 증가하는 상황에서 특히 그렇다고 결론지었다(Fazekas and Littvay, 2015).

앞서 살펴본 것처럼, 질서, 구조, 인지적 종결을 바라는 개인 욕구는 변화에 대한 저항, 불평등 수용, 체제 정당화, 정치적 보수주의, 우파 지향과 분명히 연관되어 있다(Federico et al., 2013). 이런 경향은 사람들이 정당정치에 어떻게 참여하는지를 보면 알 수 있다. 연구에 따르면 공화당원은 위험이 따르는 결정을 내릴 때 신체의 싸움-도주 체계와 관련된 뇌 부위인 우측 편도체를 사용하는 반면, 민주당원은 자기인식 및 사회인식과 관련 있는 좌측 뇌섬엽이 활발해지는 경향이 있다(Schreiber et al., 2013). 슈라이버 등은 어떤 사람이 민주당원인지 공화당원인지 예측하는 데 편도체 반응을 관찰한 자신들의 연구가 82.9퍼센트의 정확도를 나타냈다고 주장한다. 또한 전 문화권에서 관찰된, 투표 대상을 순전히 외모만 보고 성급히 결정하는 현상과 관련해서도, 어떤 실험 참가자가 그런 결정을 내릴 것인지를 편도체 반응으로 분명히 예측할 수 있다고 주장한다.

유전자와 뇌가 다는 아니다

한 메타 연구(Hatemi et al., 2014)가 1974년부터 2012년까지 유전과 환경이 개인의 정치적 특성에 미치는 영향을 평가한 쌍둥이와 친족 연구를 모두 요약했다. 이 메타 연구는 유전적 영향, 공유되거나 공통된 환경적 영향, 개인의 특수한 경험을 포함하는 고유의 환경적 영향을 한데 묶어 종합적 효과를 들여다봤다. 그 결과, 유전자가 정치적 태도의 발달에 중요하다는 것은 의심할 여지가 없으나, 흔히 발생하는 개별적 변이가 이념 형성에 미치는 효과는 미미하다고 주장했다. 즉, 이렇다.

> 한 개인은 태도와 관련된 고정된 경향을 타고나지 않는다. 오히려 그 개인의 심리구조를 이루는 모든 요소—즉, 지각, 감정, 인지, 추론, 정동情動, 소속감, 그 밖에 개인의 주의·집중을 요하는 온갖 범주—는 정도의 차이는 있어도 물려받은 생물학적 기전과 추후 발달된 생물학적 기전이 함께 작용한 결과이다. 이런 기전은 개인이 장차 어떤 사회적 경험을 선택하고 겪고 해석하고 반응할지 결정하는 데 중요한 역할을 한다. (Hatemi and McDermott, 2016, p. 333)

예를 들어, 교육이 외집단을 대하는 태도에 중대한 영향을 미치는 듯 보인다. 즉, 교육 수준이 높을수록 외집단을 대할 때 더 도와주려는 태도를 보인다(Hatemi et al., 2013). 반면 개인의 유전적 기질이 태도와 행동에 정확히 얼마나 영향을 미치는가는 여전히 주요한 연구과제이다.

근본주의적 신념

'근본주의자fundamentalist'라는 용어는 본디 미국 개신교에서 기독교 성경의 영원한 '진리'를 절대적으로 믿는 특정 분파를 지칭하는 데 쓰였다. 과학이 밝혀낸 새로운 정보에 맞게 기존의 성경 이해를 조정할 수 있다고 믿는 좀 더 유연한 개신교도와 이들은 대조적이다. 믿음의 강도는 연속선상에 있는데, 한쪽 끝에 명확한 신념에 대한 절대적 의존이 있다면 다른 쪽 끝에는 믿음의 유연함이 있다. 모든 주요 신앙체계(예를 들어 기독교, 불교, 이슬람교, 힌두교)에 근본주의자가 있지만 보통은 이런 체계 신봉자 중 소수에 불과하다. 또한 근본주의자들이 흔히 갖는 신념 중에는 사회주의나 시장 원칙과 관련된 것이 많다.

근본주의적 신념은 타인의 권리를 침해하거나 사람들로 하여금 폭력을 행사하도록 부추기지 않는 한 개인이나 사회에 무해할 수 있다(이 책 5장 참조). 근본주의적 신념은 협상이 불가한 쪽으로 멀리 가버린 믿음이다. 근본주의자는 명확하고 합의된 '진실'을 좋아한다. 그들이 생각하기에 이 진실은 삶의 맥락과 관계없이 바꿀 수 없고 협상할 수 없는 것들이다. 근본주의자는 단순하고 명확한 의미틀과 진실의 소유를 원하고 필요로 한다. 이들은 믿음의 복잡성이나 미묘한 차이를 거의 또는 전혀 용인하지 않으며, 외집단을 조금이라도 다르게 또는 호의적으로 해석할 여지를 거의 허용하지 않는다. 이들은 동기 기반 추론, 체제 정당화, 불확실성 회피, 도덕적 확실성, 진실 소유 선언, 외집단에 대한 공포 등 앞서 살펴본 방법을 다수 동원할 것이다. 미국의 사회심리학자 크루글란스키(Kruglanski, 2014)에 따르면 이렇다.

> 근본주의자는 선명한 이분법과 분명한 선택을 특징으로 하는 마니교적 세계관을 갖는다. 그들은 선과 악, 성인과 죄인, 질서와 혼돈으로 나뉜 세계, 회색을 허용하지 않고 흑백으로만 이루어진 순전한 우주를 그린다. 근본주의 이념은 행동과 결과 사이에 명확한 인과관계를 확립해둔다. 예측할 수 있고 통제할 수 있는 미래를 제시한다.

근본주의자 집단은 다른 신념에 노출되는 일을 피하려고 극단적인 방식을 곧잘 동원한다. 자신들 외의 다른 집단을 흔히 인간 이하로 규정하며, 그렇게 함으로써 스스로의 특별함을 입증한다. 또한 내집단 통제가 극에 달하며 과도할 정도로 편협하게 규범 위반을 다룬다(Kossowska et al., 2016, pp. 390-391).

회의적인 시각

일부 연구자들은 기능적 자기공명영상 데이터로 사회적/정치적 경향을 판단하는 것이 이 기술의 능력 범위를 벗어난다고 주장한다. 이들은 유전적·환경적 효과가 상호적임을 고려할 때, 연구자들이 이 두 효과를 구분할 수 있을지 우려를 표시한다(Charney and English, 2012). 그리고 지금껏 보았듯이 맥락도 매우 중요하다. 예컨대 뉴욕 세계무역센터를 공격한 9·11테러에서 심각한 타격을 입은 생존자를 상대로 수행한 연구가 있는데, 이 연구를 보면 테러 발생 후 18개월이 흐르는 사이 지지 정당과 상관없이 자신이 정치적으로 더 보수적으로 변했다고 보고한 생존자가 세 배로 늘었다(Bonanno and Jost, 2006).

일부 연구자들은 차이를 전통주의/자유주의 차원에서 구분하는 것이 충분하지 않다고 보았고, 기능적 자기공명영상 연구를 통해 각각 개인주의, 보수주의, 급진주의와 관련 있어 보이는 세 개의 뇌활성화 패턴을 확인했다(Zamboni et al., 2019). 이들은 이 세 개의 독립적인 차원이 정치적/사회적 신념을 표현하는 진술이 다양한 이유를 설명한다고 믿는다. 각 차원은 뚜렷이 다른 신경 활성화 패턴에서 확인되었다. 즉, 개인주의는 내측전전두피질과 측두두정접합부側頭頭頂接合符, temporoparietal junction, 보수주의는 배외측전전두피질이, 급진주의는 복측선조체와 후방대상피질posterior cingulate cortex이 활성화되었다.

결론

　　타고난 생물학적 경향이 우리의 신념체계를 얼마만큼 결정 짓는지에 관한 논쟁은 분명 계속될 것이다. 그럼에도 기존 연구가 이런 효과가 있음을 확실히 밝혔다는 점에 주목할 필요가 있다. 평화구축 전문가들은 개인의 타고난 경향성과 그 개인이 속한 집단의 영향력 때문에 평화구축작업이 어려워질 수도, 때로 쉬워질 수도 있음을 인식해야 한다. 평화구축작업은 한 사회 또는 지구 전체를 폭력 없이 더 잘 기능하게 할 합의를 도출하는 데 필수적이다. 그러나 이 작업은 쉽지 않고 빠르게 진행되지도 않을 것이다. 히빙 등이 한 말을 되새겨보자(Hibbing et al., 2014, p. 23). "(유전적) 경향을 바꾸는 것은 초대형 유조선의 방향을 바꾸는 것과 같다. 보통 아주 오랜 시간 여러 사람이 합심해 힘을 쏟아야 하지만, 해낼 수 있는 일이다."

5장
극단주의의 유혹

현재 지구상에서 가장 타협을 모르며 치명적인 행위를 일삼는
이들에게 영감을 주는 것은 쿠란이나 종교적 가르침이 아니다.
찬양과 존경을 약속하는 짜릿한 대의다. 지하드*는 평등주의에
입각해 동등한 기회를 제공하는 고용주다. 형제애가 넘치고
빠르게 뻗어나가며 장엄하고 매력적이다. 또한 설득력 있다.
— 애트런(Atran, 2015)

들어가며

둘은 같이 학교에 다녔고 같이 무술을 연마했고 때로 커피를 마시며 이
야기를 나눴다. 그러나 1992년 3월, 내전이 구 유고슬라비아를 휩쓸고
보스니아계 거주지인 코자라크가 포위되자 세르비아계 두슈코 타디치
는 보스니아 무슬림 에미르 카라바시치에게 등을 돌렸다. 50인의 증언
에 따르면 이 전직 술집 주인은 무슬림과 크로아티아계 주민을 강간하
고 고문하고 살해했다. 그러나 그중 어떤 범죄도 카라바시치에게 저지른

---

* (역주) 이슬람교에서 신앙을 실천하고 공동체를 보호하기 위한 노력 또는 투쟁을 뜻하는
개념이다. 지하드를 수행하는 사람을 '무자히드'(여럿일 경우 '무자헤딘')라고 한다. 이들
중 무장투쟁을 강조하거나 정당화하는 급진주의자를 현대 서구 언론은 특별히 '지하디
스트'라고 지칭한다.

잔학행위에 미치지 못했다. 타디치는 코자라크 인근의 "인종청소ethnic cleansing" 강제수용소 차고에서 한 재소자를 시켜 카라바시치의 고환을 물어뜯게 했고, 옛 이웃이 피 흘리다 죽게 내버려두었다.(Rogers, 1995)

불행히도, 전쟁을 벌이면서 혹은 자원이나 정치적 분할을 노려 극단적인 폭력을 동원하는 것은 어디서나 벌어지는 현상이고, 먼 옛날부터 갈등 당사자 대부분이 써온 방법이다. 20세기와 21세기에 전쟁으로 사망한 사람이 1억 6,000만 명 이상으로 추산된다(Scaruffi, 2009). 이 중 대다수는 국가에 의해 목숨을 잃었다. 국가의 승인을 받지 않은 불법 민병대에 의한 사망자는 그보다 적다. 불법 민병대는 맥락과 말하는 사람에 따라 "테러리스트", "전투원", "자유의 전사" 등으로 불린다. "폭력적 극단주의"라는 용어는 이 용어의 맥락적 성격을 부각하려고 오늘날 많은 기관들이 쓰고 있다(Futures without Violence, 2017). '세계 테러리즘 지수Global Terrorism Index'는 2019년 163개의 테러집단에 주목했다(Institute for Economics and Peace, 2019).

세계 테러리즘 지수에 따르면, 테러로 인한 사망자 수는 "통상의" 전쟁에 비하면 극히 적다. 테러로 인한 사망자 수는 2020년 현재 4년 연속 감소했고, 전년도보다 15.2퍼센트 줄어 1만 3,826명을 기록했다. 대부분 아프가니스탄, 이라크, 시리아에서 발생했다. 새로운 미국 재단New America Foundation에 따르면 2005년에서 2015년 사이 지하디스트가 미국 내에서 94명의 목숨을 빼앗았다. 같은 기간 미국에서 30만 1,797명이 총에 맞아 죽었다(Anderson, 2017). 비록 그 수치가 미미하더라도 테러 위험은 미국인 다수에게 두려움을 주는 주요 요인이다. 이런 편향이 생긴 데에는 테러리즘의 불확실성이 얼마간 작용했을 것이다. 이런 공격의 예측 불가능성과 그 때문에 촉발되는 감정은 테러 위험이 교통사고 사망 위험보다 훨씬 큰 것처럼 보이게 하는 경향이 있다. 게다가 참수, 고문, 민간인 대상의 대규모 폭탄테러 등 테러집단이 사용한 전술이 다수를 공포에 떨게 했다. 사실 흔히 "테러리스트"로 지칭되는 이들이 쓰는 전략이나 전술은 모두 합법적 정부기관이 언젠가 한 번쯤 채택했던 것들이다. 차이라면 불법 민병대는 보통 자신들의 끔찍한 행동을 전 세계가 정규 매체와 소셜미디어를 통해 볼 수 있도록 세심한 노력을 기울인다는 점이다. 관련 증거에 따르면 사람들에게 테러 행위가 더 잘 보이게 하는 것이 이런 공포를 널리 확산하고 테러 위험을 실제보다 더 크게 느끼도록 하는 것으로 추정된다(Holman, Garfin and Cohen Silver, 2019).

극단적 폭력주의자의 정상성

많은 지도자들이 얘기하는 것과 반대로, 자신들의 정치적 또는 종교적 목적을 이루려고 불법적인 폭력을 쓰는 사람들은 대체로 사이코패스가 아니고 심지어 정신질환이 있는 것도 아니다. 테러리즘의 원인을 포괄적으로 조명한 크렌쇼의 1981년 저서(Crenshaw, 1981)는 19세기 러시아 무정부주의자부터 아일랜드·이스라엘·바스크·알제리 민족주의자에 이르는 다양한 집단을 수십 년에 걸쳐 관찰한 내용을 바탕으로 하는데, 이런 사람들이 심리적 표준에서 조금도 벗어나지 않음을 발견했다. 크렌쇼는 테러리스트 개개인이 공통으로 지닌 두드러진 특징은 '정상성'이라고 결론 내린다. 2004년 세이지먼(Sageman, 2004)은 주로 법원 문서에서 드러난 지하디스트 172명의 테러 동기를 조사했다. 수십 년에 걸쳐 이뤄진 교도소 인터뷰와 심리 연구를 검토하여 그가 내린 결론은 테러를 이념이나 종교적 동기, 또는 인격장애로 단순화할 수 없다는 것이다. 콜롬비아의 콜롬비아무장혁명군FARC, 중동의 이라크·시리아 이슬람국가ISIS, 아일랜드의 IRA 같은 집단의 호전적인 대원들을 상대로 한 최근의 연구는 대부분의 대원이 정신병 징후를 전혀 보이지 않는다는 데 주목한다(Decety, Pape and Workman, 2018).

충격적일 수 있으나, 급진화하여 테러조직에 몸담는 개인들은 대체로 전형적으로 작동하는 뇌를 지닌 평범한 사람들이다. 대부분은 사이코패스가 아니다. '외로운 늑대' 유형의 테러리스트는 예외일 수 있겠으나, 이들이 특별히 정신질환 진단을 받을 것 같지는 않다(Horgan, 2014). 연구자들은 두 유전자(모노아민산화요소, 카데린 13)가 변이를 일으켰을 경우 그것이 살인을 포함한 폭력적 행동과 상관관계가 있는 듯 보인다고 판단했지만, 이 두 자연적 조절장치와 폭력적 극단주의자의 행동에 어떤 관계가 있는지는 아직 밝혀지지 않았다(Tiihonen et al., 2015).

왜 사람들이 폭력적 극단주의 운동에 가담하는가

　다양한 이념과 시기를 대상으로 한 많은 연구들이 급진화의 다면적 성질, 그리고 급진화가 환경적 맥락과 어떤 관계에 있는지 밝히고 있다. 타밀타이거Liberation Tigers of Tamil Eelam/스리랑카, IRA/아일랜드, ETA/바스크광역자치주, 낙살라이트/인도, 마오이스트/네팔을 비롯해 중동과 아프리카에서 활동했거나 활동 중인 많은 지하디스트 집단을 보면 사람들이 이 집단에 합류하는 다양한 동기를 알 수 있다. 단순한 정체성을 지닌 듯 보이는 집단들도 자세히 살펴보면 동기가 매우 다양하다. 예컨대 지하디스트 집단 구성원이 스스로 밝힌 동기는 그들이 서구, 아시아, 아프리카, 중동 가운데 어디서 왔는지에 따라 다르다.

신념 때문인 경우는 드물다

　사람들이 특정한 사회·문화·종교적 신념을 새로 갖거나 더 심취하게 된 결과, 그런 신념을 정책이나 관행에서 실현하려고 폭력을 쓰게 된다는 주장이 강력히 제기되기도 한다. 그러나 많은 연구자들이 이념은 보통 주된 동기부여 요인이 아니라고 주장한다(Sageman, 2004). 이 책 4장에서 보았듯이, 이념은 사람들이 특정 집단에 속해 특정 행동을 취하려 입는 옷과 더 비슷하다. 그들의 신념은 그들이 이런 집단에 소속되어 활동할 정당한 근거가 될 수 있으며 또 자주 그렇게 된다. 넘치는 테스토스테론을 주체하지 못해 영웅이 되려 하는 젊은 남성은 대체로 무장단체에 가입하기로 결정하기 전

정치적·신학적 토론을 벌이지도, 쿠란, 성경, 혹은 마르크스와 엥겔스의 저작 같은 신성한 텍스트를 꼼꼼히 들여다보지도 않는다. 이런 텍스트는 급진주의자의 폭력을 합리화하는 데 기여하기도 하지만, 보통은 그들의 서사에서 극히 일부를 차지한다(Roy, 2017). ISILIslamic State of Iraq and the Levant의 기록이 유출되어 해외에서 자원한 4,000명이 넘는 신병에 대한 상세한 기록이 드러난 적 있는데, 전사들 대부분이 고등교육을 받았고, 70퍼센트가 이슬람에 관해 기초적인 지식만 있다고 진술했다(Roy, 2017).

중동 지역민 상당수는 경제적 이득 때문에 무장단체에 가입한다. 소말리에서 수행한 조사를 보면 응답자의 27퍼센트가 경제적 이유로 알샤바브al-Shabaab에 가입했다. 15퍼센트는 종교적 이유를 언급했고 13퍼센트는 강제로 가입되었다(Botha and Abdile, 2014). 내가 북아일랜드에서 수행한 연구 결과를 보면 민족주의 민병대 IRA나, 얼스터방위연합, 얼스터의용군Ulster Volunteer Force 같은 친영파 민병대에 가입하는 동기는 다양하다. 첫째는 영국의 아일랜드 점령을 반대하는 오랜 가풍이었다. 둘째는 가족이나 친구가 다치거나 목숨을 잃은 사건에 대한 대응이었다. 셋째는, 주로 친영파 단체에 해당되는데, 자신이 속한 공동체에서 남자로서 존경받는 역할을 하고 싶은 바람이었다. 이는 실직한 이들에게 특히 중요했다(Fitzduff, 1989).

극단주의자들에게서 확인되는 이런 동기는 변질될 수 있다. 예를 들어 마오이스트 공산반군 낙살라이트Naxalite의 반정부 무장투쟁은 현재 이익과 탐욕 추구로 이념과 무장혁명 원칙에서 멀어졌다(Prasad, 2015). 콜롬비아무장혁명군이 콜롬비아 빈민의 권리를 위해 싸우며, 공산주의를 통해 사회정의를 세운다고 주장했지만 결국 운영 자금을 납치와 몸값 요구, 불법 채굴, 갈취, 불법 약물의 생산과 유통을 통해 마련하기에 이르렀다(McDermott, 2012).

2008년 영국 정보청 보안부 MI5의 행동과학부에서 작성한 급진화에 관한 기밀 브리핑 노트에 따르면, 테러에 연관된 이들 상당수는 종교적 광신자이기는커녕 정기적인 종교활동도 하지 않는다(Travis, 2008). 수감 중인 지하디스트를 상대로 다수의 인터뷰를 실시한 범죄학자 앤드루 실케Andrew Silke(Byrne, 2017에 인용됨)에 따르면, 서구 출신 신병은 가입 동기도 명확하지 않거나 동기가 불분명하게 뒤섞여 있는 경우가 많다.

> 내가 그들에게 왜 가입했는지 물으면, 처음에 하는 대답은 이념이다. 하지만 어떻게 가입했는지 얘기하다 보면 가족 불화, 학교생활이나 일상에서 겪은 일, 고용차별, 무슬림 사망자 수를 보며 불타오른 복수심 같은 이유가 드러난다.

서구 출신 신병은 흔히 종교적 열정이 통상의 신앙체제 바깥에서 생겨나며, 테러 행위에 돌입하기 직전이나 조직에 가입한 직후에 종교적 열정을 품게 된다(Roy, 2017). 지하디스트 지망생 유수프 사르와르Yusuf Sarwar 와 모하메드 아흐메드Mohammed Ahmed는 『초보자를 위한 이슬람Islam for Dummies』과 『초보자를 위한 쿠란The Koran for Dummies』을 시리아의 ISIL에 가입하려 버밍햄을 떠나기 직전 아마존에서 주문했다(Hasan, 2014). 로이에 따르면 ISIL이 수많은 프랑스 젊은이에게 매력적으로 다가오는 부분은 "이슬람의 급진화가 아니라 급진성의 이슬람화이다."

반면 중동 지역민 출신 신병은 보통 불의하다는 느낌, 갈등 상황에서 안전을 확보하려는 지속적 요구, 생존의 필요 같은 요인에 추동된다. 이는 흔히 특정 무장단체에 가입하여 강한 소속감을 느끼는 형태로 나타난다. 이런 집단에 속한 신병 중 상당수는 좀 더 성공적이거나 높은 보수를 주는 단체가 등장하면 그 단체에 충성을 바친다. 시리아의 경우, 신병 상당수가 순전히 경제적 이유로 참여한다. 더 좋은 보수, 건강보험, 전투 중 사망 시 가족에게 수당 지급을 제의받고 가입한다(Byrne, 2017). 내세우는 신념의 세부적 내용은 충성할 집단을 바꾸는 데에서 보통 부차적이다. 번에 따르면 "지역에서 뽑은 ISIS 평대원은 보통 현실적이다. 권리를 빼앗긴 사람들이 전쟁 지역에서 가족을 겨우겨우 먹여 살리려 애쓰는 것이다. 여자들은 …… 좋은 주거시설을 제공받으려고 남편과 아들에게 ISIS에 가입할 것을 독려했다."

물론 대부분의 경우 사람들은 갈등상황에 뛰어들겠다고 자원하지 않는다. 그들은 가입을 강요받는다. 휴먼라이츠워치Human Rights Watch의 2004년 보고서는, 유니세프UNICEF가 스리랑카에서 2002년 휴전협정 체결 후 미성년자가 모집된 사례 3,516건을 수집해 공식 기록으로 남겼다고 밝혔다. 또 타밀타이거 대원 중 어린이가 5,000명 이상 있다고 추산했으며 심지어는 열 살짜리도 있다고 밝혔다.

극빈자가 아니다

신병이 민병대에 가입하는 원인으로 흔히 가난과 경제적 배제를 들지만, 그들은 가장 가난한 사람도, 가장 굴욕을 당한 사람도, 사회에 가장 통합되지 못한 사람도 아니다(Roy, 2017). 폭력적 극단주의에 끌리는 이들 다수는 비교적 고등교육을 받았고 유복한 환경에서 자랐지만 재능이 사회에서 충분히 활용되지 못한다는 점에서 "성취가 좌절된 사람들furstrated achievers"이다. 팔레스타인인 자살폭탄테러범 335명의 생애를 연구한 결과, 팔레스타인 전체 인구의 31퍼센트가 빈곤층으로 분류되는데 연구 대상 중 16퍼센트만 수입이 빈곤선 이하였다. 또한 팔레스타인 전체 인구의 51퍼센트가 고등학교를 졸업했고 15퍼센트만 고등교육을 받았는데, 연구 대상 테러리스트는 최소한 96퍼센트가 고등학교 졸업자였으며, 65퍼센트는 얼마간이라도 고등교육의 혜택을 받은 이들이었다. 그리고 그들 중 94퍼센트는 직업이 있었다. 이와 대조적으로 팔레스타인 전체에서 직업이 있는 인구는 69퍼센트였다. 이런 증거로 볼 때 실제로 팔레스타인 자살폭탄테러범은 평균의 팔레스타인인보다 덜 불우한 편이라고 할 수 있다(Benmelech and Berrebi, 2007).

정의 추구의 동기

한 국가 내 소수집단의 정치적 불평등이 깊어질수록 테러가 더 많이 발생한다. 자신과 자신이 속한 집단에 가해지는 부당함을 감지하는 능력, 즉 "정의 추구의 동기Justice motivation"가 폭력적인 테러리스트의 서사에서 핵심 역할을 할 때가 많다. 이 책 4장에서 보았듯이, 자신의 집단이 부당한 대우를 받아왔으며, 정치적·경제적·종교적 불의의 피해자라는 인식이 분노와 테러 행위를 유발하는 데 중대한 역할을 한다고 여겨진다(Decety and Yoder, 2017). 피해자라는 이런 인식은 폭력 행위에 가담할 신병을 모집하는 데 중요한 전환점이 된다(Pemberton and Aarten, 2018). 예컨대 자기 집단이 부당한 대우를 받았다고 느끼는 팔레스타인 젊은이들이 종교정치적religiopolitical 공격을 더 지지하는 것으로 밝혀졌다(Victoroff et al., 2011). 부당함의 감지는 또한 네덜란드의 무슬림 젊은이들이 급진적 신념체계로 돌아서게 한 결정적 요인이었다(Doosje, Loseman and van den Bos, 2013; Victoroff et al., 2011). 그러므로 이런 피해자 서사가 폭력적 극단주의 조직이 신병을 모집하려 생산하고 배포하는 선전물에 자주 쓰이는 것은 놀라운 일이 아니다. 정의에 대한 관심은 인간 본성의 일부이며 어릴 때부터 나타나지만 어떤 사람들은 다른 이들보다 부당함에 훨씬 더 민감하다(Decety and Yoder, 2016). 흥미롭게도 이처럼 정의에 민감한 것은 피질, 즉 집행 기능, 작업 기억, 반응 선택을 담당하는 뇌 부위의 신경반응이 활성화되는 것과 관련이 있었다. 이는 실험 참가자에게 사람들이 서로 돕거나 해를 입히는 시나리오를 제시하고 그것이 도덕적으로 좋은지 나쁜지 평가하게 했을 때 관찰되었다(Decety et al., 2018). "신성한 가치는 성공 전망에 개의치 않고 행동하도록 장려하는 도덕적 신념을 포함한다는 점에서, 물질적이거나 도구적인 가치와 다르다. 세계 어디서나 사람들은 (가족과 국가의 안녕, 종교에 대한 헌신, 명예, 정의 같은) 핵심 가치에 헌신하는 것이 절대적이고 불가침이며 또 그래야 한다고 믿는다. 이런 가치가 다른 가치,

특히 경제적 가치보다 더 중요하다."(Atran, Axelrod and Davis, 2007, p. 1039) 이런 가치는 정체성 문제로 발생하는 대부분의 갈등에 존재한다. 모로코에서는 이슬람 율법인 샤리아를 신성한 가치로 여기는 이들이 전투적 지하드에 참전하고 그에 따른 희생을 감수하겠다는 적극적인 의지를 표명했다(Atran, Sheikh and Gomez, 2014). 마찬가지로 가상의 이스라엘-팔레스타인 평화협정안에 대해 이스라엘인과 팔레스타인인은 물질적 장려책만 포함한 협정에는 강하게 반대했다. 그러나 상대가 자신들의 신성한 가치와 관련해 상징적 양보를 할 용의가 있다고 하자 반대가 줄어들었다(Ginges et al., 2007). 한 신경영상 연구에 따르면, 참가자가 물질적 이득을 얻는다 해도 포기하지 않으려는 신성한 가치는 복외측전전두피질ventrolateral prefrontal cortex과 좌측측두두정피질left temporoparietal junction의 활성화와 관련이 있었다 (Berns et al., 2012).

이처럼 부당함을 감지하는 것은 자신의 삶에만 국한되지 않는다. 이는 다른 이의 고통에도 작동한다. 불법 민병대원들이 식민지배, 인종주의, 미국의 공격으로 피해를 입은 이들의 '고통'을 자신들의 동기로 꼽는다는 사실은 극단적 폭력의 요인이 자신의 가난에 관한 느낌이라기보다 박탈당한 이들에 대한 인지적이고 공감적인 지지일 때가 많음을 시사한다(McAllister and Schmid, 2011, p. 250). 이런 지지는 다양한 나라의 중산층과 전문직 집단이 지하디즘에 끌리는 현상뿐 아니라 서구 출신 전사 중 중산층과 상류층 출신이 현저히 많은 현상을 설명한다(Decety et al., 2018).

정의 추구의 동기가 폭력적 극단주의에 투신하는 다수 신병의 이야기에 등장한다는 점을 고려할 때, 사회적으로 배제된, 또는 배제되었다고 인식하는 이들의 삶에 존재하는 이런 구조적 원인을 다룰 필요가 있다. 그래야 이런 배제가 동기부여 요인으로 작용하는 힘을 줄일 수 있기 때문이다. 애트런 등(Atran et al., 2014)은 자신이 속한 공동체나 더 넓은 이슬람 공동체를 위해 정의를 추구하는 지하디스트의 프로필이, 예컨대 미국의 우파 민병대에 속한 개인들과 매우 다르다는 것을 발견했다. 후자는 소외된 개인의 전형적인 모습으로, 심리적 장애와 사회성 부족을 겪는 비율이 상당히 높다(Bakker and de Graaf, 2010). 전자인 "정의를 추구하는 이들"은 대체로 고등교육을 받았고 화목한 중산층 가정에서 자랐다. 상당수는 실제로 급진적인 믿음에 노출되지만 이런 믿음이 내면화하려면 개인적 경험과 공명해야 한다. 이런 이유로 이주민 사회, 즉 디아스포라diaspora가 곧잘 급진주의의 비옥한 온상이 된다. 이주민 사회의 일원이 이주한 국가에서 경제적·문화적 측면에서 모두 혹은 둘 중 한 측면에서 소외되었다고 느끼는 경우가 많기 때문이다(McAllister and Schmid, 2011, p. 244).

젊은 남성

불법 민병대에 가입하는 신병에게 정신병적 경향이 있다는 증거는 없지만 사람들로 하여금 이런 민병대의 일원이 되기 쉽게 만드는 일반적인 사회적·생물심리학적 과정이 있는 듯하다. 범죄를 목적으로 폭력을 저지르는 이는 압도적으로 젊은 미혼 남성이다(Buvinic and Morrison, 1999). 이는 불법 민병대에 가입하는 경우에도 마찬가지다. 폭력적 극단주의 집단에 가입하는 신병은 일반적으로 남성이며 젊다. 그들의 젠더와 그에 수반되는 생물학적 과정이 그들이 이런 집단에 참여하는 것을 용이하게 할 때가 많다. 젊은 성인의 뇌 신경회로에서 불이 켜지는 신경경로는 나이 든 성인과 다르다. 젊은이는 감정에 훨씬 많이 의존하며, 즉각적인 감각적 보상, 행동의 짜릿함, 또래와 사회적 유대를 맺으면서 느끼는 흥분을 자신들의 행동이 불러올 잠재적 결과보다 중시한다. 우리 뇌에서 감정을 담당하는 부위가 특히 젊은이에게서 잘 활성화된다(Allard and Kensinger, 2014).

게다가 젊은 남성은 테스토스테론이 넘쳐 위험을 무릅쓰고 남성성을 증명하려 하기가 쉽다(Steinberg, 2008). 이런 특성은 환경에 따라 긍정적일 수도 부정적일 수도 있다. 사회학자와 범죄학자가 주지하다시피 모든 문화권에 공통되는 현상인데 남성 연령과 범죄를 연결한 곡선이 열 살 무렵까지 평평하다가 열여덟 살쯤 정점에 달한다. 이 기간에 젊은 남성은 흔히 자신이 강하고 인기가 많다는 점을 증명하려 하며, 때로 환경이 허락하거나 기회가 주어지면 공격적이고 폭력적으로 행동하기도 한다. 용솟음치는 테스토스테론이 스스로를 증명하고픈 충동을 일으킨다. 이는 누군가에게 극도로 공격적이고 폭력적이 될 수 있다는 뜻이다. 높은 수준의 테스토스테론은 긍정적인 특성에 기여할 수도 있다. 즉, 소방관, 경찰관, 군인같이 사회적으로 용인되는 영웅적 행위에 쓰일 수 있다.

영웅이 되고 싶어서

　의미를 찾는 것은 인간이 지닌 근원적 동기이다(Kruglanski et al., 2013). 이는 청소년기에 특히 두드러진다. "의미 탐색significance quest" 모형은 사람들이 거의 보편적으로 지니고 있는, 스스로 변화를 만들고, 주목받고, 삶의 목적을 찾으려는 욕구를 보여준다. 급진주의, 즉 정치·경제·사회의 근본적 개혁을 추구하는 것은 이런 의미를 찾는 편리한 방편이 될 때가 많다. 급진주의는 젊은 남성이 개별적 정체성을 형성하고 집단 안에서 자기 자리를 찾게 할 수 있다(Dugas and Kruglanski, 2014). 영웅이 되고 싶어 벌이는 탐색은 언제나 젊은 남성이 폭력적인 수단을 사용하는 활동이나 상황, 예컨대 기독교의 십자군 원정, 스페인 내전, IRA, 마오주의Maoism, 지하드 단체 등에 참여하는 이유가 되어왔다. 싸움에 뛰어듦으로써 젊은 남성은 영웅의 지위, 순교자가 중시되는 경우라면 순교자의 지위를 빠르게 얻을 수 있다. 특히 젊은 남성이 스스로 의미를 찾으려는 욕구를 사회에서 긍정적인 방식으로 발현할 다른 기회가 적은 상황에서 그러하다. 게다가 새로운 정체성을 구축하느라 여념이 없는 젊은이에게 정의와 정치 같은 추상적 개념이 호소력을 갖기 시작한다. 부당함, 불만, 정체성 탐색 욕구의 만남은 강력한 결합으로, 극단적인 단체에서 신병을 모집하는 데 이용하기 매우 좋다(Hudson, 1999).

　스리랑카 테러조직인 타밀타이거의 대원들을 대상으로 수행한 연구에 따르면, 하찮다는 느낌, 분노, 혹은 수치가 폭력적인 행동에 가담하고 다수민족인 싱할라족에 맞서는 폭력 투쟁을 지지하는 것과 관련이 있었다(Webber et al., 2018). 신교도가 우세한 북아일랜드에서 가톨릭을 고수하며 IRA의 주요 지도자로 활약한 마틴 맥기네스Martin McGuinness는 북아일랜드가 폭압에 시달리던 시절 조국을 위해 싸운 이유를 설명하며, 그와 친구들이 런던데리Londonderry/데리Derry에서(이 도시의 시민들은 도시 이름조차 합의하지 못한다!)* 영국과 얼스터 경찰에게 탄압당한 일을 생각하면 "IRA에 가입하지 않았다면 부끄러웠을 것"이라고 말했다(Elmhirst, 2011에서 인용함).

이처럼 민병대에 가입하는 것은 젊은 남성에게 역사적 불의에 맞서고 가족을 부양하려는 책임감의 문제일 수 있다. 나이지리아의 경우, 애초에 보코하람Boko Haram**이 지역사회에 받아들여진 것은 정부에 대한 불만이 만연했기 때문이다. 보코하람은 사람들이 정부의 무능함과 공안 명목으로 공권력을 남용하는 데 느끼는 극심한 불만을 이용하여 지역사회에 수용되었다(Mercy Corps, 2016). 이처럼 상당수의 젊은 남성은 폭력이 자신과 자신의 공동체가 삶의 주도권을 되찾을 수 있는 유일한 선택이라고 생각한다. "이 젊은 남성들은 자신들이 거대한 잘못을 바로잡고 있다고 스스로를 설득한다. 그리고 다수는 자신들의 희생('순교')이 영웅적일 뿐 아니라 기사도적"이

---

* (역주) 북아일랜드에 위치한 이 도시의 명칭과 관련하여, 역사적인 이유로 아일랜드 민족주의자들은 '데리'를, 개신교 연합주의자들은 '런던데리'를 고집한다.

** (역주) 보코하람은 본래 나이지리아와 인근 국가의 가난한 무슬림들을 위한 학교이자 종교기관이었다. 이 단체는 나이지리아 북동부 빈곤 지역에 거주하는 젊은 이슬람교도 남성들의 지지를 이끌어내면서 정치적 세력으로 성장했다. 이들의 급진적 성향은 나이지리아군의 억압으로 이어졌고 설립자인 모하메드 유수프Mohammed Yusuf가 나이지리아군에 체포되어 즉결 처형 당하면서 단체는 지하화되었다.

라고 믿는다(Dickey, 2017).

　　모험이라는 생각 자체만으로도 일부 젊은 남성을 민병대에 가입하도록 유도하는 데 충분하다. 예를 들어, 테러에 내재된 위험이나 극도의 흥분은 주로 새로움을 추구하거나 충동적 성향이 강한 개인에게 매력적으로 다가올 수 있다(Victoroff, 2005). 데이비드 헤들리David Headley는 160명 이상이 사망한 2008년 인도 뭄바이 테러를 주도적으로 계획한 인물이다. 그는 율법을 준수하는 무슬림이 아니었다. 재주 좋게 여러 아내와 애인을 두었고 인도에 대한 격렬한 증오로 테러를 계획했으며 "지하디판 제임스 본드가 되어 위장할 목적으로 발리우드 스타들과 어울리며 비밀리에 2001년 9월 11일 이후 가장 극적이고 치명적인 테러 공격을 꾸미면서 즐거움"을 누린 듯 보였다(Bergen, 2016). ISIS에 동조하는 젊은이는 남성이든 여성이든 명분 있는 전쟁이 제공하는 화려한 이미지, 칼리프에 반대하는 이들을 고문하고 처형하는 이미지를 포함하는 "끝내주는 지하디" 하위문화에 영향을 받고 있다. 그들은 "죽음 숭배", "천국", "사후세계"에 매료되며, 자기 나라에서 "지루하게" 지내는 대신 시리아에 와서 싸우는 재미와 흥분을 "별점 다섯 개의 지하드"로 묘사한다(Peresin, 2015).

　　2000년, 존 맥도나John McDonagh라는 남성의 재판에서 아일랜드 법정에 제출된 증거에 따르면 그는 더블린의 한 맥도날드 점포에 죽치고 있으면서 공화주의를 표방하는 극단주의 단체 '진짜 아일랜드공화국군Óglaigh na hÉireann'의 훈련소에 입소할 신병 다섯을 모집했다. 그중 한 명인 열네 살 소년의 말에 따르면, 소년은 아일랜드

역사를 배우고 총기를 구경하고 공포탄을 쏴볼 수 있다는 말을 들었다. 모험을 즐길 수 있다는 것 외에는 이 소년이 가입할 동기가 없었다(Wilson, 2000).

불법 민병대 대원 중 특히 미국과 서유럽 출신은 일종의 정체성 위기를 겪고 있거나 집에서 얻지 못한 인정받는 느낌을 채우려 하는 경우가 많아 보인다. 부모의 문화에서 소외되고 자기가 사는 사회에 속하지 못한다고 느끼는 이들로서는 자신에게 소속감과 영웅이 될 기회를 제공하는 집단을 적극 수용하는 것이 매력적인 선택일 수 있다.

부족을 찾아서

서구의 젊은 남성이 불법 민병대에 가입하는 것을 성공하지 못한 통합의 결과로 해석하는 경우가 많지만, 이는 지나친 단순화이며 맥락을 잘 살펴야 한다. 사실은 이와 다르다. 예를 들어 프랑스의 무슬림 대부분은 일정 정도 사회에 통합되어 있다. 즉, 프랑스에서는 지하드에 관련된 무슬림보다 경찰이나 보안군으로 활동하는 무슬림이 훨씬 많다(Roy, 2017). 지하드에 참전하기 전 그들의 평소 모습을 보면, 흔히 청년 문화에 깊이 빠져 있으며 나이트클럽에 가고 여자를 꼬시고 흡연과 음주를 즐기고 야구모자 같은 여러 유행하는 복장을 착용한다. 그들은 특별히 종교적인 환경에서 살지도 않는다. 사실, 다수는 모스크에 양가적 감정을 느끼며 이따금 갈 뿐이고 전도 활동에도 잘 참여하지 않는다(Roy, 2007).

청소년기와 성인 초기는 심리나 호르몬 측면에서 혼란스러운 시기다. 청소년은 "어울리고" 소속되기를 간절히 원한다. 특히 요즘 젊은 남성은 고립감과 취약함을 크게 느끼는 듯하다. 유럽에서 급진적인 단체가 만들어지는 과정은 거의 모든 경우 동일하다. 신병 모집이 형제나 친구의 유도로 이루어지는 경우가 많다. 젊은 남성이 교도소에 수감 중 사귄 친구가 신병 가입을 부추기기도 한다(Roy, 2017).

이런 선택은 보통 어떤 집단과 명분에 더 확고하게 소속될 수 있다는 가정 아래 이루어진다. 잠재적 신병은 흔히 무의식중에 또 다른 호르몬, 옥시토신의 유혹에 반응한다. 이 책 3장에서 보았듯이 옥시토신은 소속감과 집단에 연결되어 있다는 느낌을 증대해 주며 집단에 충성하고 소속되는 데서 보상받는 느낌이 들게 하는 데 깊이 관여하고 있다. 이는 주로 남성 혈통의 유물로 보인다. 성공한 사냥이 자급자족하는 집단 구성원의 테스토스테론, 옥시토신, 코르티솔을 증가시키는 것으로 밝혀졌다(Jaeggi et al., 2015). 이런 생체물리학적 보상을 고려할 때, 청소년이 갱단에 들어가는 게 전혀 놀랍지 않다. 이들은 집단에 소속됨으로써 정체성이 강화될 수 있지만, 온갖 극단주의에 빠지기도 해서, 마치 "슈퍼 갱단"에 들어가는 것처럼 ISIL 같은 집단에 가입하기도 쉬워진다(Dearden, 2016).

집단에 소속됨으로써 얻는 보상은 특히 집단주의 성격이 강한 나라에 사는 이들에게 매력적으로 다가온다(이 책 7장 참조). 일부 아랍 국가를 포함하여 열다섯 개 국가의 수천 명을 상대로 한 조사에 따르면, 좀 더 집단적인 사고방식을 지닌 무슬림들이 좀 더 개인주의적 성향을 지닌 이들보다 미국이나 유럽인을 대상으로 한 테러 공격을 지지할 가능성이 높았다(Dugas and Kruglanski, 2014).

집단에 소속되는 과정을 통해, 개인은 극단주의 단체 내에서 친족과 유사한 관계를 형성하며, 이 단체는 그들이 집단에 소속되는 대가로 순교 같은 희생까지도 감내하게 만든다. "이런 사회적 유대가 깊어지면서 극단주의 단체와 경합하는 가치관을 지닌 집단들에서 고립되어 극단적인 신념을 강화하게 되는데, 이 경우 복종, 순응, 몰개성화, 비인간화 같은 대인관계가 형성되기 쉬워지며, 이런 것들이 복합적으로 작용하면 무고한 개인을 향해 폭력을 행사할 준비가 갖춰지게 된다."(Decety et al., 2018) 이런 조직에 의해 급진적으로 변하는 개인들은 보통 이전에 맺은 사교관계를 중단하고 새로운 집단의 가치관과 경합하는 가치관을 지닌 모든 집단에서 탈퇴한다. 새로운 집단은 보통 이들의 대리 가족이 된다. 개인이 이전에 속했고 중요하게 여겼던 공식·비공식 사회집단과 절연함으로써 경합하는 의견이나 가치를 지닌 다른 사회집단과의 연결이 점점 줄어들고 오로지 극단적인 서사만 고수하게 된다. 그 결과, 경쟁적인 아이디어에 대한 개방성도 줄어든다. "집단역학, 대인관계적 요인, 미시사회학적 요인이 상호작용하여 내집단에는 과도한 이타심을 발휘하고, 무고한 외집단 구성원에게는 폭력을 행사할 조건을 만들어낸다."(Decety et al., 2018) 이처럼 바깥 관계망으로부터 고립된 까닭에 테러집단은 구성원의 행동과 가치에 지대한 영향력을 행사한다.

이처럼 스스로를 소외시키는 과정은 집단 구성원의 공감, 즉 다른 사람의 의도, 느낌, 감정을 더 잘 이해하고 상대의 관점에서 세상을 보게 하는 감정 발휘 능력에도 영향을 미친다. 다수의 테러리스트를 다른 이들과 본질적으로 다르게 만드는 점은 선택된 신념·목표와 관련하여, 그것을 공유하지 않는 이들을 향해 공감을 "꺼버리는" 능력이다. 이는 이들로 하여금 살인을 저지르고도 회한을 느끼지 않게 할 수 있다(Nehme, 2016).

확실성의 욕구

극단주의 집단이 옥시토신의 지원을 받아 강력한 소속감을 선사하지만, 그 추종자에게 확실성, 즉 스스로 진리를 구현한다는 확신, 일부 사람들이 삶에 안정감을 얻기 위해 특별히 더 필요로 하는 확신도 제공한다. 많은 연구자들은 종결 욕구와 극단주의 간에 중대한 통계적 관련성이 있음을 밝혀냈다(이 책 4장 참조). 이 관계는 종교, 문화, 정치 등 어느 극단주의냐에 따라 다르게 표현되었을지 언정 연구 대상 지역(예: 모로코, 스페인, 필리핀, 팔레스타인, 북아일랜드, 스리랑카)과 상관없이 발견되었다(Dugas and Kruglanski, 2014).

종결 욕구는 선명한 정의定義를 바탕으로 세상을 보는 사고방식이다. 회색은 허용하지 않는다. 이념은 사람들이 바라는 세상과 없애고 싶어 하는 세상, 즉 단순화된 이상을 그려낸다. ISIL에게는 이 이념이 젊은이에게 칼리프 세상을 만들고 서구의 영향으로 타락하지 않은 새롭고 순수한 국가를 세우는 데 동참하도록 요구하는 것이다. 1943년 아일랜드의 3대 대통령 데 벌레라Eamon De Valera에게는 이 이념이 독립된 농업 국가의 네거리에서 "어여쁜 처녀"가 행복하게 춤추는 낭만적인 아일랜드를 건설하는 것이었다. 오늘날 미국민 다수에게는 이 같은 이념이 "미국을 다시 위대하게 만드는 것Make America Great Again"이다. 이런 관점은 살아가면서 자신이 동일시할 수 있는 명확한 미래상을 찾는 사람들에게 매우 매력적이다. 모호성을 제거하는 것은 불확실성을 싫어하고 신념과 관련된 종결 욕구가 큰 이들에게 특히 환영받는다. 극단주의 견해는 보통 이처럼 단순화된 생각, 신념, 세계관을 흔들림 없이 고수하게 만든다(Bronner, 2016, p. 858; Horgan, 2014). 그들에게 옳고 그름은 모호하지 않고, 그들의 이념은 선과 악의 균형을 바로잡을 수단으로 폭력을 사용할 근거를 제공한다.

기억은 이처럼 단순함을 추구하는 도중에 곧잘 말살된다. 책을 불태우고 자신의 신념과 다른 신념을 나타내는 조각상과 건물을 파괴한다. 탈레반이 파괴한 바미안 석불, 성경의 특정 번역본 폐기, 모스크를 불태우는 것이 그 예다. 로이(Roy, 2017)가 언급한 것처럼 "과거와 단절하고 새롭게 시작하는 것"이 마오쩌둥의 홍위병, 크메르루주, ISIS 전사들의 공통된 목표이다. 어느 영국인 지하디스트는 신병 모집 안내문에 이렇게 썼다.

우리가 런던, 파리, 워싱턴의 거리를 덮칠 때 …… 우리는 너희 피를 뿌리는 데 그치지 않을 것이다. 너희 조각상을 파괴하고 너희 역사를 지우고 말 것이다. 그리고 너희가 가장 고통스럽도록 너희 아이들을 개종할 것

이다. 그러면 너희 아이들은 우리 이름을 위해 싸우며 조상을 저주할 것이다.(Roy, 2017)

이런 단순한 접근법, 이런 사회적 순수성은 대부분의 사람에게 필요하지 않다. 사람들은 보통 이해관계에 따라 자신의 도덕적 가치를 타협하거나 우회적으로 표현한다. 상충하는 신념을 동시에 갖기도 한다. 불일치와 애매모호함을 견뎌내려면 정신적 유연성(즉, 모순된 견해 사이를 오가는 능력)이 필요하다. 그러나 혼란스럽고 위협적인 상황에서 확실성을 갈망하는 이들이 이런 유연성을 갖추기는 어렵다.

현재 세계 상황이 다수에게 바로 이런 정신적 유연성을 요하는 상황이라고 할 수 있다. 정치질서가 무너지면서 전례 없이 이주가 급증하여 수백만이 살던 곳을 떠나야 했기 때문이다. 이 모든 불확실성 가운데 근본주의 이념을 채택하는 것이 확실성을 향한 갈망을 충족하는 데 도움이 될 수 있다.

흥미롭게도, 한 연구에 따르면 국민 대다수가 무슬림인 나라의 지하디스트 민병대는 엔지니어의 비율이 높다. 사우디아라비아는 예외인데, 이곳에서는 엔지니어링 기술이 대접받으며, 엔지니어가 제대로 된 일자리를 찾지 못하는 경우가 거의 없다(Gambetta and Hertog, 2016). 이 연구의 저자는 민병대에서 엔지니어 비율이 높은 이유 두 가지를 제시한다. 즉, 충족되지 못한 직업적 기대와 성격유형이다. 성격유형에는 내부자와 외부자 사이에 엄격한 경계를 그으려는 바람과 인지적 종결 욕구가 포함된다. 또한 저자는 조사자료를 근거로 이런 특성이 엔지니어는 강하고 인문학과 사회과학 전공자는 약하다고 주장한다.

성적性的 보상

중동 지역 불법 민병대의 신병 모집에서 중요하지만 자주 간과되는 요인이 남성을 끌어들이는 수단으로 성적 보상을 이용하는 것이다. 자칭 ISIS의 칼리프였던 아부 바크르 알바그다디Abu Bakr al-Baghdadi는 결혼을 원하는 ISIL의 모든 대원에게 주택과 1,200달러를 포함한 결혼보조금을 지급하라고 명령했다. ISIL 전사 중 결혼을 원하는 미혼자가 너무 많아서 당국은 시리아와 이라크에 거주하는 전사와 결혼을 원하는 여성을 위해 "결혼상담소"를 열었다. 이런 제공 수단은 테스토스테론이 넘치는 젊은 남성에게 무척 매력적이다. 이들 중 다수는 혼전 성관계가 금지된 사회나 공동체에서 살아왔으며 평범한 결혼생활을 영위할 만큼 돈을 벌 방법이 마땅치 않은 이들이었다. 이들이 전투에 참가함으로써 얻을 수 있는 성적 보상은 두 배가 된다. 현재의 성적 파트너를 제공함과 동시에, 전투나 자살 공격에서 사망하면 순교자의 지위를 얻는다고 약속하는 것이다. 순교자의 궁극적 보상은 낙원에 입장하여 예쁜 숫처녀와 결혼하는 것이다.

이처럼 ISIS는 성적 보상을 전략적으로 활용함으로써 집단 전체가 잘 기름칠한 기계처럼 작동하게 했다.

젊고, 곧잘 성적 욕구불만에 시달리는 남자들이 용기에 대한 보상으로 성적인 샹그릴라를 약속받는다. 그 내용은 이렇다. 너희와 결혼하기를 열망하는 신부들이 있다, 비신자를 강간하는 것은 정당화된다, (ISIL의 중개를 통해) 성노예를 구매할 수 있고, 파트와fatwas*가 공표되어 여성들이 민병대와 결혼하도록 강제하는 "성적인 지하드"가 선포된다.(Kruglanski, Bélanger and Gunaratna, 2019, p. 54)

여성의 불법 민병대 가담

여성이 폭력적인 극단주의에 참여하는 것은 새롭지 않다. 연구에서 추산하기로 현재 극단주의 단체의 구성원 중 여성이 평균 10~15퍼센트에 이른다(Lunz and Dier, 2019). 지난 수십 년간 출현한 무장반군 중 여성이 적극적인 참여자인 경우는 60퍼센트였다. 1950년대 알제리에서 여성들이 도시에 폭탄을 설치했다. 1970년대와 1980년대에는 많은 여성이 중남미 해방운동과 유럽 테러조직에서 중요한 역할을 했다. 1983년 타밀타이거는 전투 훈련을 받은 여성들로 구성된 특수부대를 창설했다. 추정치라 변동이 있지만, 여성이 핵심 전력의 15~33퍼센트까지 차지한 것으로 여겨진다. 콜롬비아에서는 여성이 콜롬비아무장혁명군의 거의 40퍼센트에 이른다. 시리아 내 쿠르드족 저항세력은 반드시 전사 중에 여성을 포함한다.

---

*   (역주) 무슬림이 궁금히 여기는 사안이 이슬람 율법에 저촉되는지에 관하여 이슬람 법학자들이 내놓는 견해.

이들은 여성으로만 구성된 부대인 YPJ에 2만 명이 넘는 대원이 있다고 주장한다. 페루의 좌익 반군인 빛나는 길Sendero Luminoso, 북아일랜드, 터키의 쿠르드노동당PKK, 필리핀의 아부사야프에서(Agara, 2015, p. 116; Banks, 2019), 또한 파키스탄, 인도, 스리랑카, 체첸, 아프가니스탄, 팔레스타인, 시리아, 이라크, 예멘, 케냐에서 벌어지는 반란과 봉기와 관련된 테러 행위에서(Gentry and Sjoberg, 2016, p. 149; Weinberg and Eubank, 2011, pp. 23-25) 여성들이 폭력적 극단주의자로 활동하고 있다. 나이지리아에서는 보코하람의 여성 대원이 2014년에서 2018년 사이 1,200명 이상의 목숨을 뺏는 과정에서 뛰어난 능력을 발휘한 까닭에 이제 여성이 보코하람 자살공격대의 약 3분의 2를 차지한다("Why Boko Haram Uses Female Suicide-Bombers", 2017).

유럽의 경우, 2016년 테러 혐의로 체포된 이의 26퍼센트가 여성이었다. 전년도에 비해 18퍼센트 증가한 수치다(Bigio and Turkington, 2019). ISIS에 가입한 서구 출신 여성은, 전부는 아니지만 대부분 무슬림이다. ISIS 전체 서구 출신 전사의 10퍼센트에 달하는 것으로 추정된다(Sherwood et al., 2014). 테러 관련 범죄에 연루된 여성 수가 증가하고 있다. 2017년 세계 극단주의 동향 보고서Global Extremism Monitor에는 여성 민병대원 181명이 감행한 100건의 개별적인 자살 공격이 기재되었다. 그해 일어난 모든 자살 공격의 11퍼센트에 이르는 수치였다(Tony Blair Institute for Global Change, 2018).

왜 여성이 가입하는가

　　일부 여성은 자발적으로 집단에 가입해 적극적인 대원이 된 것이 아니다. 예를 들어 나이지리아의 경우, 보코하람은 납치한 여성 상당수를 자살폭탄테러범으로 활용한다. 이들에게는 그 역할을 받아들일지 말지 선택의 여지가 없다("Why Boko Haram Uses Female Suicide- Bombers", 2017). 나머지는 다양한 이유로, 예컨대 부당함을 바로잡으려고, 여성의 힘을 키우려고, 혹은 흥분과 로맨스를 찾아 이런 집단에 자발적으로 가입한다. 타밀타이거의 여성들은 대부분 힌두교도가 싱할라족 정부 아래서 받는 부당한 처우 때문에 가입했다고 말했다. 어떤 이들은 가족이 적의 전투원에게 살해당해 복수하려고 가입했다. 또 어떤 이들은 인도 평화유지군이 저지른 강간 때문에 가입했다고 말했다(Press Trust of India, 2014). 또 어떤 이에게는 타밀타이거에 가입한 것이 처음 맛본 자유였다. 또한 전통적으로 남성의 역할이었던 일을 떠맡음으로써 평등을 주장할 수 있는 기회로 여겼다(Alison, 2003). 많은 쿠르드족 여성에게 전사가 되려고 자원하는 것은 여성의 권리를 위한 싸움이기도 했다. 이들이 IS와 벌이는 전쟁은 가부장제에 맞서는 싸움이었다(Lazarus, 2019).

　　많은 이슬람 사회가 여성 군인 활용을 적극 반대했으나 남성이 자신의 명분을 이루는 데 여성이 얼마나 유용한지 알고 나서 바뀌었다. 2001년 8월 사우디의 최고 종교기구는 여성이 지하드의 이름으로 테러 공격에 참여하는 것을 공식적으로 재가했다(Davis, 2006). 뒤이어 하마스의 영적 지도자 셰이크 야신Sheikh Yassin이 여성을 자살폭탄공격자로 내세우는 것을 용인했고 장려책이 제시되었다. 예를 들어, 기혼여성은 헌신에 대한 보상으로 낙원에서 남편과 재회하게 될 것이며, 미혼여성이 살아 돌아오면 하마스 대원과 결혼을 주선해주겠다는 식이다(Banks, 2019; Margolin, 2016, pp. 919-920). 요즘에는 여성이 지하드 전쟁에 자원하는 데 거의 제한이 없다.

서구 여성의 경우 ISIS/ISIL 남녀 알선책이 주도면밀하게 게시한 인터넷 광고에 넘어간다. 이 광고는 서구 여성이 "자매애"를 누리고픈 욕망, 건국을 위해 애쓰는 ISIS의 일부가 되고자 하는 욕망, "더 크고 신성한" 무언가의 일부가 되고 싶다는 욕망에 호소한다(Grierson, 2019). 다수는 자신들을 보살피고 보호해주리라 여겨지는 강하고 영웅적이고 독실한 남자와 새 삶을 시작할 수 있다는 꾐에 넘어간다. "그건 망상이며, 영화 같은 얘기다."(Paton Walsh et al., 2017) ISIS의 여성 신병은 최고급 가전제품을 갖춘 공짜 집도 약속받는다. 재정적으로 안전하다는 점과 삶에서 아무것도 놓치지 않을 것이라는 확신을 주기 위해 ISIS가 모든 경비를 지불해준다.

일부 여성에게는 그 결과가 실제로 "제대로 된" 연애와 이슬람 율법에 따른 결혼으로 이어지기도 한다. 이들은 기꺼이 남편, 아이와 중동에 남는다. 그러나 다음 세대 지하드 전사를 확보하려는 강제 수정과 임신이 공식적인 지지를 받는 일도 흔하다. 게다가 "성전聖戰 신부"는 흔히 차례대로 돌아가며 민병대원과 성관계를 맺도록 요구받는다. 이슬람 종교법에 합법적으로 명시된 '임시 결혼'이라는 개념 때문에 이 문제에 대한 발언권도 없다. 만일 그 서구 여성이 금발이라면 성적 인신매매의 대상이 되어 사우디아라비아, 브루

나이, 혹은 페르시아만 인접 국가의 하렘에 팔려 간다(McFadyen and Pallenberg, 2016). 이런 관행은 오랫동안 온갖 부류의 남성 민병대를 끌어들이는 힘이었다. 바이킹의 관행에서 비롯된 "강간하고 약탈할" 자유는 일본, 세르비아, 파키스탄, 페루, 보스니아, 르완다, 콩고, 이라크 등지의 기록에서 증명되듯이, 불행히도 많은 전쟁에서 있어왔다(Benedict, 2008). 강간은 매우 보수적인 까닭에 가벼운 성관계가 금기시되고 데이트가 금지된 무슬림 사회의 남성을 유혹하기 위한 모집 도구로 확실히 자리 잡았다(Callimachi, 2015).

비정부 무장단체와 관계를 맺게 된 서구 여성의 배경은 다양하다. 학력에 국한한다면, 여성 전사들이 적어도 집단 바깥의 또래만큼 교육받았다는 데 대부분의 학자들이 동의한다(Eggert, 2018). 이들 여성 상당수는 자신들이 다른 무슬림을 향한 인도주의적 임무에 참여하고 있다고 믿는다. 그리고 ISIS의 모집책은 이런 믿음을 이용해 이 여성들이 좀 더 적절한 환경에서 종교생활을 하고픈 열망을 품도록 부추긴다(Peresin, 2015). 또 다른 여성에게는 이것이 스스로를 증명할 기회다. ISIL의 영어판과 프랑스어판 선전물은 힘 있는 여성이라는 메시지를 전달하려 했다. 특별히 서구 여성을 표적으로 하는 이 선전물은 이들이 분쟁지대로 오도록 유인한다.

결론

젊은 남성, 또 점점 더 많은 젊은 여성이 폭력적 극단주의에 몸담는 것은 이 시기 특유의 호르몬 경향에, 특별한 유전적 구성과 (자국이든 타국이든) 부당하거나 상대를 배제하는 환경이 가세하여 만든 '퍼펙트 스톰'의 결과일 때가 많다. 동기는 제각각이다. 예를 들어 이런 민병대에 가입하는 것이 어떤 분쟁상황에서는, 특히 젊은 남성에게는 물질적 또는 심리적 생존의 필수 요소인 경우가 많다. 한편 서구의 경우, 이상주의 성향이나 책임감을 발휘하지 못하던 이들이 형제애(자매애도 점점 늘고 있다)와 의미를 제공하는 활동에 몸 담게 된다. 이들은 근본주의적이고 폭력적인 명분을 달성하기 위해 신병을 모집하는 세력이 노리는 쉬운 표적이다. 주목할 점은, 자국의 경우든 타국의 경우든 정치적·사회적 정체성의 불평등이 존재하는 상황은 마치 화약고와 같아서, 불평등을 해결하기 위해 폭력적인 방법을 제시하는 지도자가 언제든 폭발시킬 수 있다는 것이다(이 책 6장 참조).

6장
지도자를 따라서

대통령이라면 허세도 좀 있어야죠. ...... 체격도 좋고
목소리도 크고, 강하고 힘이 넘치는 사람이면 좋겠어요.
—빅토리아 윌렌(Victoria Wilen, "Election 2016"에서 인용)

전쟁은 주된 정치 수단으로
고집스러운 지도자의 수중에 여전히 남아 있다.
—뉴욕 카네기재단(Carnegie Corporation of New York, 1997)

들어가며

• 미국인 제임스 워런 존스는 사이비종교의 교주로 가이아
나에 존스타운이라는 공동체를 세웠다. 그의 지시로 공동체 일원
918명이 자살했다. 그들의 자녀 304명에게 청산가리를 탄 음료를
먼저 먹여 살해한 뒤였다.

• 캄보디아의 급진적 좌익 무장단체 크메르루주의 지도자
폴 포트는 120만에서 280만 명에 이르는 자국민을 학살했다.

• 이오시프 스탈린은 100만이 넘는 이의 처형을 지시했으며
수백만 명을 강제수용소 '굴라크'에 보내 노예처럼 일하다 죽게 만

들었다.

　• 아돌프 히틀러 정권 아래서 600만이 넘는 유대인과 1,100만 명에 이르는 다른 민족이 고문과 살해를 당했다.

　어떻게 그렇게 많은, 겉보기에 평범하고 괜찮은 사람들이 그것도 자발적으로, 잔인하고 포악한 지도자를 지지할 수 있었고, 있는 걸까?

　지도자의 자질은 전쟁을 일으킬 때에도 평화를 구축할 때에도 모두 매우 중요하다. 갈등은 지도자의 성향과 기량에 따라 정치, 법, 사회적·경제적 발전과정을 통해 해결될 수도 더 폭력적으로 진행될 수도 있다(Horowitz, Stam and Ellis, 2016). 불행히도 집단은 평화보다 전쟁을 획책하는 지도자를 고르기가 훨씬 쉬워 보인다. 전쟁을 추구하는 지도자와 분열을 조장하는 정치인은 널려 있다. 그러나 평화를 추구하는 지도자와 포용적인 정치인, 즉 자기 집단에 신뢰받으면서도 정체성의 경계를 넘나들며 다양한 집단을 연결하는 능력이 있어 평화로운 사회를 유지하거나 평화가 정착될 때까지 능숙하게 이끌어갈 수 있는 지도자는 찾아보기 힘들다(Peake and Fitzduff, 2004). 왜일까?

우리의 지도자 고르기

　지도자를 선택하고 따르는 것은 인간 사회의 일부로, 우리는 이를 통해 집단, 사회, 국가를 조직한다. 이는 때로 좋은 방향으로 이뤄지기도 하고 때로는 나쁜 방향으로 이뤄지기도 한다. 우리가 지도자를 선택하는 방식은, 선조들의 삶에서 유용했던 특성과 오늘날 사회적·세계적인 요구에 맞는 특성이 서로 다른 까닭에 자주 부조화가 발생한다. 우리는 유전적 요인에서 비롯한 감정적 경향 때문에 어떤 한 사람이 지도자로서 적합한지에 관해 그들의 실제 기량을 깊이 생각하지 않고 흔히 자동적으로 판단한다(Shondrick and Lord, 2010). 우리가 지도자를 선택하는 것은 이성적이기보다 본능적일 때가 많으며, 우리의 사회관계망뿐 아니라 유전, 뇌구조, 또 아드레날린, 노르에피네프린, 코르티솔같이 우리가 지도자, 특히 불확실성이나 두려움을 전파하는 지도자가 보내는 메시지에 어떤 반응을 보일지 결정하는 호르몬의 영향을 받는 듯 보인다.

아주 어릴 적부터 우리에게는 누가 좋은 지도자가 될 것인지 판단하는 본능적인 감각이 있다. 이는 성숙한 이성이 작동하기 훨씬 전의 일이다. 한 연구에 따르면 다섯 살만 되어도 어느 후보가 선거에서 이길 것인지 얼굴 사진만 보고 고를 수 있다(Antonakis and Dalgas, 2009). 성인인 우리 대다수는 어떤 사람이 지도자로서 능력이 있는지 보통 비非의식적 과정과, 우리 결정을 돕는 비언어적이고 검토되지 않은 단서를 이용해 순식간에 추론해낸다(Tskhay, Zoo and Rule, 2014).

왜 특정 후보를 더 좋아하는지 이유를 물으면, 사람들은 불명확하고 비논리적으로 들리는 답변으로 자신의 선택을 정당화하는 경우가 많다. 이처럼 우리가 지도자를 선택할 때 감정이 우위를 차지하는 것은 위기, 갈등, 불확실한 상황처럼 "심리적으로 취약한 상황"에서 특히 두드러진다(Mischel, 1973). 이 모든 요인은 대부분의 갈등 상황과 오늘날 세계에 내재되어 있다. 이 연구에 따르면 사람들이 리더십에 관해 암묵적으로 지니는 의견은 이들이 불안하고 불안정하다고 느낄 때 좀 더 강력한 지도자를 선호하는 쪽으로 바뀐다. 즉, 우리가 테러 공격이나 이민자 유입으로 다른 나라로부터 위협을 받고 있다는 얘기를 들을 때, 어떤 지도자는 우리의 편도체가 느끼는 두려움을 이용한다. 이는 오늘날 복잡하고 급변하는 상황에 필요한 지도자를 이성적으로 고르는 데 필요한 피질 사고를 자주 압도하고 만다. 독재적 지도자는 지지를 확보하기 위해 불확실성을 주입하기만 하면 된다. 몇몇 연구에 따르면 뇌 안의 변연계는 불확실성을 실제 위협보다 훨씬 더 위협적이고 위험한 것으로 처리할 수 있다(Rock, 2016). 그 결과, **두려움이 곧잘 우리 대신 우리의 지도자를 선택한다.**

그렇다면 특정 지도자를 뽑으려는 우리의 본능이 왜 그토록 강력한 것일까? 리더십을 감지하는 능력이 우리 역사에서 생존 메커니즘으로 발달했을 것이라는 주장이 있다. 인간은 주로 집단생활을 하는 종으로 진화했으므로(Dunbar, 2004) 지도자를 선택하고 따르는 과정이 다양한 도전 과제를 해결함으로써 집단의 성공적인 생존을 보장할 수 있도록 특별히 설계되었기 때문이다. 지도자에게 요구되는 자질은 장기적인 환경요인, 특히 식량 조달에 대응하여 진화한 것으로 보인다(Wrangham and Peterson, 1996). 이런 환경적 요인은 우리 뇌와 몸에 깊이 새겨져 우리의 의식적 통제 바깥에서 자동적인 반응을 작동시킨다(Jost et al., 2014). 이처럼 지도자 선택과 관련된 많은 요인은 생물학적 기반을 두고 있으며 수만 년 전 우리의 생존과 안전을 위해 생겨난 위계구조의 일부로서 우리 정신에 오래도록 프로그램이 짜여 있었다(Fowler and Schreiber, 2008).

로버트 로드와 동료들(Lord, Foti and De Vader, 1984; Lord and Maher, 1991)은 지도자를 선택하는 이런 방식을 설명하기 위해 '암묵적 리더십 이론implicit leadership theory'이라는 개념을 도입했다. 암묵적 리더십 이론은 집단 구성원이 지도자가 이러저러한 개성, 품성, 자질을 지녔으리라고 암묵적으로 기대하고 가정한다고 설명한다. 많은 연구에 따르면, 우리가 지도자를 선택할 때 그 사람의 얼굴과 몸의 외양과 몸짓이 매우 중요한 요소로 작용한다. 사람들은 연설 중 지도자의 몸짓언어에서 품성을 유추한다. 연설 내용을 반드시 같이 고려하지는 않는다(Koppensteiner and Grammer, 2010; Stewart, Waller and Schubert, 2009). 이런 이론은 왜 오늘날에도 지도자로서 적합한지 아닌지가 그 얼굴 표정이 내비치는 단서(예컨대 지배력과 능숙함)와 추종자의 욕구가 일치하는지로 좌우되는지를 설명한다(Van Vugt and Grabo, 2015).

우리가 지도자를 선택하는 주된 기준은 흔히 '힘이 있어 보이는 것'이다. 키는 힘의 지표로 간주된다(Van Vugt, Hogan and Kaiser, 2008). 입 크기(Re and Rule, 2016), 저음(Klofstad, Anderson and Nowicki, 2015)도 마찬가지다. 비언어적 몸짓언어 신호(Reh, Van Quaquebeke and Giessner, 2017)와 함께 체력 수준과 건강 같은 일반적인 신체 지표 역시 대부분 리더십과 연관 지어진다(Spisak et al., 2014). 대통령 후보 토론 중에는 후보의 메시지보다 얼굴 표정과 몸짓을 통해 추종자의 반응을 더 잘 예측할 수 있다. 그리고 이런 얼굴 표정은 시청자의 감정상태를 바꿀 수 있다(Bucy, 2000; Shah, Hanna and Bucy, 2015). 이런 몸짓 신호의 존재(혹은 부재)를 바탕으로 연구자들은 이제 이른바 선거공약과 무관하게 선거에서 누가 이기는지 설명할 수 있고, 심지어는 예측하고 (어느 정도는) 제어도 할 수 있다(Dumitrescu, Gidengil and Stolle, 2015).

사람들은 강하고 단호하다고 인식되는 인물을 따르는 경향이 있다. 전쟁의 위협을 받거나(McCann, 1992) 위기를 경험할 때(Pillai, 1996) 더욱 그러하다. 예를 들어 나라에 전쟁이 났다고 가정하고 사람들에게 대통령을 뽑도록 요청했을 때, 더 많은 사람이 더 남자다운 얼굴로 인식되는 후보에게 투표했다(Laustsen and Petersen, 2015). 그러나 평화로운 시기에는 좀 더 신뢰감이 드는 얼굴의 지도자를 선호한다(Little et al., 2012). 덧붙이자면, 전통적으로 더 안정된 사회에서는 나이 들어 보이는 지도자를 선호하며, 새로운 도전 과제에 직면했을 때는 젊어 보이는 지도자를 선호한다(Van Vugt and Grabo, 2015).

연구자들은 유권자들이 목소리가 저음인 연사를 매력, 지도자로서의 잠재력, 정직성, 지성, 지배력 면에서 더 높이 평가한다는 점을 발견했다(Tigue et al., 2011). 따라서 연구자들은 여성 정치인이 선거운동에서 목소리를 더 낮게 낼 수 있는 법을 배운다면 성공할 가능성이 더 높아진다고 주장한다.

호르몬 수치를 조절하는 신경내분비계(예: 테스토스테론, 코르티솔, 옥시토신)도 사람들이 인식하는 좋은 지도자로 만드는 데 영향을 미친다. 이런 호르몬은 사람의 마음을 읽는 능력, 지배력, 회복력, 불안의 수준 같은 강하거나 약한 지도력과 관련된 품성의 상당 부분을 책임지고 있다(Davis and Mehta, 2015). 또 다른 요인을 보면, 여성이 지도자가 되려면 남성보다 더 험난한 산을 넘어야 함을 예측할 수 있다. 연구 결과에 따르면, 매우 성공적인 지도자들은 테스토스테론 수치가 높은데, 이는 경쟁적 행동과 지위에 대한 민감성과 관련 있다. 강한 압박감을 주는 상황에서는 코르티솔 수치가 올라 불안이 증폭되는데, 그렇게 되면 지도자로서의 기량이 감소할 수 있다. 그러나 성공적인 지도자들은 코르티솔 수치가 낮아 이런 상황에 더 잘 적응할 수 있다(Adams, 2015; Davis and Mehta, 2015).

이런 본능적인 선택은 지도자로 선출되어 실제 역할을 수행할 때도 지속될 때가 많다. 지도자를 선택하고 나면 추종자들은 비인지적 이유로 "나쁜 지도자"를 참는 듯 보인다. 그들이 단순히 "키 크고 가무잡잡하며 잘생겼다"는 이유로 그렇게 할 때도 많다(Bridge-man, 2003, p. 84).

지도자들이 일단 권력을 잡으면 권력에 중독되기가 쉽다. 권력이 주는 화학적 보상에 주로 관련된 신경화학물질은 도파민, 즉 쾌락을 불러일으키는 화학 전달물질이다. 권력은 뇌 안의 도파민 보상회로를 활성화하여 중독적인 "도취감"을 자아내는 까닭에 많은 권력자가 권력을 유지하려 한다. "권력이 회수되면, 중독성이 높은 다른 모든 물질과 마찬가지로 세포 수준에서 갈망이 솟아나므로 그 것을 포기하지 않으려 강하게 행동으로 반발하게 된다."(Al-Rodham, 2014) 이런 이유로 민주적이라는 국가에서조차 많은 지도자들이 사임을 꺼린다.

흥미롭게도, 유전형질이 지도자의 품성에 압도적으로 큰 영향을 미치지는 않는 듯 보인다. 아비 등(Arvey et al., 2006)이 쌍둥이를 대상으로 방대한 연구를 수행했는데, 지도자의 리더십에서 나타나는 차이 중 30퍼센트만 유전자가 원인이었고, 나머지 차이는 비공유(또는 비공통) 환경요인으로 설명할 수 있었다. 드네브 등은 쌍둥이 연구를 이용해 지도자 역할의 유전 가능성을 24퍼센트로 추산했다. 이 결과는, 한 개인이 지도자 자리를 차지할 수 있는지를 결정하는 것은 유전과 환경적 영향의 복합적 산물임을 보여준다. 한 예로 rs4950이라는 유전자형의 특별한 역할을 들 수 있는데, 이 유전자형은 리더십 능력을 다음 세대로 전달하는 것과 관련 있는 듯 보인다 (De Neve et al., 2013).

"독성toxic" 지도자란 집단이나 조직을 자신이 처음 맡았을 때보다 나쁜 상태로 만들고 떠남으로써 지도자-추종자 관계를 망가뜨리는 이다(Whicker, 1996). 이런 독성 지도자가 성공하려면 번성할 수 있는 환경이 필요하다. 얍(Yapp, 2016)은 독성 지도자가 등장하기 좋은 환경으로 네 가지 요소, 즉 불안정성, 인지된 위협, 미심쩍은 가치와 기준, 관리체제의 부재를 꼽는다. 독성 지도자는 이런 종류의 환경을 이용하고, 또 만들어내려 할 것이다. 파디야, 호건, 카이저 (Padilla, Hogan and Kaiser, 2007)는 파괴적인 지도자, 이를 용인하는 추종자, 파괴적인 리더십이 싹트기 쉬운 환경이 그리는 "독성의 삼각형"을 제시했다. 카리스마가 넘치고 자기중심적인 지도자는 "자기확신이 부족하거나 지도자의 야심과 이기심에 동조하는 추종자들이 있을 때 가장 큰 장악력을 발휘한다. 이들은 특히 불안정성이 심화되고 개인주의가 팽배하며 잘못된 일에 책임을 묻지 않는 구조에서 이런 지도자에게 취약하다."(Rock, 2016) 예를 들어 로렌스 리스 Laurence Rees(Romano, 2013에 인용됨)는 사람들이 히틀러의 카리스마에 굴복하기까지 "제1차 세계대전과 베르사유조약이 가져온 굶주림과 굴욕, 실업, 민주주의에 느낀 배신감, 다른 누군가에게 책임을 전가하고 싶은 열망이 크게 작용했다"라고 주장한다.

히틀러의 카리스마 넘치는 설득력은 청중과 감정적으로 연결될 수 있는 능력과도 깊은 관련이 있었다. 로마노(Romano, 2013)에 따르면, 히틀러의 증오는 "이처럼 마구 표출되어 통제 불능인 격렬한 감정에 뿌리를 두고 있었다. 사건을 감정적으로 느끼고 그 감정을 다른 사람에게 보여줄 수 있는 능력은 히틀러의 카리스마 넘치는 호소에서 매우 중요한 부분이었다." 또 다른 관찰자는 히틀러의 설득력이 감정을 전략적으로 표현할 수 있는 능력에서 왔다고 회고했다. 히틀러는 마치 "가슴을 열어젖혀 보이듯이 감정을 토로했고", 이런 감정은 추종자를 움직여 끝내 그들은 "비판적으로 생각하기를 멈추고 단지 감정만을 드러내게 되었다."(Grant, 2014) 어떤 지도자가 한껏 감정적이어서 열기를 불어넣는 연설을 하면, 청중은 메시지를 꼼꼼히 따져보거나 내용을 기억할 가능성이 낮아진다.

흥미롭게도, 감정적인 몸짓언어의 중요성을 히틀러는 일찌감치 간파했고 그것을 공부하는 데 몇 년을 썼다. 역사학자 로저 무어하우스Roger Moorhouse에 따르면(Grant, 2014에서 인용), 히틀러는 손동작을 연습하고 몸동작의 이미지를 분석함으로써 "마음을 완전히 사로잡는 대중 연설가"가 되었다. 그 자신의 감정과 우리의 감정에 어떤 힘이 있는지 통달한 지도자는 우리에게서 깊이 생각할 수 있는 능력을 앗아갈 수 있다. 볼칸(Volkan, 2004)에 따르면, 분열을 조장하는 지도자는 선택된 트라우마(이 책 3장 참조)가 집단 안에서 발휘하는 영향력을 곧잘 활용한다. 이들은 자신의 힘과 이상을 확고히 하려고 집단기억, 감정, 편견을 다시 깨우고 강조하려 든다. 조종에 능한 지도자는 이런 기억을 소환함으로써, 사람들을 감정적으로 격동시켜 민족주의, 부족주의, 자기 민족 중심주의라는 이상을 열렬히 수용하게 만들 수 있다.

이런 힘을 발휘한 이가 세르비아 지도자 슬로보단 밀로셰비치Slobodan Milošević였다. 세르비아 공산당 당수로 대단치 않은 인물이었던 그는 1987년 정치적 입지를 다지려고 알바니아계가 코소보에서 누리는 자유를 문제 삼고 나섰다. 코소보는 역사적·전통적으로 세르비아의 심장부였으나 외세에 빼앗긴 뒤 세르비아인의 집단기억에 트라우마로 남은 곳으로, 당시 인구의 90퍼센트가 알바니아인이었다. 이런 이유로 세르비아계와 알바니아계 간의 긴장이 높아지던 중, 밀로셰비치가 연설을 위해 코소보를 방문했고, 시위 도중 경찰에게 맞았다고 호소하는 세르비아인을 만나자 "누구도 여러분을 때리게 두지 않겠다"라고 선언했다. 이 발언은 나라 전체를 뒤흔들었다(Crawshaw, 1998). 그런 그의 리더십 때문에 10만 명에 가까운 사람들이 목숨을 잃었다. 여기에는 1995년 7월에 스레브레니차라는 마을에서 세르비아계 민병대가 보스니아계 남성과 소년 8,000명을 살해한 사건도 포함되며, 이는 홀로코스트 이후 유럽에서 벌어진 최대의 학살이었다.

따르는 자의 심리

좋은 지도자든 나쁜 지도자든, 왜 사람들은 그렇게 쉽게 따르는 걸까? 위계질서는 인간집단 안에서 자발적으로 형성되며 인간은 지도자를 따르고(Van Vugt et al., 2008) 일탈을 처벌하려는(O'Gorman, Henrich and Van Vugt, 2008) 내재적 편향이 있는 것으로 보인다. 복종에 관한 연구는 우리가 타인에게 해를 입히기가 얼마나 쉬운지를 보여준다. 한 악명 높은 실험에 따르면, 밀그램(Milgram, 1963)이 피험자에게 점점 강도를 높여가며 상대에게 신체적 해를 입히도록 지시했을 때, 피험자는 그것이 상대에게 상당한 고통을 줄 것으로 보였을 때도 밀그램에게 복종했다.

낮은 자존감, 자신의 삶을 통제할 수 있다고 믿는 정도를 나타내는 '통제소재統制所在 locus of control', 자기효능감은 파괴적인 리더십(예: Luthans, Peterson and Ibrayeva, 1998)에 대한 취약성과 연결된다. 자존감이 낮은 개인은 흔히 좀 더 멋진 다른 누군가가 되기를 바라며, 이 때문에 스스로를 카리스마 있는 지도자와 동일시하게 된다(Hoffer, 1951; Shamir, Arthur and House, 1994). 추종자들이 스스로 핵심적인 부분이라고 판단하는 자아개념과 지도자를 연결할 때 이들 사이에 감정적 애착이 형성된다(Lord and Brown, 2003). 지도자가 추종자의 자아개념에 가까울수록 유대가 강력해지고 따르려는 동기도 확고해진다(Belasen, 2015, p. 187). 지도자의 목표 및 추종자의 자아개념과 일치하게 행동하는 것은 자존감과 자기효능감을 높인다(Shamir, House and Arthur, 1993; Weierter, 1997). 파괴적인 지도자의 세계관과 유사한 세계관을 지닌 추종자는 지도자의 대의에 더 쉽게 동참한다(Raffy, 2004). 추종자의 가치관도 관련 있다. 즉, 탐욕과 이기심 같은 사회화되지 않은 가치에 찬성하는 개인들은 파괴적인 지도자를 따르고 파괴적인 행동에 동참하기가 더 쉽다(Hogan, 2006). 사회화는 덜 되었는데 야심이 큰 추종자가 파괴적인 행동에 나설 가능성이 더 높다. 지도자가 이를 허용하거나 부추긴다면 더 그렇다(McClelland, 1975).

나쁜 지도자가 권력을 잡도록 추종자들이 소극적으로 허용하는 경우가 많다. 추종자의 충족되지 않은 욕구가 그를 이런 지도자에게 취약하게 만들기 때문이다. 추종자는 자신의 욕구와 일치하는 과업에서 발전하기를 바라므로 이런 지도자를 지지한다(Padilla et al., 2007). '전이'란 과거의 특정인과 관련하여 사람에게 갖는 느낌, 바람, 기대가 다른 사람에게로 향하고 적용되는 상황으로, 흔히 사람들을 지도자에게 묶어주는 감정적 접착제이다. 전이는 지도자를 실제보다 더 똑똑하고 카리스마 있는 인물로 보이게 한다. 추종자는 지도자를 일단 믿고 보며 그의 요청에 따라 평소보다 더 많은 위험을 감수하는 경향이 있다(Maccoby, 2004). 흥미롭게도 사람들은 알려진 정보가 거의 없는 지도자에게 가장 크게 휘둘린다. 자신의 욕구와 소망을 그 지도자에게 투사함으로써 정보의 빈틈을 메울 수 있기 때문이다.

우리에게는 지위가 높은 사람을 흉내 내고 싶어 하는 욕망도 있다. 우리가 강해 보이는 지도자를 선택하는 것은 1920년 미국의 심리학자 손다이크Thorndike가 고안해낸 개념인 이른바 '준거적 권력 referent power' 때문이다. 준거적 권력은 추종자가 특정 지도자의 명성이나 지위 때문에 그에게 기꺼이 헌신하려는 마음을 가질 때 생겨난다(Dacko, 2008, p. 248). 관련된 개념이 '긍정적 귀인오류'이다. 즉, 우리는 다른 사람의 긍정적인 행동을 볼 때 그 행동이 그들의 상황보다 개인 특성을 반영한다고 믿는다(L. Ross, 1977). 또 연관되는 것이 "후광효과halo effect"로 불리는 인지적 편향이다. 이 편향 때문에 관찰자는 어떤 사람이 한 영역에서 거둔 성공에 대한 전반적 인상을 바탕으로 그가 다른 영역에서도 성공할 것이라고 판단한다(L. Ross, 1977). 이런 이유로 지도자가, 예컨대 이스라엘처럼 군인 중에서 선택되는 경우가 많다. 트럼프가 미국 대통령으로 뽑힌 것도 그가 TV 쇼 「어프렌티스Apprentice」에서 참가자를 가차 없이 다루는 모습이 가져온 후광효과 때문이라는 주장이 제기되었다.

추종자를 격동시키는 지도자는 이들이 어떤 어려운 일도 떠맡을 필요가 없다고 느끼게 만들 수 있다. 외적 통제소재를 지녀 결과가 외부 요인에 의해 결정된다고 믿는 사람은, 내적 통제소재를 지녀 스스로의 노력이 운명을 결정한다고 믿는 사람에 비해(Rotter, 1966) 조종하기 쉽다. 또한 강력하고 자신을 기꺼이 보살펴줄 것처럼 보이는 이들에게 끌린다(Padilla et al., 2007). 콜버그, 레빈, 휴어 (Kohlberg, Levine and Hewer, 1983)에 따르면 심리적으로 미성숙한 개인은 권위에 순응하고 파괴적인 행동에 더 쉽게 가담한다. 한 연구에 따르면 이처럼 도덕적으로 미성숙한 개인이 서구 성인의 60~75퍼센트에 이른다(Cook-Greuter, 1999).

불행히도 추종자는 아주 쉽게 속는다. 그리고 이렇게 속이는 것이 많은 지도자에게 제2의 천성인 듯 보인다. 지도자는 보통 어떤 것을 제안할 때 거기에 드는 비용을 고의로 과소평가하고, 추종자에게 돌아가는 이익을 부풀린다. 동시에 자신의 기여도를 부풀리고, 자신이 얻는 이익은 낮춰 말한다(White, 2017).

카리스마 있는 지도자의 영향력에 추종자가 취약해지는 것은 추종자들의 심리적 특성이지만(Ulman and Apse, 1983), 지도자와 추종자의 관계는 대체로 복잡하며 바뀔 수도 있다. 시퍼(Schiffer, 1973)가 관찰한 바에 따르면, 모든 지도자, 특히 카리스마 있는 지도자는 근본적으로 특정한 맥락 안에서 추종자들이 만들어낸 것이다. 포스트(Post, 2004, p. 262)가 말했듯이, "오사마 빈 라덴에게 끌리는 이슬람 젊은이의 소외되고 절망하는 심리를 다루지 않는 한, 그의 파괴적이고 카리스마 넘치는 리더십을 우리는 이해할 수 없다." 사람들이 공격받았다고 느끼는 상황에서는 다음과 같은 일이 일어난다.

> 굴욕감은 분노를 유발하며, 분노는 우울증이나 무관심처럼 안으로 향할 수 있다. 하지만 이 분노는 밖으로 향해 폭력으로 표출될 수도 있고, 대중의 굴욕감을 먹잇감 삼아 굴욕 서사를 만들어내는 지도자들이 주변에 있다면 집단 폭력의 형태까지 띨 수 있다.(Lindner, 2006, p. 141)

앞서 살펴보았듯이, 지도자를 선택하는 것은 상당 부분 비의식적이고, 이 책 2장에 서술한 카너먼의 연구(Kahneman's work, 2011)를 적용하면 시스템 1에 따른 결정으로 보인다. 이처럼 우리는 지도자를 고를 때 본능적으로 (비록 보통은 무의식적일지라도) 우리의 인상과 느낌을 따른다. 시스템 2 사고는 더 느리고, 사실을 검토하고 우리의 선택을 비용편익 관점에서 분석한다. 후자의 과정은 우리 대부분이 지도자를 선택할 때 훨씬 덜 중요하게 여기는 것 같다. 우리는 정치 후보자의 얘기를 들으면서 그 사람이 그 직책에 적합한지를 그의 자질을 심사숙고하지 않고 빠르게 결론 내릴 때가 많다.

불행히도 많은 지도자들이 전쟁을 조장할 때 이런 감정을 이용한다. 이들은 권력을 쟁취하려고 특정 정체성 집단의 정치적 지지를 얻기 위해 "정체성을 부각하는 경쟁ethnic outbidding"을 펼치며, 추종자들이 잔학행위를 저지르도록 부추기거나 명령한다. 사람들에게 지도자를 따르고 싶어 하는 경향이 있는 점을 고려하면, 인종·종교·사회·민족에 근거한 정체성 집단이 오늘날 세계 곳곳에서 벌어지는 많은 전쟁에서 얼마나 불쏘시개가 되기 쉬운지, 또한 지도자들은 자신의 목적을 위해 이런 구분 짓기를 얼마나 쉽게 이용할 수 있는지 알 수 있다.

사회적인 다름은 지도자와 지도자 지망생이 언제나 이용할 수 있는 먹잇감이다. 외집단 편향을 이용해 지지를 모으는 것은 아마도 지도자가 추종자를 설득하려고 쓰는 가장 흔한 전략일 것이다. 설득된 추종자는 지도자가 권력을 손에 넣거나 유지할 수 있도록 힘을 합친다. 외집단 편향을 이용하는 것이 지금껏 늘 전쟁에 관한 국가적 전략의 일부였다면, 오늘날의 맥락은 다르다. 사회가 점점 더 다양해지면서 지도자가 이용할 수 있는 국경 안쪽의 외집단이 점점 늘고 있다. 지도자는 이 외집단을 향해 분노를 표출하도록 유권자에게 신호를 줌으로써 손쉽게 유권자에게 호소한다. 외집단을 모욕함으로써 지도자는 자기 집단이 "자존감을 높이고, 힘을 인식하고, 혐오하는 이들과 거리를 두고, 타 집단보다 뛰어난 점을 부각하고, 자신들의 부적절한 행동을 남 탓으로 돌리고, 자신들의 견해와 입장을 정당화"하게 할 수 있다(Korostelina, 2014, p. 154). 이런 추종자는 자신의 경제적·사회적 불운에 책임이 있다고 생각되는(혹은 그렇게 들은) 사람들을 지도자가 대신 비난하고 모욕하는 것을 좋아한다.

유권자는 자신의 지도자가 힘을 지니기를 원할 뿐 아니라, 메시지도 단순하기를 원한다. 즉, 유권자는 지도자가 어떤 문제에 관한 복잡한 정보나 도전 과제를 다룰 전략보다 단순한 구호를 제시하는 것을 좋아한다. 이처럼 단순한 표현과 관점은 실체가 거의 없지만 감정을 불러일으키고 추종자를 모으기에는 대체로 매우 효과적이다. 사람들은 또한 자신의 지도자가 타협하지 않기를 원하며, 자신이 관심 있는 사안에 관해 확신에 차서 말하는 것을 좋아한다. 논쟁의 본질은 상관하지 않는다. 독일의 청중은 히틀러가 "확신"과 "절대적인 확실성"을 갖고 말하는 점을 좋아했다(Romano, 2013). 히틀러의 사고는 모호성에 대한 불관용과 구조화 및 인지적 종결을 향한 강한 욕구를 드러냈는데, 이는 권위주의자의 특징이다(Suedfeld and Schaller, 2002). 불확실성을 드러내고 협의를 지지하는 지도자는 사람들을 불편하게 할 때가 많다. 그래서 주요 결정을 내릴 때 의논하는 데 많은 시간과 노력을 들인 미국 대통령 오바마가 "유약하다"

며 많은 반대에 부딪혔던 것이다.

사람들은 보통 불확실성과 그에 따른 여러 해석의 여지를 몹시 불편해한다. 걱정과 불안을 일으키기 때문이다. 다소 이상하게 들릴 수 있지만, 연구에 따르면 유권자들은 실제로 자신과 의견이 다른 후보에게 투표할 수 있다. 자신이 현재 지닌 심리적 욕구와 동기를 가장 잘 충족시킬 것 같은 이념(혹은 지도자)이 그 후보를 뒷받침하고 있다면 특히 그렇다. 여기에는 주로 질서, 구조화, 인지적 종결에 대한 욕구와 불확실성 및 위협의 회피가 포함된다(Kakkar and Sivanathan, 2017; Lipman-Blumen, 2006).

우리가 민주주의에 품는 애착은 약한 편인데, 불확실하고 공포스러운 맥락에서는 훨씬 더 약해진다. 민주주의가 굳건해 보이는 선진국에서도 사람들은 여차하면 민주주의 원칙 상당수를 포기할 수 있다(Lipman-Blumen, 2007). 미국의 경우, 안보를 강화하려는 욕구가 자유와 인권의 가치와 충돌할 때, 안보의 욕구가 앞서는 듯 보인다(G. Ross, 2011). 2011년 실시된 '세계가치관조사(World Values Survey, 2011)'의 결과를 보면 미국인 34퍼센트가 "의회나 선거를 신경 쓰지 않아도 되는 강력한 지도자"를 원했다. 이 수치는 고졸 이하 응답자에서 42퍼센트까지 올라갔다. 미국인 거의 세 명 중 한 명이 민주주의보다 독재자를 선호한다. 이는 권위주의적 경향이 있는 사람에게서 특히 두드러진다. 이들은 흔히 강력한 지도자를 따르고 복종하려는 준비가 더 잘 되어 있다. 권위주의적 경향이 안정화된 성격 특성은 아니지만, 어떤 사람이 처한 사회적 또는 경제적 상황이 그 개인이나 집단에 위협적이 되면 쉽게 활성화될 수 있다.

기억해야 할 것은, 지도자가 갈등을 아주 쉽게 분열로 몰아가는 것처럼 보이지만, 지도자 혼자 이런 갈등을 일으키는 것은 아니라는 점이다. 지도자는 사람들이 역사적으로 지속되었거나 현재 생겨난 편견이나 불만 때문에 라이벌/외집단을 향해 부정적 감정을 보인다는 사실에 힘을 얻는다. 이런 경향 때문에 추종자는 지도자의 정치적 수사修辭, 행사, 행동과 같은 분열을 조장하는 자극에 감정적으로 반응할 수 있다. 한 실험연구에서 참가자에게 가짜 의원 후보가 반反무슬림정책(신분증에 종교 표시 등)을 제안하는 연설을 듣게 했더니 애초 무슬림을 싫어했던 사람은 그 연설에 감정적으로 흔들렸고 무슬림배제정책에 지지를 보냈다. 반대로, 반무슬림 태도를 취하지 않았던 사람은 연설에 귀 기울이지 않았고 그 정책을 거부했다(Grillo, 2017). 이처럼 권위주의적 경향을 지닌 추종자는 분열을 조장하는 지도자의 허용 아래 자신의 편견을 겉으로 드러낸다. 지도자는 추종자가 자신의 편견을 편안하게 느끼고 또 표현하며 표면화한 자신의 시각을 지도자의 시각과 일치시키도록 한다.

추종자가 지도자에게 받은 첫인상을 뒤집기는 어려울 수 있다. 첫인상을 형성할 때 흔히 자동으로 작동하는 심리과정에서 벗어나 새로운 정보를 능동적으로 고려해야 하기 때문이다(Mann and Ferguson, 2015). 실제로 사람들은 일단 감정적으로 어떤 지도자를 받아들이면, 그 지도자에 관한 부정적인 정보를 새롭게 입수하더라도 보통 그/그녀/그들(대개는 그다)을 향한 지지를 철회하기보다 강화하는 경향이 있다.

물론 사람들이 지도자에게 원하는 자질은 문화마다 다르다.

예를 들자면, 여러 비교연구(Den Hartog et al., 1999; Gerstner and Day, 1994; Hofstede et al., 2010)에서 다양한 문화권의 추종자들이 다른 역사문화, 교과서, 소설, 영화, 여타 사회화 경로에 노출됨으로써 다채로운 "리더십 스키마leadership schema", 즉 리더상을 갖게 된다는 점을 밝혀냈다(Popper, 2012; 이 책 7장도 참조).

'좋은' 리더십─닿기 힘든 목표

무엇이 '좋은' 리더십인지, 혹은 '나쁜' 리더십인지는 맥락에 따라 달라지지만, 대개는 전쟁사를 기술하는 승자가 정의한다. 따라서 오늘날 '테러리스트'로 인식되는 이들이 훗날 지도자로 칭송받기도 하고, 어제의 반군 지도자와 민병대 지휘관이 오늘날 시민 지도자가 되는 일도 흔하다.

그렇다면 평화구축 전문가들이 오늘날 점점 더 다양해지는 세계에서 활동하면서 자신의 분야와 관련하여 일반적으로 바람직하게 여기는 '좋은' 리더십에는 어떤 특징이 있을까? 여기서는 번스(Burns, 1978), 저지와 피콜로(Judge and Piccolo, 2004)가 이름 붙인 "변혁적transformational" 리더십과 "거래적transactional" 리더십의 차이를 살펴보는 게 유용할 듯하다.

대부분의 갈등상황에서 지도자와 추종자는 이른바 "거래적" 계약에 갇혀 있다. 즉, 지도자는 대개 추종자가 원하는 것에 촉각을 곤두세우며, 이들의 리더십은 그 원하는 바를 이뤄내는 능력에 달려 있다. 필요하다고 생각되면 지도자는 흔히 자기 집단과 적의 차이를 더 부각시키며, 추종자가 느끼는 혼란, 불안, 증오 같은 감정에 호소한다. 자기 자신, 자기 당, 그리고/또는 자기가 속한 정체성 집단에만 복무하는 지도자를 냉전 종식 이후 발생한 갈등의 상당수에서 일반적으로 볼 수 있다. 밀로셰비치의 예에서 보듯이, 집단 간의 갈등을 부추김으로써, 즉 갈등에 승리/패배 목표를 제시함으로써 권력을 행사하는 이들이 흔히 폭력의 주요 유발자이다.

반면 변혁적 지도자는 추종자의 고차원적인 동기에 호소한다. 즉, 변혁적 지도자는 갈등상황에서 집단의 당면한 이익을 넘어서 갈등 당사자가 더 큰 공익을 위해 움직이게 할 수 있다. 평화구축에 힘쓰는 변혁적 지도자는 포용적 신념을 바탕으로 소통함으로써 추종자가 관심 범위를 자신만의 좁은 영역에서 더 폭넓은 사회적 영역으로 확장하게 한다. 그리하여 공동체, 사회, 국가, 지역의 구성원, 종국에는 세계인 모두의 견해와 욕구가 고려될 수 있도록 한다.

변혁적 지도자의 신경학적 특징이 여러 연구에서 확인되었다. 뇌전도 데이터에서 신경학적 변수의 제거와 선택이라는 2단계 과정을 거친 한 연구를 보면, 92.5퍼센트의 정확도로 민간 지도자와 군사 지도자를 구분할 수 있다고 한다. 이 연구 결과를 변혁적 리더십에 초점을 맞춰 살펴보면, 다양한 전두엽 영역, 즉 (계획과 예측 같은) 실행 및 (자신이나 타인의) 감정의 효과적 처리와 관련된 영역과 주로 언어적 소통에서 의미와 뉘앙스를 부여하는 우측 전두엽의 역할이 중요함이 드러났다(Balthazard et al., 2012).

또 다른 연구에 따르면, (사회적 책임, 이타심, 사회적 비전, 이해당사자의 권한 강화를 강조하는) 사회적 비전을 세우려 앞장선 지도자들의 우뇌를 식별해낼 수 있었다. 이들의 우뇌는 조직에 고용된 이들이 격려에 능하고 카리스마 넘친다고 말하는 지도자의 우뇌와 거의 같았다(Waldman, Balthazard and Peterson, 2011).

변혁적 리더십의 훌륭한 사례를 넬슨 만델라Nelson Mandela에게서 찾을 수 있다. 만델라는 1995년 뉴질랜드와의 럭비 월드컵 결승전 때, 아프리카너*를 비롯해 대다수가 백인인 관중 앞에서 백인이 대부분인 남아공 대표팀의 유니폼을 입었다. 이 행동으로 남아프리카공화국의 미래가 바뀌었다. "경기 종료 호루라기가 울린 순간, 이 나라가 영원히 변했다. 이해할 수 없는 일이 벌어졌다."(남아공대표팀 주장 프랑수아 피나르. D. Smith, 2013에서 인용) 이런 지도자가 몇몇 더 있었다(예를 들면 마틴 루터 킹, 마하트마 간디). 이들은 자신이 처한 갈등에 포용적 접근법을 찾았고 그 목표를 위해 리더십을 행사했다.

불행히도 평화구축을 위한 활동 영역에서 변혁적 지도자를 찾기가 쉽지 않다. 2004년 내가 지도한 리더십 연구에서, 겉으로는 진전하는 듯 보이던 코소보, 시에라리온, 아프가니스탄의 평화협상 과정을 연구했다. 그 결과, 실제로 인습에 기반한 지도자의 극히 일부만이 추종자와 맺고 있는 본질적으로 거래적인 관계를 넘어설 수 있었다. 나머지는 이른바 "카멜레온 리더십", 즉 다른 이들의 의견, 기부받을 수 있는 자금, 갈등이 작동하는 분위기에 따라 바뀌는 변

---

*   (역주) 남아프리카공화국에 거주하는 네덜란드 계통의 후손들을 가리키는 용어.

덕스러운 리더십을 보였다. 지역 지도자는 리더십 정책과 관련하여 대부분 그저 자기 부족이나 자기네 사람을 몰래 편들면서 포용적인 척하고 있을 뿐이었다. 포용적이고 변혁적인 접근을 장려하는 정책을 지원하는 국제기금이 종료되면, 그런 접근이 지속될 가능성이 적어 보였다(Peake, Gormley and Fitzduff, 2004).

결론

현대 국가의 복잡성이 커지면서 리더십의 실패가 더 흔해지고 지도자와 추종자 간의 협력은 지속하기가 더 어려워졌다. 오늘날 일부 학자는 우리가 리더십의 위기에 직면했다고 진단한다. 상당수의 지도자가 권력을 유지하고 있는 이유를 추종자의 두려움 외에 달리 이해할 길이 없기 때문이다. 오늘날 다수의 연구자는 오늘날 볼 수 있는 리더십의 상당수를 우리의 오래된 뇌와 우리가 지금 놓인 새로운 상황의 부조화라는 관점에서 설명할 수 있다고 주장한다(Van Vugt and Ahuja, 2010). 전 세계적으로 경제, 통신, 환경의 상호의존성이 점점 커지고 세계화되고 있지만, 여전히 구식 리더십 개념으로 뽑은 옛날 방식의 지도자가 흔하다. 이 이론을 '불일치 가설mis-match hypothesis'이라고 하는데, 이 가설은 우리가 지도자를 찾을 때 고려하는 단서가 오늘날의 상황, 즉 집단이 훨씬 커지고 다양해졌으며 생존을 위한 무기를 육체적 힘보다 핵 버튼과 드론 조종술에 훨씬 많이 의존하는 상황보다 과거의 욕구에 근거한 경우가 매우 흔하다고 주장한다. 이런 현상을 보며 일부 진화심리학자는 "우리의 현대적 두개골에 석기시대의 마음이 담겨 있다"라고 결론짓는다(Tooby and Cosmides, 1990). 우리 조상의 생존에 적합했던 지도자가 오늘날 인류에게는 맞지 않을 수 있다는 것이다.

7장
문화가 만든 규범

당신이 다른 문화권에서 온 다양한 사람을 만날 때, 세상에 관한
다른 신념뿐 아니라 세상을 감지하고 추론하는 다른 방식도
접하게 된다. 각각은 저마다 장단점이 있다.
—R. E. 니스벳(R. E. Nisbett, "How Culture Colors", 2000에서 인용)

들어가며

이스라엘과 팔레스타인 기자를 보스턴으로 불러 보도와 관
련한 일종의 합동 훈련에 참가하게 하는 것은 좋은 생각처럼 보였
다. 나는 과정 첫날 오후에 예정된 그룹 간 대화를 주도해달라는 요
청을 받았다. 나는 시간 맞춰 스튜디오에 도착했고 (이런 그룹에 익숙
한 만큼 어느 정도 예상했듯이) 그룹 사이에 이미 적대감이 한껏 드러
난 걸 보았다. 그들은 그날 아침 처음 본 사이였다. 사방이 암울한 얼
굴이었다.

그 갈등이 이스라엘인에게는 간단해 보였다. 거기 모인 모두
가 함께 훈련하며 일주일을 보내기로 동의한 터였다. 그런데 팔레스
타인인이 함께 단체사진 찍기를 거부한 것이다. 이스라엘인은 이를

이해할 수 없었다. 실제로 몇몇은 팔레스타인인의 거절에 모욕감을 느꼈다. 그들이 이해하지 못한 부분은 사회심리학과 최근 들어서는 사회신경과학을 통해 설명된다. 그러니까 이스라엘인은 많은 부분에서 서구인과 비슷하기에 스스로를 개별적 독립체로 보는 경향이 있고, 팔레스타인인은 자신이 처한 상황, 집단과 맺은 기존 관계에 좀 더 민감하게 반응하며 스스로를 이해하는 경향이 있다. 이스라엘인은 이런 단체사진이 단지 자신의 가족과 공동체에 자신들이 얼마나 개방적이고 진보적인가 하는 메시지를 전달할 뿐이라고 생각했다. 이후 토론과정에서 서서히 드러난 내용이지만, 팔레스타인인은 이런 단체사진이 이스라엘, 서안, 가자지구에 있는 자신의 공동체에 그릇된 메시지를 전달할까 우려했다. 이들의 두려움은 집단 간 관계가 독립적 사고보다 중요한 요인인 맥락에서 자신이 적과 친하게 지내는 것으로 비칠 수 있다는 데 있었다.

문화 이해의 중요성

'문화'를 정의하는 방식은 매우 다양하다(Spencer-Oatey, 2012). 이 장에서는 평화구축작업과 관련된 규범을 전제로, 문화를 집단 내부에서 이루어지는 상호작용과 다른 사람 및 집단과의 상호작용을 구별하는 감정, 사고, 행동으로 정의했다. 이런 문화적 차이를 이해하지 않으면, 평화구축작업은 그 동기가 아무리 훌륭할지라도 여러 도전에 맞닥뜨릴 수 있다. 오해의 대가는 뼈아플 수 있다.

2003년 이라크를 "해방시킨" 후 미군은 2007년에야 '작전능력 향상을 위한 문화학습센터Center for Advanced Operational Culture Learning'를 세우고 '배치 전 과정'을 개설해 병사들이 지역주민을 세심히 대할 수 있도록 훈련했다("Coaching US Troops", 2007). 이 프로그램에는 아랍문화, 이슬람 예절, 젠더문제, 어학과정 이수가 포함되었다. 센터 부소장 버락 샐모니에 따르면, 미국인들이 처음 이라크에 왔을 때 오해가 있었다. 그들은 자신의 임무가 순전히 군사적일 것이라고 짐작했다. 그러나 이제 그들은 "문화를 이해하는 것이 장기전에서 이기고 21세기의 도전에 잘 대처하는 데 매우 중요하다"는 점을 이해했다. "우리에게는 군사적 전술이 있지만 이라크 법과 전통에 대한 지식은 없었다. 그래서 그 모두를 배워야 했다."("Coaching US Troops", 2007) 4년이 흐른 뒤에야 마침내, 문화 교육의 중요성이 각인되었고 다뤄지기 시작했다.

그러나 일은 이미 터진 뒤였다. 센터가 건립될 무렵 군대는 이미 지역 내 여성 접촉, 수색견 사용, 지역 내 위계질서, 종교법 등과 관련한 예절에 무지한 탓에 아무런 제재 없이 문화 규범을 어긴 뒤였고 그 결과, 미국이 점령군이 아닌 동맹국으로 여겨질 수 있는 기회를 날려버렸다(Bordin, 2011). 지금 이 시점에도 미국, 특히 미군은 여전히 대가를 치르고 있다.

이처럼 문화에 무지하거나 무관심함으로써 우리가 갈등과 전쟁을 관리하는 방식이 흔히 악화되곤 한다(Park and Huang, 2010). 우리의 무지는 언어와 도덕같이 명백히 중요한 요소에만 국한되지 않는다. 우리는 집단 구성원이 같은 구성원이나 권위를 지닌 대상과 관계 맺는 방식, 선호하는 리더십, 소통방식, 젠더와 집단 정체성에 관해 취하는 태도, 이 모두에 문화가 영향을 미친다는 것을 모른다. 공감을 통해 다른 집단의 시각에서 사태를 보는 데 가장 큰 걸림돌이 되는 것은 집단 중심의 시각에서 행동하려는 경향(즉, 자신이 속한 문화를 세상을 이해하는 기준으로 사용하는 것)과 자신의 개인적·사회적·문화적 특성이 올바르다는 믿음이다. 세계화가 이런 차이를 줄이기 시작했지만, 아직 남아 있는 차이를 고려하는 것이 매우 중요하다. 문화는 다양한 만큼 차별화된 세심한 접근이 필요한데, 평화구축과 관련된 문제에서 특히 그러하다. 필요한 일을 수행하는 데 각자의 집단 중심적 시각이 거대한 장애물이 될 수 있기 때문이다 (Vignoles et al., 2011).

문화심리학과 문화신경과학

문화심리학은 문화가 어떻게 그 구성원의 심리적 과정을 반영하고 형성하는지 연구하는 학문이다(Ames and Fiske, 2010). 최근 들어서는 사회문화심리학의 이론·방법과 관련 생명 분야를 통합함으로써 '문화신경과학'이라는, 인간의 두뇌 기능이 어떻게 문화·두뇌·유전자 간의 상호작용을 통해 형성되는지 연구하는 새로운 분야가 탄생했다(Han et al., 2013).

최근 뇌영상을 활용한 연구에서 신경 기초 구조(즉, 다양한 문화권에서 각자 고유의 행동을 하게 하는 중추신경계의 특정 부위)에 차이가 있음이 밝혀졌다. 연구자들이 뇌영상기법을 활용함으로써 자기 보고를 통한 의식 수준에서는 쉽게 접근할 수 없었던 과정에 접근할 수 있게 되었다(Lin and Telzer, 2018). 우리의 뇌는 생물학적으로 다양한 맥락에 적응할 준비가 되어 있는 듯 보인다.

학자들은 지각, 기억, 조망 수용perspective-taking, 귀인편향 같은 인지 처리 양식과 자기해석self-construal과 공감이 개인이 성장한 사회문화적 맥락에 따라 달라질 수 있다는 증거를 발견했다. 문화적 특성은 유전체, 신경생물학, 심리학적 과정이 장기간에 걸쳐 발현하는 데 영향을 미칠 수 있으며, 결과적으로 이런 과정은 한층 복잡한 사회 경험과 훨씬 광범위한 행동 양상을 가능하게 할 수 있다(Chiao et al., 2010).

왜 이런 차이가 생기는가

왜 전 세계인의 심리적·유전적 구성에 이런 차이가 있는 걸까? '생물·문화적 진화biocultural evolution' 또는 '이중 대물림 이론dual inheritance theory(Heinrich and McElreath, 2012)'으로도 알려진 '유전자-문화 공진화gene-culture coevolution' 연구는 문화와 유전이 별개의 과정이라는 전통적 사고에 이의를 제기한다. 연구자들은 이제 유전자와 문화가 '피드백 순환고리feedback loop' 안에서 계속 상호작용하여 문화와 유전이 상대의 자연스러운 진전에 영향을 미치는 식으로 서로 긴밀히 연결되었을 수 있음을 깨우치고 있다(Goldman, 2014). 유전자-문화 공진화 이론에 따르면, 집단마다 다른 문화적 특성이 개인이나 집단에 진화적 장점으로 작용할 수 있다. 예컨대, 개인주의나 집단주의 같은 특성(Fincher et al., 2008)은 적응을 돕는 기능으로 작용할 수 있다. 그리하여 문화적으로 일관된 차이점이 세대를 거듭하여 선택될 수 있으며, 특정 유전자의 발현 빈도는 인구집단에 따라 달라질 수 있다.

5,500~3,000년 전에 살았던 유럽인 150명의 유전체를 그들의 후손인 현대 유럽인 305명의 유전체와 비교한 연구에서는 건강의 측면에서 유전자-문화 공진화를 확인했다(예를 들어, 유당 내성, 2형 당뇨). 따라서 우리의 정신적·감정적 과정에서 유전자-문화 공진화가 존재한다 해도 놀랄 일이 아니다(Rendell et al., 2011; Richerson and Boyd, 2005도 참조). 이런 결과는 인간 유전자 변이를 분석한 내용으로도 뒷받침되는데, 즉 수많은 유전자가 최근 흔히 인간 활동에 대한 반응으로 '양성 선택positive selection'의 대상이 되었음이 밝혀졌다(Laland, Odling-Smee and Myles, 2010). "유전자-문화 역학은 보통 종래의 유전자 진화 역학보다 빠르고 강력하고 더 광범위한 조건에서 작동하며, 이로 인해 일부 연구자들은 유전자-문화 공진화가 인간 진화의 주된 방식일 수 있다고 주장하기도 한다."(Laland, Odling-Smee and Myles, 2010, p. 137) 현재 인간 유전체는 인구 증가와 새로운 변화에 대응하여 점점 더 빠르게 변화하고 있는 듯 보인다(Christakis, 2008; Creanza, Kolodny and Feldman, 2017).

실제로 지리적 차이를 통해 개인주의/집단주의 같은 문화적 특성을 예측할 수 있다. 예컨대 예나 지금이나 말라리아, 티푸스,

나병 같은 전염병 발병률이 높은 국가는 집단문화규범을 채택하기가 쉽다. 집단문화규범이 전염병 확산에 취약한 지역을 질병으로부터 보호하는 방식으로 병원체 방어 기능을 수행하기 때문일 것이다(Chiao and Blizinsky, 2010; Fincher et al., 2008).

'유전자 표류genetic drift'*가 변화를 낳기도 한다. 첸 등(Chen et al., 1999)이 발견한 바에 따르면, 비非이주 인구에 비해 이주 인구집단에 속한 개인이 뇌 회로에서 도파민의 신호전달에 영향을 미치는 특성이 발현되는 빈도가 현저히 높다. 이 특성은 새로움과 감각 추구를 부추기는데, 이것은 이주 사회에서 요구되는 특성일 수 있다. 사람들이 이주라는 도전에서 성공할 수 있도록 돕기 때문이다. 반면 정주 인구는 새로운 환경을 탐색하기보다 한정된 땅을 집약적으로 이용하는 방법을 개발함으로써 성공할 수 있다(Netting, 1993). 정주 사회에서 새로움 추구와 탐험 행동은 선택되지 않는다.

세상이 빠르게 변하면서 문화적 특성이 한층 더 복잡해지고 있다. 따라서 누적방식을 통한 문화 학습과 그로 인한 특성의 변화가 한 세대에서 다음 세대로 전수되는 것이 지금까지보다 더 빠르게 진행될 필요가 있다(Truskanov and Prat, 2018). 오늘날의 변화 속도를 감안할 때, 인간이 새로운 특성을 얼마나 많이 학습할 수 있을지 판단하기는 어렵다. 따라서 평화구축 전문가는 앞으로 각각의 공동체들이 물려받았고 상당수가 여전히 지닌 다양한 특성을 이해할 필요

---

* (역주) 집단 내에서 특정 유전자의 발현 빈도가 무작위적인 요인에 의해 세대 간에 변동하는 현상. 자연선택 등의 다른 진화 요인과 독립적으로 발생한다.

가 있다. 이런 특성 상당수가 실제로 오늘날의 환경과 맞지 않아 평화구축작업을 더 어렵게 만들고 있으므로 특히 그러하다.

행동과 관계의 문화적 차원

집단이나 국가 간에는 문화적 차이로 규정된 것들이 많다. 그러나 세계화가 점점 가속화되는 오늘날, 여행의 증가와 오락, 정보, 태도, 기술을 공유하는 온라인 네트워크의 확대로 문화 간 상호작용이 훨씬 활발해졌고 이런 개인적·사회적 특징의 많은 부분이 함께 변하고 있다.

고맥락 문화와 저맥락 문화

인류학자 에드워드 T. 홀Edward T. Hall은 1976년 저서 『문화를 넘어서Beyond Culture』에서 고맥락 문화에 관해 처음으로 논했다. 그는 "고맥락high-context" 문화를 사람들이 오랜 기간 서로 긴밀하게 연결되어 있는 사회나 집단으로 정의했다. 반면 "저맥락low-context"은 사람들이 서로 많이 연결되어 있지만 그 지속 기간이 짧으며, 특정 이유 때문에 관계가 형성되는 사회를 가리킨다.

고맥락 사회에서는 구성원들이 보통 상호작용과 행동에 관한 규칙을 암묵적으로 알고 있으며, 이 규칙을 명시적으로 설명하는 일이 드물다. 이는 외부인이 적절히 행동하는 것을 어렵게 만들 수 있다. 고맥락 문화는 보통 대화에 얼굴 표정, 눈짓, 어조 같은 비언어적 방식을 포함한다. 이는 대개 말로 전달되는 정보보다 더 중요하다.

고맥락 문화에서는 권위가 보통 더 위계적이다. 또 사람들 간의 유대가 대체로 오래 지속되며 매우 강력하다. 개인 및 집단 간의 신뢰 형성 역시 대단히 중요하며 오직 시간을 들여야만 이룰 수 있다. 유감스럽게도 저맥락 문화의 개인과 집단은 대개 여기에 시간을 충분히 들이지 않는다. 이런 까닭에 저맥락 집단에서 성장한 개인은 고맥락 집단에서 오랫동안 외부인으로 남을 수 있는데, 이는 신뢰 형성과 생산적인 평화구축에 커다란 걸림돌이 될 수 있다. 고맥락 문화에서는 사람들이 일반적으로 기술을 활용하기보다 직접 얼굴을 맞대고 만나는 것을 선호하며 대개 형식적인 법적 합의보다 개인적인 신뢰 관계를 선호한다.

저맥락 국가에서 정보를 얻거나 관계를 맺는 일은 언어와 명확한 행동 규칙에 훨씬 많이 의존한다. 위계가 훨씬 덜하다. 예컨대 사람을, 심지어는 상사도, 성이 아닌 이름으로 부르는 것이 규범이다. 저맥락 문화에서 정보는 사람들이 실제 쓰는 단어를 사용하여 말과 글로 정확히 전달되며 명시적 방법으로 상세히 설명된다. 반면 고맥락 문화의 의사소통에서는 명시적으로 상세히 설명되는 경우가 극히 드물다.

이처럼 사람을 신뢰하느냐 서면합의를 신뢰하느냐의 차이가 중재자와 여타 평화구축 전문가에게 극도의 좌절감을 안길 수 있다. 예를 들어, 이쪽 편은 시간을 들여 합의사항을 분명히 표현하고 싶어 하지만 상대방은 이런 요구를 자신들을 믿지 못한다는 신호로 여길 수 있기 때문이다.

권력 거리

고맥락/저맥락 문화 개념과 관련된 사안 중 '권력 거리power distance'가 있다. 이 용어는 어떤 문화의 기관이나 조직에서 권력을 덜 가진 구성원이 권력이 골고루 분배되지 않을 것을 알고 이를 수용하는 정도를 가리킨다(Hofstede, Hosfstede and Minkov, 2010). 권력 거리가 먼 문화에서는 불평등과 권력·지위의 위계를 좀 더 쉽게 수용하고 유지한다. 이런 사회에서는 보통 연장자가 주도권을 잡으며 역할 모델이자 지혜를 구할 수 있는 어른으로 여겨진다. 위계가 낮다고 여겨지는 이들은 보통 위계가 더 높은 이의 의견을 따르며, 위계가 높은 이는 이를 당연하게 받아들인다. 반면, 권력 거리가 좁은 사회에서는 평등이 흔히 사회의 목표가 되며 상향 이동이 장려되고 또 흔하다. 권력 거리가 좁은 문화에서는 사람들이 자신의 의견이 지위나 배경과 무관하게 경청되기를 기대한다. 이런 차이는 프리먼 등(Freeman et al., 2009)이 연구한 것으로, 이들은 미국인과 일본인의 뇌를 스캔하여 지배와 종속에 관련된 신경회로의 활성화에서 나타나는 차이를 검토했다. 이들은 뇌의 학습과 기억에서 중요한 역할을 하는 우측 꼬리핵caudate nucleus의 활동이 지배/종속의 행동 경향과 연관되어 있음을 발견했다. 자기보고식 조사에서 미국인들은 좀 더 지배적인 행동 경향을, 일본인들은 좀 더 종속적인 행동 경향을 보였다. 이런 경향은 관련된 기능적 자기공명영상에서 보이는 경향과 일치했다. 평화구축 전문가 쪽에서 이해가 부족하면, 예컨대 호칭을 어떻게 할지 잘 모르거나 위계질서, 즉 누가 먼저 말할 수 있는지, 누가 어떤 공간 혹은 현장에서 실제로 권력을 쥐고 있는지 파악하지 못하면, 갈등 당사자 쪽에서는 좌절감 속에 시간만 흘려보내면서 합의를 이루지 못할 수 있다. 게다가 사회 안의 불평등을 수용하는 경우에는, 공평의 문제에 좀 더 포용적으로 접근하는 경우와 달리, 평화구축이 커다란 장애에 부닥칠 수 있다.

개인주의 대 집단주의

고맥락/저맥락과 권력 거리라는 특성은 본질적으로 개인주의와 이와 반대되는 집단주의(즉, 개인이 스스로를 집단의 일부로 보는 정도)와도 관련이 있다. 개인주의-집단주의라는 문화적 차원이 자아개념·동기부여·지각·감정·인지 같은 인간의 매우 다양한 정신 과정과 나아가 행동까지 일관되게 영향을 미친다는 연구 결과가 있다(Markus and Kitayama, 1991; Triandis et al., 1988). 이런 차원은 인간의 감정, 생각, 행동(Cross, Hardin and Gercek-Swing, 2011)과 그 기저의 뇌 메커니즘(Han and Northoff, 2008)에 중대한 영향을 미친다.

집단주의 문화에서는 집단이 개인보다 중요하다는 신념이 중심에 놓이며, 이는 사람들이 가능하면 최대한 순응하면서 합의하는 데서 알 수 있다. 집단주의 문화에서 개인들은 자신이 다른 이들과 긴밀히 연결되어 있고 자신의 상당 부분이 관계와 사회적 맥락에 의해 규정된다고 본다. 예컨대 일본같이 상호의존적인 문화에 속한 개인은 사회적 조화, 순응, 집단규범 준수를 중시하는 경향이 있다(Ambady, 2011). 집단주의 문화가 우세한 사회에서 사람들은 보통 개인의 이익보다 집단의 이익을 중시한다(또는 중시하는 듯 보인다). 사람들은 자기와 가까운 이를 자신의 일부로 여긴다. 그리고 내집단 구성원에게 책임을 지며 집단의 조화와 발전을 경쟁보다 선호한다 (Nisbett et al., 2001). 반면 개인주의 문화에 속한 사회에서는 자기주도성, 개인의 성취, 리더십 발휘에 보상이 주어진다. 갈등이 발생할 경우, 갈등 사안에 대해 집단의 의견을 따르기보다 자신이 선호하는 것을 더 자유롭게 선택한다.

> 미국, 캐나다, 호주, 뉴질랜드, 이스라엘, 남아프리카공화국, 대부분의 북유럽 및 서유럽 국가(포르투갈은 제외)는 일반적으로 개인주의 사회로 여겨진다.
> 아르헨티나, 브라질, 칠레, 콜롬비아, 코스타리카, 에콰도르, 이집트, 엘살바도르, 에티오피아, 가나, 그리스, 과테말라, 홍콩, 인도네시아, 인도, 이란, 이라크, 자메이카, 일본, 케냐, 쿠웨이트, 레바논, 리비아, 말레이시아, 멕시코, 나이지리아, 파키스탄, 파나마, 페루, 필리핀, 포르투갈, 사우디아라비아, 시에라리온, 싱가포르, 대한민국, 대만, 탄자니아, 태국, 터키, 아랍에미리트, 우루과이, 베네수엘라, 구 유고슬라비아, 잠비아는 일반적으로 집단주의 사회로 여겨진다.

개인주의적 집단과 집단주의적 집단의 차이와 이들이 각각 우선시하는 사항이 특정 당사자나 국가의 신념, 관행, 이념에 어떻게 영향을 미치는지를 인식하는 것은 접근법이 다른 집단 간의 합의를 이끌어내는 데 매우 중요하다.

자기해석

자기해석self-construal이란 자아가 얼마나 다른 사람과 독립적으로, 혹은 상호의존적으로 정의되는지를 가리킨다. 서양과 동양을 기반으로 한 다양한 연구에 따르면, 서양에서는 자아를 다른 사람과 구별된 독립적인 존재로 보고, 동양에서는 자아를 본질적으로 다른 사람과 관계된 상호의존적 존재로 본다(Giacomin and Jordan, 2017). 서양인은 자아를 안정적인 독립체로 보는 경향이 있지만, 동양인은 자아를 좀 더 맥락에 민감하게, 관계를 중심으로 해석하는 경향이 있다. 동양인은 가까운 이를 (또한 이들과 맺은 관계를) 자아의 일부로 보지만, 서양인은 자아를 독립체로 여기는 경향이 있다(Ames and Fiske, 2010). 특정 뇌영역, 예컨대 내측전전두피질medial prefrontal cortex과 후방대상피질posterior cingulate cortex이 이런 자기평가와 자기인식에 관여하는 것으로 보인다(Amodio and Frith, 2006). 문화점화cultural priming(즉, 특정 문화권의 사람처럼 생각하고/느끼고/행동하도록 특정 자극을 제시하는 것)를 이용하면 이런 연구 결과를 더 깊이 이해할 수 있다(Ng et al., 2010). 서구 문화는 보통 자존감 및 자신의 가치와 능력에 관한 자신감을 더 강조하지만, 집단주의 문화에서는 대개 사람들이 사회집단 안에서 체면을 유지하고 긍정적인 인상을 주려 애쓰는 경향이 있다. 이런 특성은 평화구축을 위한 온갖 종류의 대화, 중재, 전략 개발에 중요한 영향을 미친다.

다시 말하지만, 이런 방식은 특정한 환경과 압력에 따라 서로 전환될 수 있다는 점을 주목할 필요가 있다. 차오 등(Chiao et al., 2010)의 연구에 따르면, 기능적 자기공명영상을 이용한 실험에서 이

중문화 배경을 지닌 개인이 개인주의적이고 "서구적인" 방식으로 생각하도록 자극되었을 때 맥락적 자기 판단보다 일반적 자기 판단에서 자기 참조적 뇌활성화가 크게 나타났다. 반면 집단주의적이고 "동양적인" 방식으로 생각하도록 자극되었을 때는 일반적 자기 판단보다 맥락적 자기 판단에서 자기 참조적 활성화가 크게 나타났다.

불확실성 회피

불확실성 회피는 이 책 4장에서 언급한 바와 같이, 사람이 불확실성과 모호함을 얼마나 잘 인내할 수 있는지, 또 정해진 틀이 없거나 새로운 상황에서 편안함을 느끼는지 불편함을 느끼는지와 관련이 있다. 어떤 국가에 불확실성 회피 성향이 강한 사람이 많다면 불확실성과 모호함에 대한 인내심이 적을 것이다. 그 결과, 이런 사회는 보통 보수적이며, 종교를 포함한 사회규범 측면에서 매우 규칙 지향적일 가능성이 크다. 불확실성 회피 성향이 약한 사회는 모호함과 불확실성을 덜 우려하며, 사회적 다양성과 실험에 더 많은 인내심을 발휘한다. 이런 사회는 변화를 더 쉽게 받아들이고 위험을 감수하는 데도 더 적극적이다(Hofstede, 2001). 일반적으로 불확실성 회피 점수는 동유럽과 중부유럽 국가, 라틴아메리카 국가, 일본, 독일 어권 국가에서 높게 나타나며, 영어권, 북유럽, 중국 문화권 국가에서는 낮게 나타난다(Hofstede, 2011). 연구에 따르면, 불확실성 회피 성향이 강한 국가의 사람들은 단일한 진리를 더 선호하는 반면 불확실성을 수용하는 문화에서는 익숙하지 않은 의견에 더 관대하고, 진리에 관한 의견도 더 상대적이다(Hofstede, 2011). 이런 편향은 평화구축 중재작업을 계획할 때 반드시 고려되어야 한다. 평화협정에서 곧잘 중요한 부분이 되곤 하는 건설적 모호함constructive ambiguities을 한쪽 당사자가 더 잘 수용할 수 있기 때문이다.

귀인오류

문화는 귀인오류 측면에서도 차이를 보인다. 귀인오류란 사람의 행동에 대해 외부적 요인이나 상황을 고려하기보다 타고난 성격적 특성으로 설명하려는 경향을 말한다(이 책 4장 참조). 서구인은 원인을 찾을 때 성격적 요인에 집중하는 경향이 더 강하지만, 아시아인은 행동의 원인을 그 사람이 처한 상황을 고려하여 전체론적 관점에서 추론하는 경향이 있다(Dean and Koenig, 2019; Mason and Morris, 2010). 예를 들어, 서구에서 범죄에 관한 뉴스는 범인의 타고난 성격 결함과 개인적 실패에 초점을 맞추었지만, 중국 뉴스는 가해자가 낯선 환경에서 겪은 관계 결핍과 사회적 실패를 지적했다. 또한 남아시아 및 동아시아 사람들은 행동의 원인을 설명할 때 상황적 요인에 더 무게를 둔다(Nisbett, 2003). 고바야시, 글로버, 템플(Kobayashi, Glover and Temple, 2006)의 연구에 따르면, 일본 참가자들은 미국 참가자들보다 다른 사람의 신념을 생각하는 것과 관련된 뇌의 안와전두피질 영역眼窩前頭皮質領域 orbito-frontal regions에서 활성화가 두드러졌다. 이는 일본 문화가 자신의 감정보다 다른 사람의 감정에 더 많은 주의를 기울이도록 강조한다는 것을 의미한다.

감정의 표현

감정 조절이란 "개인이 스스로 어떤 감정을, 언제 가질지, 그 감정을 어떻게 경험하고 표현할지 조절하는 과정"을 말한다(Gross, 1998, p. 275). 문화는 사람들이 감정을 어떤 방식으로 경험하고, 표현하고, 인식하고, 조절하는 것을 선호하는지 규정한다(Mesquita and Leu, 2007). 예를 들어, 중동 지역 지도자들은 후회를 드러낼 때 눈물을 보이는 일이 흔하지만, 대부분의 서구 국가에서 이런 표현은 나약함으로 간주된다(Butler, Lee and Gross, 2007). 차오(Chiao, 2009)는 기능적 자기공명영상 뇌영상기법을 이용한 문화 간 비교연구에서 감정적 장면을 접했을 때 양측 편도체 반응에서 일본계 미국인과 백인 미국인 참가자 사이에 문화적 차이가 있음을 발견했다.

이는 감정 표현에 관한 행동 지각이 감정 표현에 대한 신경반응에도 영향을 미칠 수 있음을 시사한다. 예를 들어, 데른틀 등(Derntl et al., 2009)은 오스트리아로 이주한 아시아인이 백인의 얼굴 표정(즉, 분노와 혐오의 표현)에 유의미한 반응을 보였지만, 이런 반응의 강도는 그들이 외국 문화 속에서 지낸 시간과 반비례했다는 연구 결과를 보고했다. 차이는 시간이 흐르면 익숙해짐으로써 작아질 수 있음을 다시 한번 확인해준 것이다.

젠더 제약

젠더가 여전히 중요한 기준으로 작용한다. 여성을 평화구축 전문가로, 특히 고위급에서 활용하지 않는 데서 이를 확인할 수 있다(Council on Foreign Relations, n.d.). 이는 전 세계 정부와 의회에서 여성의 목소리가 여전히 부족한 현실을 볼 때 전혀 놀랍지 않다. 2019년 2월 기준 전 세계 국회의원 중 여성의 비율은 24.3퍼센트로, 1995년의 11.3퍼센트에서 조금 늘었을 뿐이다(UN Women, 2019). 이처럼 사회문제에서 여성의 동등한 참여가 이뤄지지 않을 경우 평화구축에 큰 영향을 미친다. 젠더 평등 수준이 낮은 국가일수록 내전에 휘말릴 가능성이 더 크며, 폭력의 정도도 여성의 지위가 높은 국가에 비해 더 심할 수 있다(Forsberg and Olsson, 2016). 유감스럽게도 여성이 평화협정 협상 테이블에 앉을 가능성 역시 여전히 낮다. 여성들이 협상에 포함되면 협정이 최소 15년간 지속될 가능성이 35퍼센트 더 높다는 증거가 있는데도 그렇다(Inclusive Security, n.d.).

현장에서 일하는 우리로서는, 나 역시 그러했듯이, 여성들이 일반적으로 무시되는 국가에서 평화구축과정을 진행할 때 주도적인 역할을 거절해야 하는 어려움이 있다. 남성의 존재가 더 효과적이고 평화구축과정의 성공 가능성을 높일 것이라고 판단될 때가 있기 때문이다. 이런 상황은 변하고 있지만 속도가 더디다. 따라서 현재로서는 젠더 문화를 이해하는 것이 갈등상황에서 성공적인 평화구축전략을 수립하는 데 매우 중요함을 인식하면서, 여성이 좀 더 가시적으로 평화구축을 위한 적극적인 역할을 확대하려는 노력을 계속해나가야 한다.

호프스테더와 핑크(Hofstede and Fink, 2007)에 따르면, 남성성 점수는 사회가 성취, 통제, 권력이라는 전통적인 남성 역할 모델을 얼마나 강화하거나 강화하지 않는지를 나타낸다. 어떤 사회의 남성성 점수가 낮다는 것은 그 사회에서 젠더 간 차별이 적고 불평등 수준이 낮다는 것을 의미한다(ChangeFactory, n.d.). 이런 남성성을 향한 편향은 나라마다 다르다. 이런 편향은 '호프스테더 나라별 비교표(Hofstede Insights, n.d.)'를 확인함으로써 쉽게 파악할 수 있다. 호프스테더는 자신의 연구에서 76개국의 남성성 대 여성성 지수 점수를 제시했는데, 남성성은 일본·독일어권 국가·이탈리아나 멕시코 같은 일부 라틴 국가에서 높고, 서구 영어권 국가에서 약간 높으며, 북유럽 국가와 네덜란드에서 낮고, 프랑스·스페인·포르투갈·칠레·한국·태국과 같은 라틴 및 아시아 국가에서 약간 낮은 것으로 나타났다(Hofstede, 2011). 최근 카헬, 슈테펜스, 니들리히(Kachel, Steffens and Niedlich, 2016)가 자기인식 기반의 남성성/여성성 척도를 개발함으로써 젠더에 관한 더욱 다양한 '자기정의self-ascription'가 가능해졌다. 그러나 이들 역시 대개 호프스테더 척도와 일치한다.

 이처럼 남성/여성이 맡을 수 있는 역할에 관한 다양한 생각과 사회적 인식을 (가능하면 그 역할을 확장하면서) 고려하는 것이 성공적인 평화구축에 중요할 수 있다. 또한 여성에 관한 기존의 고정관념을(이런 관념이 변하기를 기다려야겠지만!) 활용하는 것도 유용할 수 있다. 예컨대 논의/중재 등이 필요한 상황에서 남성이 나서면 문제가 생길 수 있는 경우, 여성이 대체로 남성에게 덜 위협적이라는 고정관념을 이용해 이를 수행하게 할 수 있다(Fitzduff, 2010, 2013).

종교의 역할

 많은 공동체에서 문화적 정체성과 종교적 신념체계 및 관행이 불가분하게 얽혀 있어, 문화적 유산, 영적/종교적 유산, 전통, 표현 사이에 명확한 경계를 긋기가 어렵다(Holt and Machnyikova, 2013, p. 179). 이런 종교적 가치는 이른바 "신성한 가치"로 불리며 "도덕 공동체가 암묵적 또는 명시적으로 무한하거나 초월적인 의미를 부여하여 비교, 거래, 또는 제한적이거나 세속적인 가치와 뒤섞이는 것을 일절 배제한다."(Tetlock et al., 2000, p. 853) 종교적 가치가 얽힌 갈등은 일반적인 정체성 갈등보다 해결하기가 더 어려울 수 있다. 이런 믿음과 행동이 보통 삶의 방식 및 실제 의미와 밀접하게 연관된 까닭에, 의문의 여지 없는 믿음과 행동을 다른 집단의 것과 조화시키기가 어렵기 때문이다. 예를 들어, 일부 사람이 종교적으로 '구원받았고'(즉, 신에게 신과의 관계를 인정받는 동시에 천국에서의 영원한 삶을 약속받았고), 다른 사람은 '구원받지 않았다'고 여기는 기독교적 개념은 다른 집단을 존중하고 긍정적 대화를 펼치며 평화를 구축하는 능력에 중대한 영향을 미칠 수 있다. 마찬가지로, 무슬림이 아닌 이를 모두 '카피르', 즉 이교도로 인식하는 것도 사회·집단 간 평화구축을 저해할 수 있다. 예를 들어, 카스트를 정당화하는 인도의 종교적 틀, 즉 힌두교도와 달리트(불가촉천민)를 구분하는 것은 상호 존중과 자원 배분에 관한 논의를 심각하게 훼손할 수 있다. 스리랑카 불교도의 신성한 민족주의라는 개념은 이웃인 힌두교도, 무슬림과 포용적으로 평화구축을 실현할 능력을 제한할 수 있다. 유대교도와 무슬림이 공유하는 '예루살렘이 신성한 장소'라는 개념은, 수십 년간 갈등을 지속해온 두 집단이 어떤 합의에도 이르지 못하게 하는 걸림돌이 되어왔다.

이 장에서 다룬 여러 문제는 종교적 요소와 관련된 모든 작업에 중요하다. 위계질서, 개인의 사고방식, 사람들이 불확실성을 다루는 능력, 젠더 고정관념, 자기해석, 이 모두는 신념체계를 고려할 때 반드시 함께 검토되어야 한다. 오랜 세월 종교 간 평화구축작업을 통해 흥미로운 모델이 많이 만들어졌고, 이런 "신성한 가치"가 한 요인으로 작용하는 특정 맥락에 맞도록 변형된 바 있다(USAID, 2009).

종교 간 평화구축작업에서 추가로 고려할 중요한 관점이 이 책 4장에서 언급한 연구에 드러나 있다. 즉, (종교를 포함한) 신념체계가 보통 "진리"의 진실성에 관한 것이라기보다 특정 공동체에 소속됨을 승인하는 것과 더 관련 있으며, 그것이 긍정적·부정적 측면을 모두 낳는다는 점이다. 이처럼 종교적 신념(과 다른 많은 이념)은 의미, 집단의 일부가 되는 것, 확실성과 안도감, 지위와 존중에 관한 것으로, 종교 간 평화구축작업이 성공하려면 이 모두를 인식해야 한다. 사람들에게 신뢰받는 "신자"인 종교 지도자의 승인을 얻는 방법도 유용하다. 다만 이 지도자가 다른 집단을 동등한 인간으로 포용할 수 있도록 경전을 더 폭넓게 해석할 수 있어야 한다. 특히 신자들이 다른 신앙을 가진 이들과 접촉할 때 안전하게 만날 기회와 편안한 감정상태를 누릴 수 있도록 하는 것이 종교 간 작업에서 중요하다.

결론

지금껏 논의된 사안은 이런 모든 과정이 사회 내부에서 혹은 집단 간에 연속적으로 일어날 수 있다는 가정을 바탕으로 한다. 또한 개인이 하나 이상의 문화적 지식을 습득할 수 있고, 살아가고 일하는 환경에 따라 서로 다른 지식을 활용할 수 있음을 전제로 한다 (Han et al., 2013). 개인이 특정한 문화적 상징에 노출되면 특정한 문화적 지식이 활성화되어, 그 문화에 맞는 사고방식과 행동이 나타날 수 있다. 예를 들어, 이중 문화를 경험한 개인은 통상 서구 문화와 동아시아 문화적 사고방식을 오가곤 한다.

또한 새로운 문화에 적응하거나 그것을 학습하는 과정에서 신경 활성화 양상이 변할 수 있다는 증거도 있다(Hedden et al., 2008). 심지어 일시적으로 다른 문화에 노출된 경우더라도, 다른 시점이나 맥락에서 동일한 인지 과제를 수행할 때 뇌활성화 패턴이 바뀔 수 있다. 이는 개인이 특정 문화에 만성적으로(반복적으로) 노출됨으로써 신경학적 행동의 습관적 패턴을 물려받거나 발달시키지만, 뇌는 새로운 문화적 영향에 적응할 수 있는 능력을 유지한다는 뜻이다 (Park and Huang, 2010). 따라서 학습은 우리의 생각과 행동뿐 아니라 (얼마간!) 우리의 생리적 작용도 바꿀 수 있는 것으로 보인다. 그러므로 세계 각지의 사고와 정동情動과정에 문화적 차이가 있음을 인식하면서도, 이민과 소셜미디어가 전통적 차이를 지속적으로 줄여가는 급격히 통합되는 세계에서 행동, 소통방식, 신뢰 규범, 젠더 등에 구시대적 고정관념을 상정하지 않는 것이 중요하다.

8장
새로운 지평, 새로운 부족

지금껏 소셜미디어만큼 전 세계적 규모로 무기화된 기술은 없었다.
— 옹과 카바녜스(Ong and Cabañes, 2018)

우리는 전투 중이며, 이 전투의 절반 이상이
미디어 전장에서 일어나고 있다. — 당시 알카에다 2인자,
아이만 알자와히리(Ayman al-Zawahiri, 2005)

군중은 하나의 거대한 신경망이 되고, 이를 통해 정서가
몸에서 몸으로 초고속으로 이동한다.
— W. 데이비스(W. Davies, 2018)

들어가며

2016년 중반, 수년간의 내전을 끝내고 수단 대통령과 부통령이 불안한 휴전을 맺었으나, 부통령이 체포되었다는 가짜 게시물이 페이스북에 올라왔다. 이 메시지가 촉발한 전투로 300명이 사망했고 나라는 다시 갈등에 빠져들었다(Mach, 2016).

ISIL은 인스타그램, 페이스북, 유튜브를 이용해 자금을 조달하고, 페이팔을 통해 기부를 받는다(Singer and Brooking, 2018, p. 65). ISIL 지도자들은 심지어 선전활동을 일종의 숭배행위로 홍보해왔다

(Winter, 2017). 리비아에서는 "키보드 전사들"이 갈등 중인 같은 리비아인을 상대로 폭력적인 수사修辭를 남발하고, 공격을 꾸미고, 가짜뉴스를 퍼뜨리는 장으로 페이스북을 이용한다(D. Walsh and Zway, 2018). 미얀마에서는 불교민족주의자들이 소셜미디어, 특히 페이스북을 이용해 무슬림과 로힝야족이 불교 또는 국가의 적이라고 비방하며 공포를 부추겨왔다(Miles, 2018). 헤즈볼라는 페이스북과 트위터에서 '무자히드*를 지원하자Equip a mujahid'는 캠페인을 벌여 지지자들이 전쟁에 필요한 무기와 탄약을 구입하게 함으로써 종교적 의무를 이행하게 했다(Singer and Brooking, 2018, p. 65). 스리랑카에서는 무슬림이 싱할라족에게 불임시술을 시행해 궁극적으로 절멸하려는 음모를 꾸민다는 소문이 전국적으로 극렬한 시위와 보복 공격을 불러왔다(Guyon, 2018). 나이지리아에서는 보코하람이 유튜브 영상을 통해 알라를 거부하는 자들을 죽이도록 대원들을 독려한다. "형제들이여, 그대들이 어디에 있든 이 메시지가 잘 전달되길 바랍니다. 시작하십시오. 그대들이 둘이든 셋이든 무기를 들고 죽이십시오 ……. 알라를 거부하는 모든 자들을……. 죽이고 죽이고 또 죽이십시오."(Malefakis, 2019) 2016년 한 이라크민병대가 ISIL 전투원으로 의심되는 이를 생포한 후 온라인 팬 7만 5,000명을 초대해 그를 죽일지 풀어줄지 투표하게 했다. 팬들은 그를 죽이라고 투표했고, 민병대는 "투표해주셔서 감사합니다"라는 자막과 함께 처형 영상을 게시했다. 다시 말해, "네브래스카주 오마하에서 변기에 앉아 있던

---

*   (역주) 성전(聖戰, 지하드)에서 싸우는 전사를 의미한다.

남자가 18세 시리아 청년의 피를 손에 묻힌 채 화장실을 나올 수도 있다"는 뜻이다(Singer and Brooking, 2018, p. 66). 2021년 1월, 트럼프 대통령의 지지자들이 워싱턴 D.C.의 국회의사당을 습격한 후, 페이스북과 트위터 모두 트럼프의 계정을 정지하며 그가 폭력을 조장했다고 밝혔다.

소셜미디어의 무기화

전쟁 하드웨어의 성질이 변하고 있다고 쓴 글은 많다. 드론, 레이저, 무인전투차량, 장거리포, 극초음속 미사일 같은 신기술이 미래 전쟁의 양상을 변화시키고 있기 때문이다. 그러나 오늘날과는 매우 다른 환경에 최적화된 우리 인간 소프트웨어가 인터넷, 특히 이미 전쟁과 평화구축 문제를 완전히 바꾸고 있는 상호작용형 소셜미디어 플랫폼의 영향에 어떻게 반응할 것인지는 상대적으로 논의가 덜 됐다.

페이스북, 트위터, 유튜브와 같은 플랫폼은 사람들, 공동체, 국가가 서로 관계 맺고 새로운 연결을 만들고 기존의 연결을 더 공고히 하는 방식을 바꾸어놓았다. 불행히도 이런 변화 중 상당수는 집단, 사회, 국가 안팎에서 이해보다 적대감을 키우는 데 이용됨으로써 평화구축에 부정적으로 작용하고 있다. 국제구호단체 머시코(Mercy Corps, 2019)가 지적했듯이,

소셜미디어는 허위 정보를 퍼뜨리고, 분열을 조장하며, 폭력, 박해, 착취의 형태로 실제 세계에 해를 끼치는 새롭고 매우 접근성 높은 통로를 만들어냈다. 소셜미디어가 실제 세계의 공동체에 미치는 영향은 복잡하며 빠르게 변하고 있다. 이는 국제적 경계를 넘나들며 전통적인 인도적 지원, 개발, 평화구축모델에 도전하고 있다.

소셜미디어 플랫폼이란 무엇인가

소셜미디어란 온라인 가상 커뮤니티와 네트워크를 통해 정보와 아이디어를 생성하고 공유할 수 있게 하는 상호작용형 컴퓨터 매개 기술 플랫폼을 말한다. 여기에는 페이스북, 유튜브, 트위터, 인스타그램, 위챗, 큐큐QQ, 큐존QZone, 웨이보, 텀블러Tumblr, 레딧Reddit 등이 포함된다. 현재 전쟁 무기로 사용되는 주요 플랫폼은 페이스북, 트위터, 유튜브이다. 소셜미디어의 도달 범위는 인류 역사상 유례가 없을 정도로 넓다. 2019년 12월 현재 페이스북에는 매분 약 51만 개의 댓글이 게시되고, 사용자는 25억 명 이상(Hutchinson, 2020)으로 추정되며, 111개의 언어(Fick and Dave, 2019)가 쓰인다. 유튜브 사용자는 20억 명이 넘으며, 매일 50억 개의 동영상이 시청되고, 매분 400시간 분량의 동영상이 업로드된다. 유튜브는 전 세계 인터넷 인구의 95퍼센트 이상이 쓰고 있다(Chi, 2019). 트위터는 매일 5억 개의 트윗이 게시되며, 정부 지도자가 가장 많이 사용하는 플랫폼이다(Cooper, 2019). 트위터가 보유한 계정은 총 13억 개로, 적극 사용자가 매월 3억 2000만 명에 달하며, 80개 언어로 서비스가 제공된다(Aslam, 2020; K. Smith, 2020).

"악의적 행위자"

페이스북의 시작은 매우 희망찼다. 페이스북은 원래 사람들을 연결하는 데 초점을 맞춰 설계되었으며, 이 목표를 이루는 데 전례 없는 성공을 거두었다. 페이스북을 통해 소통함으로써 민주주의를 증진할 수 있으리라는 기대도 있었다. 쟁점을 논의하고, 대의를 위해 뭉치고 민주적 절차에 적극적으로 참여하는 일이 좀 더 쉬워질 터였으니 말이다. 페이스북은 이런 발상이 상호작용을 통해 공유될 수 있게 했다. TV와 라디오같이 수동적인 전통 미디어에서는 불가능한 일이었다. 민주주의가 증진되리라는 기대를 품은 많은 사람들은 소셜미디어가 경제학자들이 말하는 이른바 "긍정적 공급 충격"으로 세계가 누리는 자유의 양을 늘릴 수 있다고 믿었다(Shirky, 2019). 이 전망은 일부 옳았으며, 2011년 시작된 '아랍의 봄' 민주화 과정은 소셜미디어가 없었다면 불가능했을 것이다(Mitchell, Brown and Guskin, 2012). 그러나 최근 몇 년 사이 많은 사람들이 소셜미디어가 사회 간, 혹은 국가 간 이해를 돕는지 아니면 방해하는지 의문을 제기하기 시작했다(Carr, 2015). 2016년 미국 선거와 영국 브렉시트 캠페인에서는 "가짜뉴스"가 넘쳐났고, 민주주의를 전복하려는 의도가 담긴 듯 보이는 일들이 급증했다. 페이스북 역시 처음에는 부인했으나 결국 자신들의 플랫폼이 예상치 못한 방식으로 사회적·정치적 여파를 일으키며 악용되고 있음을 인정했다. "2016년, 우리 페이스북 임직원은 악의적 행위자들이 우리의 플랫폼을 어떻게 악용하고 있는지 인식하는 데 너무 느렸다."(Harbath, 2018)

이런 "악의적 행위자들" 중 다수는 갈등과 전쟁에서 자신이 얻을 수 있는 특정 이익을 좇고 있었으며, 이들의 활동은 평화구축 노력에 반대되는 경우가 많았다. 많은 갈등해결 및 개발 단체의 업무가 평화구축 목표에 해가 되는 다양한 소셜미디어 활동으로 인해 왜곡되고 있다. 머시코(Mercy Corps, 2019)에 따르면, 이런 활동에는 다음이 포함된다.

- 정보 작전: 의사결정을 방해하고 혼란스럽게 하며, 사회석 분열을 소장하고, 적대자를 비합법적 존재로 만들 목적으로 하는 조직적 허위정보 캠페인.
- 정치적 조작: 국내 및 국가 간 정치적 논의를 체계적으로 조작하는 데 사용되는 캠페인. 여기에는 뉴스 보도를 왜곡하고, 반대자들을 침묵시키고, 민주적 통치와 선거제도를 약화하는 것이 포함된다.
- 디지털 증오발언: 소셜미디어 플랫폼은 증오 발언을 증폭하고 확산함으로써 개인과 집단이 기존의 공포와 불만을 이용하도록 돕는다.
- 급진화와 모집: 소셜미디어는 폭력적 극단주의자와 무장조직이 새로운 구성원을 모집하는 데 이용된다.

인터넷에서 벌어지는 전쟁은 오늘날 갈등상황에서 수행하는 작전의 필수 요소로 자리 잡았다. 이제 전쟁은 가상 형태로 치러질 수 있으며, 인터넷에 연결된 누구나 어떤 선거든 갈등상황이든 그 결과에 영향을 미칠 수 있다. 인터넷 플랫폼을 장악한 이들이 정치권력과 세계 각지의 전쟁에 왜곡된 결과를 가져오고, 곧잘 승리까지 거두고 있다.

이런 플랫폼의 사회적 중요성, 개인과 집단의 감정·신념·행동에 미치는 영향력을 고려해 신경과학자들은 이제 소셜미디어가 뇌에 미치는 영향과 신경계가 소셜미디어 사용을 어떻게 지원하고 상호작용하는지 연구한다(Curley and Ochsner, 2017; Meshi, Tamir and Heekeren, 2015). 이런 플랫폼이 점점 더 빠르게 등장하고 발전하는 반면 우리 자신은 여전히 너무나 인간적인 듯 보인다. 진화를 겪으며 유전된 감정과 사회적 반응이 여전히 기본적으로 우리가 소셜미디어 플랫폼과 상호작용하고 영향받는 방식을 좌우하기 때문이다.

의도적 유인

'악의적 행위자'가 경제적이든 정치적이든 자신들의 특정 이익을 위해 소셜미디어를 활용할 수 있는 것은 소셜미디어가 재정적으로 유지되는 방식에 일정 부분 원인이 있는 듯 보인다. 소셜미디어 회사의 수익은 사람들이 무엇을 좋아하고 원하고 믿는지에 관한 데이터를 수집하여 개인 정보를 취득하는 데서 나온다. 이 과정에서 사람들의 온라인 활동, 관심사, 젠더, 성적 취향, 지리적 위치, 종교, 소셜미디어 게시물을 들여다본다. 이런 정보는 광고주들이 잠재 고

객의 심리를 프로파일링함으로써 맞춤형 광고를 제공할 수 있게 한다. 플랫폼이 데이터를 더 많이 수집할수록 소셜미디어 회사의 수익도 커지므로 플랫폼은 의도적으로 중독성을 띠도록 설계된다. 분석가들은 사용자 감시를 통해 얻은 개인 프로필을 기반으로 심리적으로 중독성 있는 프로그램을 만들 수 있고, 이후 이 정보를 특정 목표를 위해 대중을 설득하고 조종하려는 정치적 행위자 등에게 팔 수 있다(Vaidhyanathan, 2018). 한 예가 영국의 정치 컨설팅 회사 케임브리지 애널리티카Cambridge Analytica로, 이 회사는 "선거과정에서 디지털 자산의 부적절한 활용, 데이터 마이닝, 데이터 중개, 데이터 분석을 전략적 소통에 이용했다."(Ingram, 2018)

왜 소셜미디어 플랫폼이 이토록 영향력이 큰가

기초연구에 따르면 페이스북, 스냅챗, 인스타그램 같은 플랫폼은 사람들이 자사 플랫폼을 계속해서 재방문하도록 슬롯머신이나 코카인이 사용하는 바로 그 신경회로를 자극하는 듯 보인다. 자기공명영상 스캔 결과는 소셜미디어를 통한 피드백이 중독성 약물과 비슷한 방식으로 뇌의 보상센터를 활성화하는 것을 보여준다(Sherman et al., 2016). 인간의 뇌에는 네 가지 주요 도파민 경로가 있는데, 이 경로로 신경전달물질이라는 화학적 메신저가 전달되며 뇌의 여러 부분이 연결된다. 이 중 세 가지 경로, 즉 중피질中皮質 mesocortical, 중변연中邊緣 mesolimbic, 흑질선조경로黑質線條經路 nigrostriatal pathways가 '보상 경로'로 여겨지는데, 이들은 뇌의 다양한 부분에서 도파민을 분비하게 하며 대부분의 중독과 관련이 있다. 마약만큼 강렬하지는 않지만 긍정적인 사회적 자극 역시 도파민을 분비시킨다. 소셜미디어는 그 끝이 없는 특성 때문에 이런 자극을 우리에게 사실상 무한정 공급할 수 있다. "문자메시지든 인스타그램의 '좋아요'든 페이스북 알림이든 간에 모든 알림은 긍정적인 사회적 자극이 됨과 동시에 도파민을 유입시킬 가능성이 있다."(Haynes, 2018)

　　　이와 관련한 자기공명영상 스캔 결과에 따르면, 소셜네트워크 사이트 중독은 다른 물질에 중독될 때와 유사한 해부학적 변화를 뇌에 일으킨다(He, Turel and Bechara, 2017). 인지신경과학 연구에 따르면, 또래의 웃는 얼굴이나 사랑하는 사람의 메시지와 같은 보상적인 사회적 자극을 인식하는 것이 알코올이나 약물과 동일한 도파민 보상 경로를 활성화한다는 것이 밝혀졌다(Haynes, 2018). 트위터는 메시지를 280자(이전에는 140자)로 제한하는 특성 때문에 더욱 중독성이 강하다. 도파민계는 들어오는 정보가 너무 적어 완전히 충족되지 않을 때 가장 강력하게 자극받기 때문이다. "짧은 텍스트나 트윗은 …… 도파민계를 날뛰게 하는 데 더할 나위 없이 적합하다."(Weinschenk, 2012)

　　　소셜네트워크 사이트는 주로 자기와 관련된 정보를 다루도록 설계된 까닭에 우리의 주의를 끈다. 또한 우리의 사회적 지위와 평판에도 영향을 미친다. 이 보상 회로는 청소년기에 특히 민감하다고 여겨지며, 청소년들이 소셜미디어에 열광하는 것도 이와 관련이 있을 것이다. 소셜미디어 플랫폼의 영향력은 봇bot을 사용함으로써 기하급수적으로 증가했다. 봇은 메시지를 증폭시키기 위해 설계된 자동화된 애플리케이션으로, 소셜미디어 플랫폼에서 좋아요, 댓글, 팔로우, 언팔로우와 같은 자연스러운 인간 상호작용을 모방하도록 프로그래밍되어 있다. 이 가운데 챗봇Chatbot은 인간 사용자와 대화를 나눌 수 있도록 설계되었으며, 대화방식이 인간과 유사해 인간인지 자동화된 상호작용인지 구별하기 어려울 정도인데, 민주주의 과정과 정치적·사회적 갈등상황에서 널리 사용되며 큰 영향을 미치고 있다.

소셜미디어, 전쟁, 그리고 신경과학

이전 장章에서 설명한 사회적·신경적 과정의 상당수가 소셜미디어에 의해 증폭될 가능성이 있다. 이런 새로운 형태의 소통이 새로운 갈등을 만들어내는 데다 마치 자석처럼 기존의 갈등을 끌어들이기 때문이다. 대체로 소셜미디어는 이성을 억누르는 한편 감정을 증폭하고, 의미와 소속감이라는 허울뿐인 기회를 제공하며, 증거에 기반한 신념 대신 가짜뉴스를 퍼뜨린다(Tactical Tech, 2018).

감정의 증폭

사실과 허구를 구별하고 적절한 문제 해결을 가능하게 하는 비판적 사고는 주로 뇌의 전두엽에서 이루어진다. 개인과 집단의 다양한 사회적 요구를 관리하고 모든 시민의 사회적 복지를 증진하는 해결책을 마련하는 것은 지속가능하고 평화로운 사회를 만드는 데 매우 중요하다. 이 과정에서 이성과 감정의 균형을 맞추는 것이 필수적이다. 특정 집단의 감정에 매몰되지 않고 포용적이고 공정하게 통치할 수 있는 능력은 평화를 지속하는 데 핵심적이다. 그러나 불행히도 대부분의 갈등상황에서는 혼돈과 소란을 동반하면서 대개 더 원시적이고 감정에 기반한 신경계가 우위를 점하게 된다. 이전 장에서 언급했듯이, 주의를 끌기 위해 경쟁하는 뇌의 두 영역은 (자동적/직관적인 감정적 충동을 처리하는) 편도체와 (상황에 대한 의식적/추론적/논리적 반응을 처리하는) 전두엽이다. 이 "감정적"인 마음과 "추론하는" 마음은 특히 갈등상황에서 공존하기가 어렵다.

뇌전도검사와 호르몬검사를 해보면 우리가 갈등상황을 인지할 때마다 편도체의 반응에 꼼짝없이 휘둘린다는 사실을 알 수 있다. 두려움을 감지하고 혹시 있을지 모를 위협상황에 우리 몸이 긴급히 반응할 수 있도록 준비시키는 데 편도체가 중요한 역할을 하기 때문이다. 아드레날린과 코르티솔 같은 스트레스 호르몬이 분비됨으로써 우리는 싸우거나 도망칠 준비를 하게 된다. 그런데 불행히도 소셜미디어 플랫폼이 보통 "우리 마음에서 가장 반응을 잘 보이고 가장 반성과 거리가 먼 부분"에 직접 말을 걸어, "우리가 좀 더 차분한 상태라면 주목하지 않을 내용에도 주목하게" 함으로써 이런 경향을 더 키운다는 사실이 드러났다(Golumbia, 2018). 이처럼 두려움이나 화를 불러일으키는 게시물은 생화학적 반응을 자극해 사람들을 불안하게 만들고, 사람들이 이러한 게시물을 다른 사람들과 공유할 가능성을 높인다. 그렇게 함으로써 결국 분노가 소셜네트워크에서 가장 빠르게 전파되는 감정이 된다(Fan, Xu and Zhao, 2016). 덧붙이자면, 온라인 관계망이 넓은 사람이 관계망이 좁은 사람보다 편도체가 큰 것으로 드러났다(X. Liu et al., 2018).

소셜미디어 플랫폼이 상업적·사회적·정치적 목적으로 주의를 끌도록 설계된 까닭에, 그 알고리즘은 강렬한 감정을 담은 게시물을 우선시하며 이런 게시물을 다른 사람들에게 더 잘 확산되게 한다. 《월스트리트저널》의 연구에 따르면, 유튜브 알고리즘은 사실에 기반한 보도를 담아 더 신뢰할 수 있는 "지루한" 동영상보다 "음모론, 편파적 시각, 오해를 일으키는 동영상"을 더 자주 추천한다고 한다(Nicas, 2018). 불행히도, 편파적인 사람일수록 소셜미디어상에서 더 많은 팔로어를 끌어들이는 경향이 짙다(Edkins, 2017). 따라서 우리 인간의 사회적·신경적 성향과 욕구는 소셜미디어를 이용해 타인에게 해를 끼치려는 이들에게 쉽게 장악될 수 있으며, 우리는 특정 목표나 목적을 지지하도록 설득하려는 지도자나 여타 갈등 유발자의 쉬운 먹잇감이 된다. 이런 식으로 감정 중심의 게시물이 확산되는 것은 집단·종교·민족·인종·국가적 특성 또는 이들과 맺을 수 있는 관계에 관해 부정적 또는 긍정적 판단을 내려야 할 때 이성과 논리를 유지하는 것을 더 어렵게 만든다. 이처럼 온라인에서 감정, 특히 두려움을 동반한 감정이 강렬하고 전염성이 높다는 점을 감안할 때, 소셜미디어에 능숙한 집단이 어떻게 전쟁을 선동할 수 있는지 쉽게 이해할 수 있다. 르완다에서 집단학살을 촉발하는 데는 라디오 한 대로 충분했는데, 오늘날의 소셜미디어로는 집단학살이 얼마나 더 쉽게 일어나겠는가.

실제로 트위터와 페이스북은 뉴스피드를 바꿈으로써 사용자들의 감정을 조작할 수 있음을 입증한 바 있다. 2014년 페이스북은 사용자 68만 9,000명의 홈페이지에 게시된 정보를 조작하는 방대한 실험을 실시하고 그 세부 내용을 발표한 바 있는데, 이에 따르면 페이스북이 "감정전염"과정을 통해 사람들의 기분을 더 긍정적이거나 부정적으로 만들 수 있다(Booth, 2014). 데이비스(Davies, 2018)가 주목한 것처럼, 오늘날 통용되는 "바이럴 마케팅viral marketing"은 체계적으로 활용되는 전염의 한 사례이다. 감정전염을 촉진할 수 있는 이런 힘은 전례가 없으며, 긴장과 폭력의 상황에서 잘못된 자의 손에 들어갈 경우 재앙적인 결과를 불러올 수 있다.

의미를 필요로 하는 우리

이 책 3~5장에 걸쳐 살펴보았듯이, 우리 삶에서 어떤 의미를 찾고 싶어 하는 욕구는 보편적이다. 상호작용을 기반으로 하는 소셜 미디어 플랫폼은 사람들에게 각자 지지할 수 있는 대의명분과, 다른 이들에게 받아들여지고 호감을 얻을 수 있는 활동에 참여할 방법을 제공함으로써 이런 의미를 찾을 수 있는 새로운 길을 열어준다. 소셜 미디어를 사용하여 자신과 자신의 견해가 받아들여졌다고 느낄 때, 우리 뇌의 보상센터 전반에 걸쳐 광범위한 반응이 일어날 수 있다.

캘리포니아대학교UCLA 아맨슨-러블레이스 뇌 지도화 센터 Ahmanson-Lovelace Brain Mapping Center의 연구진이 기능적 자기공명영상을 사용하여 청소년이 자신이 올린 사진에 '좋아요'를 받았을 때 뇌가 정확히 어떻게 반응하는지 관찰했다. 보고서에 따르면, "게시물을 올리거나 타인의 게시물을 공유할 때, '좋아요'와 '싫어요'를 누르거나 자신의 생각을 표현할 때, 뇌가 도파민을 마구 분출한다"고 한다(Wolpert, 2016). 이처럼 우리의 뇌는 소셜미디어 상호작용에 의해 유발되는 이미지와 감정에 중독성 약물과 유사한 방식으로 중독된다(즉, 피드백을 통해 강화학습을 형성한다). 소셜미디어에서 다른 사람에게 '좋아요'를 눌러주는 것은 보상과 관련된 뇌회로, 즉 선조체線條體 striatum와 복측피개 영역腹側被蓋領域 ventral tegmental area을 활성화하는데, 이 부위는 다른 사람들에게 '좋아요'를 받는 경험과도 연관되어 있다(Sherman et al., 2018).

아웃사이더가 될 필요가 없다

소셜미디어를 통한 상호작용은 곧잘 외로움의 효과적인 치유책이 되기도 한다. 오늘날 사람들은 현실 세계보다 소셜미디어 네트워크를 통해 더 쉽게 도파민과 옥시토신을 얻을 수 있다. 진화를 거쳐 발달한 인간의 뇌는 화면에 보이는 것과 실제 사람들 사이의 차이를 인식하지 못할 때가 많다. 예컨대, 페이스북은 우리 뇌를 쉽게 속여 우리가 특정 집단의 일원이라고 생각하게 하고, 이를 통해 집단과 연결되어 있다는 느낌에서 오는 신경적 보상을 증가시킬 수 있다.

문제는 소셜미디어에 너무 많은 시간을 할애하면 군중심리가 활성화된다는 것이다. 즉, 사람들은 스스로 생각하고 자신만의 의견을 형성하는 능력을 잃을 수 있다. 가장 인기 있는 의견을 따르기가 쉬워지기 때문이다. 생각이 비슷한 사람끼리 모이다 보면, 점점 "자신들이 만든 메아리 방에 갇힌 광적인 부족"처럼 변하게 된다 (Singer and Brooking, 2018, p. 123). 이런 "소셜미디어 버블" 또는 "메아리 방"은 갈등상황에서 막대한 영향력을 발휘하며, 특정 태도와 "사실"에 정당성을 부여하고 힘을 실어줌으로써 사회적 분열을 심화할 수 있다.

우리의 측두두정접합부는 시상視床 thalamus과 변연계가 전달하는 정보를 통합하고 어디에 주의를 기울일지 결정하는 뇌영역인데, 성공한 바이럴 게시물을 대할 때 두드러지게 활성화된다. 우리는 성공의 이미지를 풍기는 아이디어나 사람에게 자동적으로 끌린다. 기능적 자기공명영상 연구에 따르면, 뇌의 시각피질은 동일한 사진일지라도 '좋아요'가 적은 사진보다 많은 사진을 볼 때 더 활성화된다고 한다(Sherman et al., 2018). 이는 우리의 뇌가 사회적으로 더 나은 평가를 받은 것에, 비록 그 평가가 자의적일지라도, 내용의 합리성과 상관없이 직관적으로 더 많은 주의를 기울인다는 뜻이다.

소셜미디어가 등장하기 전에는 ISIL과 같은 집단이 자신들의 영토 밖에서 소통하거나 대원을 모집할 기회가 거의 없었다. 그러나 소셜미디어의 힘을 활용하면서 이 능력이 급격히 증가했다. ISIL은 전성기에 소셜미디어를 통해 하루에 동영상 세 개, 사진 보고서 15건, ISIL을 지지하는 트위터 게시물 4만 6,000~7만 건을 공유하며 소셜미디어 팔로어의 흥분과 충성심을 부채질했다(Radsch, 2016). 이런 과정을 통해 ISIL 같은 집단이 성공적으로 대원을 모집할 수 있었다. 이들은 자신들의 대의를 영웅적이고 영감을 주는 것으로 내세웠고, 다수의 젊은 남성과 일부 여성이 이에 호응했다.

ISIL의 소셜미디어 활동이 대폭 줄어들자 서구 국가에서 칼리프 국가 건설에 합류하려고 떠나는 자원자 수가 줄어들었다. 성공의 이미지가 사라지자, 즉 이제 칼리프 국가가 실패한 시도로 보이자, ISIL의 매력도 크게 감소했다("Analysis", 2017).

특히 청소년이 소셜미디어의 주요 사용자이다. 이 책 5장에서 살펴봤듯이 집단에 소속되려는 욕구, 의미를 찾으려는 욕구, 존중받으려는 욕구는 청소년들 사이에서 특히 강하다. 인터넷상의 상호작용을 통해 도파민, 옥시토신 같은 생리적 보상을 손쉽게 얻을 수 있는 점을 고려하면, 많은 청소년이 극단주의에 무방비상태로 놓여 있다는 것은 놀라운 일이 아니다. 이런 까닭에 소셜미디어는 특히 중동과 아프리카 일부 지역에서 민병대 가입을 늘리는 데 혁신적인 역할을 했고, 전 세계적으로 민족주의와 극우세력을 부흥하는 데 기여했다. 미국, 독일 등지에서 백인우월주의 집단 같은 단체들도 회원을 모집하고 조직을 구성하는 데 소셜미디어에 크게 의존한다. 이때 주로 페이스북과 트위터 같은 사이트를 이용하며, 여기에 더해 익명성을 보장하는 레딧, 유튜브, 4chan, 8chan 같은 사이트도 활용한다. 미국 남부빈곤법률센터(Southern Poverty Law Center, 2019)는 미국 내 1,020개 단체를 증오단체로 지정했는데, 이들 모두 소셜미디어를 통해 자신들의 활동을 전파하고 있다. 이는 적어도 최근 20년 사이에 가장 많은 수치다.

진실은 우리가 보려는 대로

이 책 4장에서 보았듯이, 진실은 대개 사실보다 우리의 욕구와 더 관련이 있다. 소셜미디어에서 현실이나 진실과 유사한 것은 곧잘 뒷전으로 밀리고, 살짝 바뀌었거나 왜곡됐거나 상상된 서사가 그 자리를 차지한다. 인간의 뇌는 인터넷의 속도로 움직이는 정보 환경에서 작동하도록 만들어지지 않았다. 우리 뇌는 지름길을 사용해 우리가 받는 정보의 거의 대부분을 필터링한다. 그러지 않으면 우리는 완전히 압도되어 특정 순간에 어떤 정보가 유용한지 골라낼 수 없을 것이다(Colgin et al., 2009). 이런 까닭에 복잡한 문제를 깊이 조사할 시간이나 에너지가 부족할 경우 우리는 "가용성 휴리스틱"(즉, 더 빠르게 결정을 내리기 위한 정신적 지름길. Tversky and Kahneman, 1974)을 사용한다. 우리의 주의력은 한정된 자원인데, 파시스트 지도자와 수상쩍은 민병대는 소셜미디어를 통해 주의를 끄는 데 점점 더 능숙해지고 있다.

웹과 소셜미디어를 통해 접할 수 있는 정보가 어마어마하게 많은 탓에 우리는 쉽게 혼란에 빠지고, 잘못된 결정을 내리기가 쉽다. 우리 뇌는 어떤 것이 진실이고 읽을 가치가 있는지, 어떤 것이 소음이나 쓰레기에 불과한지 판단하지 못할 때가 많다. 많은 사용자에게 웹에서 얻는 모든 정보는 이제 같은 가치를 지닌다. 진실의 위계가 없는 것이다. 출처의 질적 차이를 이해하지 못하면 신뢰할 만한 뉴스나 보도가 소셜미디어에서 유포되는 조작된 선전물과 별반 차이 없어 보인다. 이런 식으로 정보가 전달되는 네트워크에서는 사람들의 신념이나 소속감의 미묘한 차이가 드러나기가 훨씬 어렵다. 유튜브의 '좋아요/싫어요'나 트위터의 트윗/리트윗은 대개 어떤 사안에 관한 정보에 반응하는 것이 아니라, 온라인 친구와 공감하기 위한 행위이다. 그 결과로 결정의 근거가 될 공통된 '사실'이 사라지고, 대신 모든 관점에 대해 '의견'과 '가짜뉴스'가 넘쳐난다. 상황을 더욱 나쁘게 만드는 것은 가짜뉴스가 정확한 정보보다 더 멀리, 더 빠르게, 더 깊이 소셜네트워크로 침투한다는 점이다(Vosoughi, Roy and Aral, 2018). 이런 뉴스피드에 적용된 알고리즘을 통해 소셜미디어 플랫폼은 사용자 집단이나 그들의 정치적 선호에 부합할 만한 뉴스 콘텐츠를 필터링하고 보여준다.

이렇다 보니 사용자가 뉴스를 소셜미디어에서 접할 때 모든 형태의 양극화가 증가할 수 있다. 자신과 신념이 다른 사람과 상호작용을 거의 하지 않기 때문이다. 최근 연구에 따르면, 소셜미디어는 모든 연령대에서 고정관념의 범위를 확대한다(Mihailidis and Viotty, 2017). 집단은 자기 집단의 구성원만 '진실'을 알고 있으며, 나머지는 모두 무지하고 편향되고 악하다고 믿게 된다. 음모론이 인터넷에서 번성하고 신봉자에게 '진실'에 특별히 접근할 수 있다는 만족감을 준다. 이처럼 분열과 증오가 더 쉽게 생겨나고, 음모론이 더 자유롭게 퍼지며, 갈등과 전쟁이 더 쉽게 발생하는 반면 관리하거나 종결하기는 더 어려워진다. 2015년 말, 《워싱턴포스트》가 인터넷 상의 잘못된 음모론을 반박하는 주간 특집 기사를 조용히 종료했다. 언급할 음모론이 너무 많았기 때문이다.

클릭 한 번으로 적을

애초에 사람들에게 다양한 사회관계망에 "소속"될 수 있는 새롭고 보편적인 기회를 제공하기 위해 설계된 다수의 소셜미디어 플랫폼은 사람들과 집단들로 하여금 지역 및 전 지구적 차원에서 "타자화" 기술을 연습하도록 돕고 있다. 이 장 서두의 사례에서 언급했듯이, 갈등, 증오, 전쟁을 확산하는 소셜미디어가 정부, 주요 사회단체, 평화구축 전문가가 쏟아붓는 최선의 노력을 능가하고 있다. 인터넷은 권위주의적 지도자와 증오를 퍼뜨리는 집단이 자유롭게 쓸 수 있는 전장이 되었다. 이제 개인과 집단의 목표와 감정이 전 세계적으로 공유될 수 있게 됨으로써 지지층 역시 세계만큼 넓어질 수 있다. 이처럼 소셜미디어는 개인과 집단이 분열하고 경쟁하고 갈등하는 양상을 효과적으로 증폭하며, 소셜미디어 사용으로 인해 전쟁에 뛰어든 민병대 분파가 증가한 듯 보인다(Walter, 2017). 예전에는 민병대 동원은 대부분 지역 또는 국가의 지원에 의존했다. 이제 인터넷은 민병대가 자금을 조달할 수 있도록 하는 데다, 대의를 홍보하고 전쟁에 참여할 대원을 모집할 방법까지 제공한다(Jacobson, 2010).

소셜미디어의 해악은 노골적으로 전쟁을 벌이는 나라에만 국한되지 않는다. 2016년 미국 대선 선거운동 기간에, 소셜미디어에서는 사용자 주위에 이른바 필터버블을 만들고 거짓 주장을 하면서 신뢰도 낮은 기사를 리트윗하여 상대를 비방했다(Ciampaglia and Menczer, 2018). 트위터는 5만 개가 넘는 러시아 연관 계정이 자동 생산된 미국 대선 관련 자료를 게시하면서 자사 서비스를 이용했다고 인정했다. 이런 게시물이 최소 67만 7,775명 이상의 미국인에게 도달했음도 밝혔다(Swaine, 2018). 이 계정 중 다수는 봇넷botnet의 일부였는데, 봇넷은 인간이 할 수 있는 속도보다 훨씬 빠른 속도로 인터넷에서 자동작업을 수행하는 소프트웨어 애플리케이션이다(P. Handley, 2018). 수천 개의 클릭 농장click farm(정치·사회적 아이디어의 가치를 인위적으로 높이려고 직원을 고용하여 웹사이트에서 클릭하게 하는 사업)이 존재했으며 지금도 존재한다. 이런 현상은 2016년 미국 대선 선거운동에서 가장 두드러졌는데, 댓글부대가 사람 행세를 하는 챗봇을 이용해 온라인 토론을 조종했다. 계정이 끊임없이 생성되고 재구성되어 혼란을 키우고, 주장과 사실 사이의 경계를 흐리는 이야기와 동향을 만들어냈다. 영국의 브렉시트 캠페인도 이와 비슷하게 소셜미디어 때문에 왜곡되었다(Hanska and Bauchowitz, 2017).

결론

소셜미디어의 영향력이 커지면서, 우리는 알고리즘 조작이 평화구축활동의 '성공' 또는 '실패'를 결정할 수 있는 미래를 마주하고 있다. 불행히도, 디지털 음모론자들과 싸우기는 매우 어렵다. 심리학자들은 사람들의 오류를 지적해 확증편향을 극복하려는 것이 오히려 문제를 키우고 편향을 심화한다는 사실을 발견했다(Weir, 2017). 그 결과, 전쟁·기술·정치가 한데 뒤섞여 스마트폰과 노트북이라는 새로운 형태의 전투 공간에서 우리의 감정을 놓고 싸우게 되었다. 하지만 기술전문가, 정치인, 학자, 비정부기구 그 누구도 이 흐름에 성공적으로 맞서는 방법을 아직 확실히 알지 못한다. 일부가 맞서려 애쓰고는 있지만 말이다(이 책 10장 참조).

정보와 통신의 혁신은 오래전부터 두려움을 불러일으켰다.

소크라테스는 글쓰기를 사회적 몰락의 시작으로 여겨 두려워했고. 최초의 인쇄기도 비슷한 취급을 받았다. 오늘날에는 놀라운 규모와 속도를 지닌 인터넷이 등장했다. 그러나 이 장에서 살펴보았듯이, 불행히도 우리 인간이 정보를 소화하는 속도에 한계가 있고 소셜미디어에 대한 신경학적 반응은 부적응적 양상을 띤다. 즉, 종種으로서 우리는 아직 소셜미디어 시대의 특징인 정보의 즉시성과 방대함을 다루기에 생물학적으로나 심리적으로나 준비가 덜 된 듯 보인다.

어찌 되었건, 우리는 이제 대부분의 시민이 상호작용 기반의 인터넷 환경을 이용하는 세상에서 살고 있다. 2020년 1월 기준, 약 45억 4,000만 명이 적극적인 인터넷 사용자로 이는 전 세계 인구의 59퍼센트에 해당한다(Statista, 2020). 앞으로 몇십 년간 이 수치는 분명 증가할 것이다. 좋든 싫든 소셜미디어는 이제 나라 안팎에서 벌어지는 모든 갈등의 주요 주체이며, 현재 진행 중인 일부 전투에서 실제로 그런 역할을 하고 있다. 어떻게 소셜미디어가 우리 인간의 생물사회적 본성 중 최악이 아닌 최선의 것을 실현하여 평화구축에 더 나은 기여를 하게 할 것인지가 앞으로 수십 년간 주요 과제가 될 것이다.

9장
향후 나아갈 길은?

인간은 본질적으로 사회적이다. 우리의 생존은 다른 이와 나누는
사회적 상호작용, 동맹의 형성, 정확한 사회적 판단에 크게
좌우된다. — 드세티와 람(Decety and Lamm, 2014)

평화로운 사회의 중심에는 인간의 친사회성이 있으며,
이는 또한 전 지구적 도전에 맞설 대응책이다.
— 뵈클러 등(Böckler et al., 2018)

들어가며

1994년 '르완다집단학살' 당시, 후투족 무슬림 상당수가 투
치족 무슬림과 비무슬림을 보호했고, 때로 그 과정에서 목숨을 잃기
도 했다. 무슬림 종교 지도자 중 집단학살에 가담해 기소되거나 체
포된 사람이 없었으며, 모스크에 피신한 사람 중 무슬림 지도층의
협조로 살해당한 이도 없었다. 이는 기독교 교회나 정부기관에 피신
한 사람들이 종교 및 정부 지도자의 명령이나 협력하에 살해된 사례
가 많았던 전국적인 흐름과 대조적이었다. 모스크에서 사망한 이들
도 있었지만, 이는 이들을 보호하려던 무슬림과 비무슬림이 적극적

으로 저항했는데도 살해된 경우였다.

1995년 르완다 대통령이 무슬림으로는 내각에 처음 인선된 각료(장관)의 임명식에서 무슬림 공동체의 긍정적 역할을 인정하는 공개 성명을 발표했다. 그는 르완다의 무슬림이 집단학살에 가담하지 않았다며, 그들에게 "다른 르완다인에게 함께 살아가는 법을 가르쳐달라"라고 요청했다(Doughty and Ntambara, 2005).

무슬림 공동체가 한 행동은 자연스러웠는가, 아니면 부자연스러웠는가?

'우리'를 넘어서?

찰스 다윈은 이타적 행위와 협력이 비非친족 관계인 개인이나 집단에 행해지는 것을 자신의 자연선택 이론에 대한 도전으로 여겨 당혹스러워했다. 이타적이고 협력적인 행동은 주는 사람의 희생으로 비친족 수혜자의 생존 적합도를 높이는 형태이므로, 자연선택이 개인과 그 가족의 생존에 유리한 행동을 선호한다는 다윈의 신념과 모순되어 보인다. 그러나 이타적 행위는 흔하다. 오늘날의 세상만 보아도 쉽게 알 수 있다(Klein, 2011). 페어와 피슈바허(Fehr and Fischbacher, 2004a)에 따르면, "인간 사회는 다른 모든 동물 종과 비교할 때 극히 예외적이다. 유전적으로 무관한 개인 간의 대규모 협력을 기반으로 하기 때문이다."(p. 142) 인간은 특정 형태의 협력과 협동에서 다른 종과 비교할 수 없는 수준의 복잡성을 달성한 것 같다

(Apicella and Silk, 2019). 인간 협력의 범위와 정도는 국가 건설, 국제적·세계적 안보, 경제제도와 같은 대규모 사안의 진행에서 대단히 중요했고 앞으로도 그럴 것이다. 그렇다면 왜 이런 협력적 행동이 발달했을까?

협력의 필요성

생존을 목표로 하는 개인의 유전자가 언제 집단의 필요보다 우선시되는지를 두고 연구자들 사이에 토론이 활발하다. 이처럼 개인 유전자의 성공을 다룬, 이른바 '이기적 유전자' 이론(Dawkins, 1976)은 많이 거론되어왔지만, 인간에게 협력하려는 생물학적 경향이 존재하고 협력을 위해 이타적 행동이 필요하다는 주장은 비교적 새로운 개념이다. 2010년에 이르러서야 이타적 행동이 개인 유전자의 이익이 아닌 공동체의 이익을 위해 진화했다는 견해가 제기되었다. 저명한 생물학자 윌슨E. O. Wilson과 하버드의 동료 연구팀이 내린 결론이다(Bergland, 2012). 윌슨은 협력의 보편성과 그 중요성에 주목하면서, 인류가 "초협력자, 집단 우선주의자가 됨으로써, 또한 사소한 이기적 욕망과 '나' 중심의 욕구를 기꺼이 제쳐두고 자기희생적인 꿀벌처럼 힘을 합쳐 기회를 잡음으로써" 초능력을 얻었다고 주장했다(Angier, 2012). 윌슨의 연구는 생존 이론의 관점에서 개인과 그의 가까운 가족이 늘 가장 중요하지는 않으며, 이타적 행동이 이들을 넘어 다른 사회집단의 구성원을(그들이 친족이든 아니든) 보호하는 데까지 확장된다는 점을 보여주었다(Nowak, Tarnita and Wilson, 2010).

협력은 진화과정에서 집단 구성원의 생존에 점점 더 중요한 요소가 된 듯하다. 사냥과 채집을 서로 도와가며 잘할 수 있는 사람들이 부족 바깥의 위협에서 자신들을 더 잘 보호할 가능성이 높았다(Sullivan, 2016; Tomasello et al., 2012). 집단들이 규모가 큰 집단의 이점을 인식하자, 자신들의 역량을 늘리기 위해 다른 집단과 합쳤다. 이는 인간이 부족 중심의 본능을 초월해 공동의 목표를 추구할 수 있음을 보여준다(Radovanović, 2019). 연구에 따르면 협력과 이타적 행동은 그저 경쟁의 부산물이 아니라 사실상 진화와 발달의 본질적인 요소인 듯하다(Weiss and Buchanan, 2009). 우리 인간이 오랜 기간 생존해온 것은 자신의 부족을 넘어 기꺼이 정보와 자원을 공유하고 서로 돕고자 하는 의지가 있었기 때문으로 보인다. 이타심을 발휘하고 협력하려는 경향은 인간이 더 큰 집단 속에서 함께 살아갈 수 있는 능력을 더욱 공고히 하는 일종의 '접착제'인 것으로 보인다. 이런 경향은 선천적이면서도 사회적이다. 즉, 협력과 같은 친사회적 행동과 이타심이 표준으로 자리 잡고 제도화된 사회의 문화적 규범에 크게 좌우된다.

어릴 적부터 나눈다

복잡한 형태의 협력과 협동에 참여하는 기술과 동기는 영아기와 유아기 초기부터 나타나는 듯하다. 블룸(Bloom, 2013)은 공정성과 호혜에 대한 민감성을 생후 3개월 된 아기에게도 관찰할 수 있다고 기록했다. 아이들은 생후 14개월이면 서로 돕기 시작하며, 두 살부터는 간단한 문제를 협력하여 해결할 수 있다(Tomasello and Hamann, 2012; Warneken and Tomasello, 2010). 세 살이 되면 규범에 순응하고 비협조적인 개인이 처벌받는 것에 만족하는 경향이 뚜렷해진다. 영아의 생존을 부모 외 다른 친척의 돌봄에도 의존하게 하는 진화적 특성(Berlatsky, 2014)이 이런 행동에 기여했을 수 있다. 이는 타고난 행동과 학습된 행동이 결합된 것으로, 인간에게서 유독 두드러지는 특징으로 보인다.

그러나 협력의 정도는 사회마다 다르며, 이는 하우스 등(House et al, 2013)이 친사회적 행동(즉, 타인에게 이익을 주려는 행동)을 연구하면서 언급한 바 있다. 이 연구는 세 살에서 열네 살에 이르는 아동 326명과 성인 120명을 대상으로 이루어졌고, 이들은 아메리카, 오세아니아, 아프리카의 수렵채집인, 유목민, 원예농업인, 도시 거주자 등 다양한 문화·지리·생계전략을 지닌 여섯 개 사회에서 선발했다.

하우스 등(House et al., 2013)은 여섯 개 사회 모두 아동이 중기 아동기에 접어들면서 비친족을 상대로 친사회적 행동(즉, 개인적 희생을 요하는 행동)을 하는 비율이 줄어들었음을 발견했다. 그러나 아동이 각자의 사회에서 성인의 행동을 따르기 시작하면서 친사회성의 비율에 차이가 생겼다. 저자들은 자신들의 연구 결과가, 협력을 위해 개인적인 희생이 필요한 선택을 할 때 습득한 문화적 규범이 중요하게 작용함을 강조하는 이론과 일치한다고 주장한다(House et al., 2013).

집단 간 협력의 정도와 유연성은 그들이 문화적으로 얼마나 유사한가에 달린 듯하다. 연구자들은 "문화적 집단 선택"으로 불리는 이 과정이, 문화적 변이가 유전적 변이보다 인구집단 내에서 더 강하게 구조화되어 있기 때문에 가능하다고 주장해왔다(Boyd, Richerson, Henrich, 2011). 이런 주장의 전제는 이주가 집단 간 유전적 변이를 서서히 줄이지만, 집단 간의 문화적 변이는 이주민이 새로 속하게 된 집단의 문화적 관행을 받아들임으로써 대부분 보존된다는 것이다. 인간의 진화 역사에 작용한 이런 선택은 왜 우리가 친족도 아니고 익숙지도 않은 이들과 기꺼이 협력할 수 있는지, 그럼에도 이런 전례 없는 협력적 유연성이 왜 문화적으로는 편협할 수 있는지를 설명해줄 수 있다(C. Handley and Mathew, 2020).

협력을 뒷받침하는 뇌 과정

뇌의 타고난 경향이 이런 협력에 영향을 미치는 것으로 보인다. 사회심리학자 및 사회신경과학자는 연민과 이타적 행동을 가능하게 하는 특수한 신경체계를 확인했다(Zaki, López and Mitchell, 2014). 협력의 유전적 근거에 관한 연구 또한 영장류와 인간의 뇌에 협력을 촉진하도록 진화한 사회적 회로가 있음을 보여준다(Chang, Gariépy and Platt, 2013; Reuter et al., 2011). 특정 뇌영역이 협력과 경쟁에 특별히 연관되어 있음이 발견되었는데, 협력에는 주로 안와전두피질, 경쟁에는 하두정피질과 내측전전두피질이 관여한다. 협력은 좌측내측안와전두피질이 관여하는, 사회적 보상이 주어지는 과정으로 보인다(Decety et al., 2004). 즉, 협력은 이를 실행하거나 관찰하는 사람에게 신경학적 보상을 제공할 수 있다.

연구자들은 또한 무엇이 이타적 행동을 모방하려는 충동을 제한하는지도 들여다보았다. 참가자 58명을 상대로 세타버스트 경두개자기자극theta-burst transcranial magnetic stimulation이라는 비침습적 시술을 시행하여 특정 뇌영역의 활동을 억제했다. 전전두엽의 활동이 둔화된 참가자들은 다른 부위가 둔화된 참가자들보다 50퍼센트 더 관대했다. 공동기금에 기부금을 얼마나 낼지 빠르게 결정한 참가자들은 천천히 결정한 참가자들보다 훨씬 더 관대했다. 즉, "참가자들에게 빠르게 결정하게 하면 기부금을 많이 냈고, 반대로 심사숙고하고 천천히 결정하게 하면 기부금을 적게 냈다."(Rand, Greene and Nowak, 2012) 다른 연구에서는 참가자들에게 기부금을 낼 때 "직관을 신뢰하라"고 권장했는데 그 결과, 참가자들이 내는 기부금 액수가 증가했다(Christov-Moore and Iacoboni, 2016). 이로 미루어볼 때, 우리는 이타적이고 협력하려는 성향을 타고났지만, 이에 대해 지나치게 많이 생각하면 이런 본능이 약화되기도 한다!

유전도 거든다

유전 또한 타인을 돕고 협력하려는 성향을 형성하는 데 어느 정도 기여하는 것으로 보인다. 어떤 이들은 다른 이들보다 더 이타적인 성향을 타고난 듯하다. 한 유전 실험에 따르면, 특정 유전자의 대립형질 변이를 하나 이상 지닌 참가자들이 그렇지 않은 참가자들보다 두 배가량 많은 돈을 기부했다. 옥시토신 수용체 유전자의 단일염기다형성인 rs53576의 G변이를 지닌 사람이 A변이를 지닌 사람보다, AVPR1a RS1/RS3 유전자의 변이 형태 길이가 긴 사람이 짧은 사람보다 낯선 사람을 더 신뢰하고 자선활동에 더 많이 참여하며, 시민의 의무를 더 충실히 수행하는 등 "친사회적" 행동을 보일 가능성이 더 높았다(Poulin, Holman, Buffone, 2012).

또 다른 실험에서는 참가자들이 독재자 게임에 참여했다. 이 게임은 경제학자 및 사회과학자들이 의사결정을 연구할 때 자주 사용하는 방식이다(Kahneman, Knetsch, Thaler, 1986). 게임에서 참가자들은 일정 금액을 받았고, 이를 자신이 모두 가지거나 낯선 사람과 나누어야 했다. 게임이 끝난 후, 연구자들은 참가자들의 분배 결과를 뇌 스캔과 비교했다. 크리스토프무어와 야코보니(Christov-Moore and Iacoboni, 2016)는 참가자 중 3분의 1이 고통과 감정을 인지하고 타인을 모방하는 뇌영역에서 강한 반응을 보였으며, 이들이 가장 관대하다는 사실을 발견했다. 이 그룹은 평균적으로 자신이 받은 돈의 약 75퍼센트를 나눠주었다. 이런 성향은 "친사회적 공명" 또는 모방충동으로 알려져 있으며, 연구자들은 이 충동이 이타적 행동의 주요

원동력이라고 믿고 있다(Christov-Moore and Iacoboni, 2016).

협력을 촉진하는 규범

벨, 리처슨, 맥엘리어스(Bell, Richerson and McElreath, 2009)에 따르면, 우리가 잘 알지 못하는 이들, 예컨대 공동선을 위해 싸우는 군인, 모르는 이를 위해 헌혈하는 사람(유럽 대부분의 국가에서 헌혈은 자발적이다), 식품은행에 기꺼이 기부하는 사람에게 볼 수 있는 자기 희생적 행동은 유전적 요인보다 사회적으로 학습된 행동과 신념으로 더 잘 설명된다. 이런 나눔은 사회적 정체성을 공유하는 집단 내에서는 일반적이다. 그러나 집단을 넘어선 나눔은 비교적 새로운 가치로 애써 육성해야 한다. 사람들로 하여금 사회적으로 새로운 집단에 속한 이들을 '우리' 집단의 구성원으로 인식하게 하기 어렵고, 의사결정자와 수혜자 간의 사회적 거리가 멀수록 개인이나 집단이 기꺼이 자원을 나누려는 의지를 키우기가 어렵기 때문이다(Ma, Pei and Jin, 2015).

이런 집단을 결속하는 데 도움이 된 것은 소속감이라는 포괄적 틀과 도덕규범으로 생각된다. 도덕규범은 집단이 생존을 위해 확대되면서 소속감의 확장도 필요하게 되자 구성원 간의 접착제 역할을 했다(Green, 2011). 따라서 협력을 촉진하는 사회적 규범을 만들고, 광범위한 사회적 합의를 기반으로 하는 집단이 다른 집단보다 더 성공적이고 더 널리 퍼진 것으로 보인다(Fehr and Fischbacher,

2004b). 이런 초기 규범 중 다수는 무역의 필요 때문에 만들어졌다. 무역이 작동할 수 있게 하는 경제적 제도가 필요했다는 말은 이것이 곧 처음으로 활성화된 국가 및 국가 간 제도였다는 뜻이다. 시장에는 보통 사회적 장벽을 허물고, 상인 간의 공정성을 강화하며, 개인의 이익을 위해 무역을 통제하려는 시도를 억제하는 일련의 규제와 행동이 있었다(Blanton, 2016). 그 결과, 잘 작동하는 시장은 낯선 사람들이 서로 협력하고 신뢰할 수 있게 하는 제도가 만들어지도록 자극했다(Bowles and Gintis, 2011). 결국 시장은 지속가능하기 위해 법적·정책적·사업적·경제적 제도도 요구하게 되었다. 이런 제도는 협력을 용이하게 했고, 어떤 경우에는 협력을 거부하는 이를 처벌하는 메커니즘도 개발되었다(Burnham and Johnson, 2005).

제재와 보상 체제로 강화된 도덕적 틀이 이런 환경에 잘 적응한 개인의 재생산 성공률을 높였을 뿐 아니라, 공감과 사회적 수치심같이 협력에 기여하는 사회적 감정의 발달도 촉진했다(Boyd and Richerson, 2009). 이처럼 더 큰 정체성이 형성되는 데는 언어, 종교, 국적과 같이 집단 정체성을 드러내는 표지의 발전도 중요한 역할을 했다. 공동체 지도자들은 점차 역사, 기旗, 가두행진, 국가國歌 같은 집단 상징을 전략적으로 활용해 공유된 정체성을 강화하는 방법을 터득해나갔다. 이처럼 집단 정체성 규범과 문화는 한 개인이 더 큰 집단으로 동반자 관계를 확장하려 할 때 해결책이 되었다. 문화적 진화가 유전적 진화보다 더 빠르게 일어날 수 있었던 덕분에, 인간은 복잡하고 변화무쌍한 환경에 신속히 적응할 수 있었다(Boyd and Richerson, 1985).

처벌

문화적·법적·경제적 규범이 중요하다고 하나, 개인, 집단, 국가가 자기 이익을 추구하려는 성향이 항상 충분히 억제되지는 않는다. 규범을 합의할 때, 사람들이 집단을 위해 희생할 것을 확실히 해두기 위해 흔히 처벌이라는 제재조치가 요구된다. "무임승차자"(즉, 협력은 거부하면서 노력이나 비용 없이 어떤 혜택을 취하려는 사람. Fischbacher, Gächter and Fehr, 2001; Stallen and Sanfey, 2013)를 관리할 필요가 있기 때문이다. 협력의 신경기제를 주제로 한 다양한 연구에서 일관되게 나타난 결과(Fehr and Gächter, 2000)가 있는데, 실험경제학의 표준 시험인 공공재 게임에 처벌 옵션을 추가하면 협력 수준이 상당히 증가하고(거의 100퍼센트 협력에 도달함), 이 옵션이 없으면 협력 수준이 떨어진다(Dong, Zhang, and Tao, 2016).

이처럼 개인의 이익과 집단의 이익 간의 긴장은 늘 존재해왔다. 결혼 시장에서의 배제, 협력 활동의 성과 박탈, 추방, 처형과 같은 사회적 선택 메커니즘은 반사회적 행동을 유도하는 유전자가 도태되도록 강한 압력을 행사했을 것이다. 마찬가지로, 친사회적 경향을 지니게 하는 유전자를 선호하는 사회적 선택 역시 쉽게 상상할 수 있다(Bell et al., 2009).

규범 위반을 제3자가 처벌할 수 있게 함으로써, 합의된 사회적 규범이 빠르게 발전했고 집단 구성원 간의 협력이 진화했다(Rand et al., 2009).

한 가지 주의할 점은, 연구자들이 사회적 배제가 장차 친사회적 행동을 할 가능성을 낮춘다는 사실도 발견했다는 것이다 (Twenge et al., 2007). 예컨대 수감같이 사회적으로 배제되는 경험은 친사회적 행동을 크게 감소시킬 수 있으며, 이는 불법화나 제재 같은 처벌의 효과를 재고해야 할 중요한 이유가 된다.

지도자의 역할

거의 모든 협력에 리더십이 필요하다. 우리가 일부 지도자에게 비합리적으로 헌신하는 일도 대규모 집단 안에서 협력을 용이하게 하려다가 벌어진 일일 수 있다(이 책 6장 참조). 진화론에 따르면, 지도자의 "카리스마"란 추종자들에게 자신이 큰 집단의 구성원들로 하여금 서로 협력하도록 이끌 수 있다는 확신을 주는 능력이다. "카리스마적 리더십과 이의 추종은 역동적 과정으로, 지도자는 추종자에게 집단 내 협력이 성공할 가능성을 높여 집단을 이롭게 할 능력이 있다는 신호를 보낸다."(Grabo and van Vugt, 2016) 따라서 지도자는 구성원 간의 협력을 가능하게 하고, 자신의 집단을 넘어 다른 집단과도 협력할 수 있도록 하는 데 언제나 중요한 역할을 해왔다. 그러나 유감스럽게도, 이 책 6장에서 살펴보았듯이, 오늘날의 지도자는 대부분 여전히 거래적 리더십에 머물러 있으며, 주로 자신이 속한 집단 내 협력이나 지역 및 국가 차원의 리더십에 더 많은 관심을 기울이고 있다. 전 지구적 리더십, 즉 지구의 미래를 위해 가장 필요해 보이는 리더십 유형과는 거리가 먼 게 현실이다.

미래

> 우리가 획기적으로 상호연결된 세계에 살고 있다는 말은 이제 진부한 문구가 되었다. 실로 이 국제주의와 인터넷의 시대는 '상호相互'의 시대라고 불러도 좋을 것이다. 즉, 모든 것이 무언가와 상호연결되고, 상호의존하고, 상호 얽히고, 상호작용하고, 상호접속함으로써 현재의 모습이 된다.(McMahan, 2009, p. 131)

로버트 라이트Robert Wright의 독보적 저작 『넌제로Nonzero』(Wright, 1999)는 역사가 어떻게 우리를 점점 더 거대해지는 상호의존의 그물망 속에 엮어 넣을 것인지 보여주었다. 실제로 공유된 경제·기술·시장·법률·연료·환경·정치 네트워크에 의존하는 지역 및 전 지구적 제도가 점차 표준화되고 있으며, 라이트가 책을 쓴 이후 지난 20년 동안 급속히 확산되었다. 세계가 이런 상호의존에서 벗어날 수 있다고 상상하기는 어렵다. 그렇게 한다면 자국과 타국에 해를 끼치고 지구라는 공동선을 해칠 수 있기 때문이다. 주식시장은 이제 모두 세계화되어 있으며, 사건에 상호의존적으로 반응한다. 세계무역도 점점 더 세계화되고 있으며, 대부분의 상품, 특히 식량과 기술제품의 생산과 유통이 전 세계적 네트워크에 점점 더 의존하고 있다. 내가 글을 쓰는 지금, 코로나19 바이러스가 전 세계를 휩쓸고 있다. 환경문제와 마찬가지로, 이는 개별 국가 차원에서 해결할 수 없는 전 세계적인 도전 과제다. 전 세계 중증환자 치료 병원에서 사용되고 있는, 코로나19 감염병 치료에 필수적인 인공호흡기의 절반이 현재 아일랜드에서 제조되고 있으며(IDA Ireland, 2020), 전 세계가 필요로 하는 마스크의 절반이 코로나 바이러스가 중국에서 출현하기 전까지 바로 중국에서 생산되었다(Bradsher and Alderman, 2020).

특히 평화구축 전문가에게 중요한 사실은 오늘날 벌어지는 거의 모든 갈등이 대리전쟁 또는 그림자전쟁을 수행하는 동맹국, 전세계 어디나 있는 무기 공급원, 점점 더 문제가 심각해져가는 소셜미디어가 가세하여 더욱 복잡해지고 있다는 점이다(이 책 8장 참조). 사회과학자 스티븐 핑커Steven Pinker는 그의 저서 『우리 본성의 선한 천사The Better Angels of Our Nature』에서 전쟁과 폭력적 갈등이 꾸준히 감소해왔다고 주장하면서, 이들이 곧 사라지리라 기대한다(Pinker, 2012). 핑커는 진화적 힘이 인간이 지닌 최고와 최악의 특성을 복잡하게 조합하여 인간의 본성을 만들었다고 믿는다. 그럼에도 그는 갈등을 일으키고 폭력을 행사하려는 충동이 우리에게 여전히 있다 해도 역사적 추세, 예컨대 강력한 정부, 경제적 풍요, 문맹률 감소와 교육의 확대, 무역의 증가, 여성의 권한 강화가 이런 충동을 효과적으로 길들일 수 있다고 주장한다.

그러나 오늘날 세계를 보면, 우리 안에 내재된 본성이나 문화적 성향이 우리가 현재 맞닥뜨린 상호의존적 도전 과제, 즉 건강한 환경 유지, 대규모 이주, 팬데믹 등의 문제를 해결하는 데 필요한 수준에도, 이런 과제에 맞설 제도를 발전시켜야 한다는 인식에도 아직 도달하지 못한 듯 보인다. 이 책과 또 여기서 언급한 많은 자료가 인간에게 갈등과 전쟁을 쉽게 일으키는 특정 성향이 있음을 파헤친 것이 불안을 자극했을 수 있다. 그러나 안심이 되는 점은 우리 인간이 이미 갈등해결과 협력능력을 시험하는 어려운 상황에 놓인 적이 많고, 자신의 부족을 넘어 다른 이들과 정보 및 자원을 공유하고 도우려는 의지를 키우면서 살아남고 번영했다는 점이다. 이 책의 주제이기도 한 인간 진화과정에서 우리 무의식에 남겨진 유산을 잘 이해하여 그것을 더 잘 다루고, 앞으로 더욱 심화될 상호의존적 세계에서 필요할 이타심과 협력의 성향을 더 강력히 이끌어낼 수 있기를 바란다.

10장
평화구축작업을 성공으로 이끌려면

새로운 지식을 예의주시하라!

아마도 눈치챘겠지만, 이 책에서 다룬 내용의 상당 부분이 비교적 새로운 과학, 즉 정치심리학, 신경과학, 생물심리학, 유전자정치학, 정치생리학, 행동유전학, 인지신경과학 등에서 왔다. 이 중 많은 분야가 아직 발전 초기 단계다. 연구 결과 역시 대부분 잠정적이며 앞으로 더 새롭고 확실한 지식이 등장할 여지가 충분하다. 그러니 앞으로 계속 지켜봐주기 바란다.

우선은, 이 책이 담고 있는 통찰과 여러 평화구축기관의 작업에서 뽑아낸 다음과 같은 아이디어를 평화구축임무에 착수할 때 염두에 두기 바란다. 특별한 순서 없이 나열했다.

전략을 세울 때 이성을 유일한 (혹은 주된) 근거로 삼지 말라. 갈등에는 대개 드러내지 않은 본능과 감정이 가득하며, 이것이 잘 다뤄

지지 않으면 성공적인 평화구축의 장애물로 남는다. 변화가 일어나려면 집단, 국가, 지도자, 개인이 감정적으로도 이성적으로도 평화구축에 참여해야 한다는 점을 기억하라.

분노와 공격성은 흔히 두려움에서 비롯한다는 점을 기억하라. 분노 뒤에는 대개 두려움이 숨어 있다. 그러므로 개인/공동체/국가가 무엇에 분노하는지 묻기보다 무엇을 두려워하는지 묻는 편이 쓸모 있다. 그들의 주장 뒤에 숨은 감정과 그들의 개별적·집단적 편도체가 무엇을 말하는지 더 잘 이해하게 되면 더 생산적일 다른 접근법을 떠올릴 수 있다.

사람들이 최악이 아닌 최선의 행동을 할 수 있는 사회를 만들기 위해 노력하라. 우리 대부분은 내면에 선과 악이 섞여 있으며, 대개 처해 있는 상황이 우리의 행동을 규정한다는 점을 기억하라. 따라서 사람들이 평화롭게 함께 살 수 있는 환경을 조성하는 것이 중요하다. 예를 들면 수평적 불평등horizontal inequality(Stewart, 2008)처럼 사람들이 정체성 때문에 배제되거나 학대당하는 상황이 오늘날 대부분의 갈등을 일으키는 주요 원인임은 이미 잘 알려진 사실이다. 따라서 평화구축이 지속가능하려면 이런 맥락을 다루거나 다루기로 약속해야 한다. 핑커(Pinker, 2012)가 언급했듯이, 우리가 효과적인 정치적·법적 제도를 구축할수록, 그리고 우리 사회가 더 안전해질수록 서로를 죽일 가능성도 줄어들 것이다

'사실 확인fact-checking'에 (지나치게) 신경 쓰지 말라. 이성적인 논쟁에 한계가 있다는 점을 인식하라. 어떤 이가 자신이 속한 관계망의 다수가 공유하는 신념을 진심으로 믿고 있을 때 그의 의견을

논리적으로 공격하는 것은 대개 효과적인 전략이 아니다. 사실 확인에 집중하는 것은 유효하지 않을 때가 많다. '오류'로 보이는 것들이 존립하는 것은 그것이 개인이나 집단의 사회적·심리적 필요를 충족하기 때문이다. 예를 들어, 트럼프 집회에서 느껴지는 '진실truth'은 그의 지지자들에게는 다른 정치인이나 학자가 신문에 설파한 진실보다 훨씬 더 중요할 것이다.

기억하라, 우리는 모두 생각보다 훨씬 덜 이성적이다. 평화구축 전문가인 우리 역시 우리의 자연스러운 사회적 본능과 편향을 상당수 우리 작업에 투영한다. 그러므로 감정적·인지적 기질이 다른 사람, 문화적 배경이 다른 사람, 평화구축의 필요성에 관한 시각이 다른 사람과 파트너가 되어 이런 문제를 점검하는 것이 유용할 수 있다. 다른 사람이(그리고 우리 자신이) 그들의(그리고 우리의) 대개 무의식적으로 작용하는 편향을 이해하도록 돕는 것도 중요하다. 숨겨진 편향을 드러내도록 설계된 대화기법(Fitzduff and Williams, 2019)을 이용하면 거의 모든 사람에게서 이를 쉽게 이끌어낼 수 있다. 자신이 지닌 편향을 직시하는 것은 우리를 겸허하게 만들지만, 다른 사람이 지닌 편향을 더 열린 마음으로 이해하고 성공적으로 다룰 수 있게도 한다.

우리는 모두 세상을 '우리'와 '그들'로 나눈다. 그리고 대개 '우리'를 지지한다. 그러므로 우리 모두, 심지어 평화구축 전문가조차 때로 다른 집단에 부정적인 감정을 느낀다는 사실에 놀랄 필요가 없다. 이런 개인적 감정은 보통 우리의 가족, 공동체, 국가가 '낯선 이'를 상대하던 경고 시스템의 잔재이다. 그런 감정이 존재하는 것이 우리 책임은 아니다. 다만 그런 감정의 결과로 우리가 어떤 행동을 취하느냐가 중요하다.

사람들이 대개 자신이 하는 말을 진정으로 '믿는다'는 점을 기억하라. 우리의 상대가 반드시 무지하거나 지적 능력이 부족한 것은 아니다. 그보다는 아주 기초적인 수준에서 우리와 다른 감정적·인지적 틀을 경험하고 있어 세계를 다르게 해석하는 것이다. 따라서 사람들이 자신들의 역사와 행동, 특정 지역의 통치권, 특정 영토를 점유할 필요성, 기후변화에 관한 시각, 대통령의 적절한 처신 같은 문제와 관련하여 사실 증거를 고집스럽게 거부할 때, 그런 견해가 명확히 드러나지 않은 감정에서 비롯된다고 보는 것이 더 유익할 수 있다. 이런 감정을, 물론 신중하게, 이끌어내는 것이 해당 갈등을 해결할 대안을 탐색하는 데 도움이 될 수 있다.

도덕적 차이와 맞닥뜨릴 때, 자신의 본능을 경계하라. 집단/부족/국가에는 보통 타자들은 권위 있다고 인식하지 않을 수 있는 고유한 도덕적·종교적 신념이 있다. 그러나 우리가 기억해야 할 점은, 지금 우리에게 도덕적으로 명백해 보이는 것이 과거에는 그렇지 않았을 수도 있다는 것이다. 그러므로 다른 사람의 도덕과 관련하여 우리의 확신을 주장하기 전에, 우리의 도덕이 자주 변해왔고 일부 도덕적 확신은 한때 굳건해 보였지만 이제는 그렇지 않다는 것을 상기해야 한다. 동성애, 사형, '정당한' 전쟁, 낙태, 육식, 여성의 열등함, 여성 할례 등에 관해 우리가 일반적으로 지녔던 태도는 한때 많은 이에게 불변의 진리로 여겨졌지만 이제 크게 변했다. 그러므로 열린 마음을 유지하고 확신을 경계하는 것이 평화구축 전문가에게 유용한 기술이다.

기억하라. 대부분의 사람들은 보수적이며, 충분히 그럴 만한 이유가 있다. 변화에는 많은 시간이 걸린다. 보수주의/전통주의가 리버럴리즘보다 더 일반적이다. 역사를 돌이켜보면 집단은 과거에 잘 작동했던 사회체제를 '보존'하려는 의도를 지닌 이들이 이끌어왔다. 보수주의자들이 대개 어느 사회에서든 다수다. 개인이나 집단이 변화를 거부하는 이유는 그들 자신의 틀 안에서는 대체로 '합리적'이다. 비록 당신의 틀에서는 그렇지 않더라도. 그러니 처음에는 불확실성을 다루고 외집단과 대화하는 데 능숙한 이들과 협상하는 것이 효율적이다. 그러나 평화구축과정은 결국 보수적인 다수를 포함해야 함을 기억하라.

협력하려는 사람이나 집단이 중요하게 여기는 사람을 알아내라. 개인, 공동체, 국가는 자신이 신뢰하는 상대가 제안하는 변화를 더 수월하게 받아들인다. 가까운 친구, 가족, 술친구, 또는 신뢰하는 종교·기업·공동체 지도자가 사람들을 감정적으로(간혹 이성적으로도) 더 잘 움직인다. 사실이나 전문가보다 더 큰 영향력을 미칠 때가 많다. 그렇다면 변화 중심의 전략을 구사할 때 변화에 강력히 저항하는 사람들의 도움을 얻으려면, 이들에게 어느 정도 동조하는 지도자의 협조를 구하는 편이 낫다.

'규범 주창자'를 활용해 변화를 촉진하라. 처음부터 개인의 신념을 바꾸려 드는 것보다 한 사회 안에서 새로운 규범을 만드는 것이 행동 변화를 이끄는 더 생산적인 방법일 수 있다. 이런 변화는 '규범 주창자norm entrepreneurs'(Sunstein, 1996), 즉 사회 변화를 위해 새롭거나 수정된 규범을 제시할 수 있고, 공동체와 국가의 신뢰를 받는 사람(Mickiewicz and Rebmann, 2020)을 활용함으로써 촉진할 수 있다. 이런 규범 주창자는 공동체가 사회 변화 때문에 느끼는 감정적 비용을 줄이고 변화의 이점을 제시할 수 있다.

'타인'과 친숙해질 수 있는 기회를 제공하는 기관을 만들라. 두려움은 흔히(항상 그런 건 아니지만!) 무지에서 비롯된다. 개인이나 집단이 공통의 문제를 놓고 일정 기간 한데 어울려 협력할수록 서로를 고정관념에 가둘 가능성이 줄어든다. 다른 정체성에 대한 노출이 증가하면 뇌 회로 내에서 '타인'에 대한 편향이 작동하는 것을 억제하는 데 도움이 된다. 학교, 대학, 직장, 청소년 단체, 스포츠 단체, 행정조직 및 정부기관, 문화 및 종교기관 등은 집단 간 의심을 줄이는 데 중요한 역할을 할 수 있다. 이런 기관은 피부색과 신념이 다른 사람이 교류하는 것을 일상화하고, 이런 협력이 부재할 때 흔히 존재하던 집단 간 불안감을 줄이는 데 기여할 수 있다. 그러나 아무리 교류가 많아도 집단 간 불평등과 배제가 지속된다면, 신뢰는 줄어들 수밖에 없음을 명심하라.

사람들이 소속될 수 있는 새로운 집단을 만들라. 사람들은 어디엔가 소속될 필요가 있다. 관점, 태도, 행동을 바꾸려는 사람들에게 개방적인 사회적·정치적 기관이 있다면 이들이 변화에 적응하기가 더 쉬울 것이다. 소속될 수 있는 새롭거나 개선된 집단·기관이 없다면 새로운 인식과 행동이 개인, 공동체, 집단의 고립에 부딪혀 빠르게 사라질 수 있다. 그러면 사람들은 쉽게 과거의 편견과 충성심으로 돌아갈 것이다.

다양한 문화적 방식이 존재함을 염두에 두라. 사람들이 서로 관계 맺는 방식은 문화마다 다르다. 사회가 스스로를 어떻게 조직하는지, 예를 들어 권위에 복종하는 정도, 고맥락 사회인 경우 평판의 중요성, 비판방식과 이유에 관한 규범, 눈 맞춤과 개인 공간에 관한 미묘한 인식 차이, 성차性差에 민감한 정도를 이해하는 것은 더 적절하고 효과적인 평화구축전략을 개발하는 데 도움이 될 수 있다.

휴전은 중요하다. 휴전을 통해 지속적인 일상적 폭력을 멈추는 것은 사람들에게 미래를 생각해볼 감정적 여유를 줄 수 있어 매우 중요하다. 휴전이 제안되거나 실행될 때 냉소나 불신 또는 "상대가 재정비할 시간을 벌어줄 뿐"이라는 부정적 반응이 있을 수 있지만, 휴전은 사회의 편도체를 잠시라도 이완시켜 더 장기적인 합의를 위한 이성적이고 제도적인 요소가 협상 테이블에 오를 수 있게 한다.

평화협정이 머리뿐만 아니라 가슴에도 와닿도록 설득하라. 평화협정은 양쪽 다 타협해야 하는 까닭에 '모두가 손해를 보는lose-lose' 협정으로 느끼는 경우가 많다. 그래서 평화협정은 곧잘 깨지고 마는데, 이는 인지적 기술 측면에서 아무리 영리하게 정치적·사회적 타협을 설계했을지라도 구성원들이 이익을 얻었다는 느낌을 감정적으로 느끼지 못하기 때문이다. 평화협정은 신뢰받는 개인, 집단, 매체가 설득에 나섬으로써 희망과 가능성의 감정을 이끌어낼 수 있어야 한다. 평화협정이 불러오는 이득이 초기 단계부터 뚜렷해야 사람들이 지속적인 평화가 가능하리라는 감정적 희망을 유지할 수 있다.

평화의 도래가 모든 사람에게 감정적인 이득은 아니라는 점에 유념하라. 많은 사람들이 전쟁 관련 활동에서 자신과 집단에 흥분과 의미

256

를 부여하는 역할을 찾았을 것이다. 이들에게 계속 에너지를 발산하고 불법적 폭력 외의 새로운 역할을 맡을 수 있는 기회가 주어지지 않는다면 전쟁 이후의 사회는 더 취약하고 지속가능성이 떨어질 것이다.

반드시 디아스포라와 협력하라. 디아스포라 공동체는 대체로 국가나 지역 집단 내에서 위치가 불안정하고 자신들이 특정 대의에 충실함을 증명할 필요가 있어서 평화구축에 필요한 타협을 가장 늦게 받아들이는 경향이 있다. 그러므로 사전에 이들에게 평화구축의 필요성을 인식시키지 않으면 평화협정이 지연될 수 있다. 평화구축이 지속가능하려면 이들이 정체성을 공유하는 집단에 계속 소속되어 있다는 느낌을 유지하면서도 정치적·사회적 변화를 함께 수용할 수 있는 새로운 방안을 모색하는 것이 중요하다.

전통 매체를 활용해 사회규범을 변화시켜라. 평화구축을 위한 감정적 준비과정에서 전통 매체를 활용하는 방법은 다양하다. 매체에서 타결 가능성이 있는 평화협정을 신중히 논의하면 사람들이 점차 타협안에 익숙해질 것이다. 그 결과, 평화협정이 불러올 손실을 경계하는 편도체의 과민반응도 줄어들 것이다. 라디오 드라마를 통해 다른 공동체의 욕구와 신념을 이해하고, 공동체 간의 공감대를 늘리는 것도 한 방법이다(Paluck and Green, 2009). 평화 저널리스트를 비롯한 언론인은 갈등 속에 존재하는 다양한 견해를 받아들이고 논의할 수 있으며, 신문은 다른 집단의 관점을 담은 기사를 실을 수 있다(Youngblood, 2017).

법이 준수되는 상황이면 법을 활용하라. 법률제도가 존재하고 신뢰받으며 준수되는 상황이라면, 법은 행동 변화를 이끄는 가장 강력한 수단이 될 수 있다(Lessig, 1995). 정부가 (충분히!) 신뢰받고 있다면, 법적 변화가 행동 변화를 유도하는 데 매우 효과적일 수 있다. 사람들은 변화가 일으킨 인지적·감정적 부조화(Festinger, 1962) 때문에 처음에는 변화를 적대시할 수 있지만, 결국 그 변화에 감정을 적응시키기 때문이다. 금연, 안전벨트 착용, 오토바이 헬멧 착용에 관한 법률도 처음에는 저항을 일으켰지만 결국 받아들여졌듯이, 평화구축에 필수적인 차별금지, 기회균등, 증오범죄 관련 법률도 차츰 사람들의 행동에 변화를 가져올 것이다. 이런 법률의 시행을 촉진하려면 홍보 프로그램으로 사람들의 감정을 움직여서 지지를 얻는 것이 중요하다.

특히 젊은 남성에게는 '영웅'이 될 수 있는 긍정적인 기회가 필요하다. 모든 갈등에서 주된 가해자이자 피해자인 젊은 남성은 생물심리학적 에너지와 성향을 좋은 쪽으로든 나쁜 쪽으로든 발산할 기회가 필요하다. 그들이 불법 폭력집단의 유혹에 굴복하지 않게 하려면 취업, 시민사회 활동, 결혼과 양육 같은 긍정적 대안을 마련하는 것이 필요하다(Hoffman, 2001). 또한 이들이 느낄 수 있는 불평등과 배제를 최소화해야 한다. 그것이 흔히 이들의 폭력을 정당화하는 데 동원되기 때문이다.

필요한 경우 현대적 가치관을 함양하고 성교육을 실시하라. 일부 남성은 지하드 단체에 가입하면 여성과 성적 관계를 누릴 수 있다는 제안에 강한 매력을 느끼며, 이는 곧잘 대대적인 대원 모집에 이용된다. 다수의 중동 국가에서 성에 대한 접근이 비밀스럽고 억압적인 데, 이를 현대적 성교육을 통해 해결해야 젊은 남성이 극단주의 단체로 끌리는 현상을 막을 수 있을 것이다.

더 포용적인 사회를 지향하는 지도자를 도우라. 지도자는 자신이 추종자보다 앞서나갈 수 없다고 말하곤 한다. 표나 지지를 잃을까 우려하기 때문이다. 그들이 안심하고 더 포용적인 정책을 펼칠수 있도록 도우려면 추종자의 의견 변화 가능성을 보여줄 수 있어야 한다. 북아일랜드에서 실시된 평화여론조사(Irwin, 2006)는 지도자들이 생각하는 것보다 지지자들이 빠르게 변할 수 있음을 보여줌으로써 완고한 정치인들이 입장을 바꾸는 데 기여한 사례로 평가된다. 또 다른 사례로 마드리드클럽의 공유사회프로젝트*를 들 수 있는데, 전직 총리와 대통령이 현직 지도자들과 동등한 입장에서 협력하며 더 포용적인 사회를 만들어가고 있다.

새로운 리더십? 공동체 활동, 지역 개발, 국내외 훈련 프로그램을 통해 더 포용적인 새 세대 지도자를 양성하는 것이 효과적일수 있다. 프로그램이 공동체/국가 간에 이루어지고 지도자와 집단사이에 공감과 신뢰를 쌓을 충분한 시간이 주어진다면 특히 그렇다.

관련된 평화구축기관에 대한 신뢰감을 높여라. 사람들이 신뢰하며, 포용적이고 공정한 사회를 만드는 데 일정한 역할을 할 수 있는 공동체 간 기관을 만드는 것이 효과적일 수 있다. 상대편 지도자나 정치인이 공개적으로 지지하지 않아도 상관없다. 이런 기관은 사회에 공정과 포용이 가능하다는 믿음을 심어주고 그 결과, 평화협정이

---

*   (원주) http://www.clubmadrid.org/programa/shared-societies-project/

최종적으로 타결될 가능성을 높인다(Fitzduff, 2016).

여성 평화구축 전문가를 더 많이 참여시켜라. 갈등예방과 해결에 여성이 참여하면 더 나은 결과를 얻을 수 있다는 증거가 있음에도 이 분야 고위직에 여성이 부족한 경우가 많다. 여성이 참여하지 않으면 평화협정이 실패할 확률이 64퍼센트에 이른다. 여성의 공감능력이 남성보다 뛰어나다는 증거가 있으며, 여성의 성별과 체구가 남성 참여자에게 덜 위협적으로 느껴져서 추가적인 중재 기회를 제공할 수 있다. 따라서 평화구축과정의 고위직에 여성을 더 많이 포함시키면 가외의 성과가 생긴다(N-Peace Network, 2009).

사이버전쟁에 대한 평화구축기술을 개발하라. 미래 전쟁의 승패는 대부분 소셜미디어의 활용으로 결정될 것이다. 평화구축 전문가들이 소셜미디어가 평화구축과정에 미치는 파괴적인 감정적 영향력을 제한하거나 상쇄할 방안을 긴급히 마련할 필요가 있다. 머시코(Mercy Corps, 2019)에 따르면, 이런 과정에는 정부, 다국적 기구, 산업협회, 기술 회사의 정책과 규제에 영향을 미쳐, 집단과 국가 간 혼란과 증오를 조장하려는 선전에 대처할 중재자를 양성하고 자금을 지원하는 일이 포함된다. 정보 문해력 프로그램도 오늘날 세계에서 점점 더 중요해지고 있다. 발트 3국은 시민들이 '좋아요'와 '싫어요'가 난무하는 세상에서 길을 잃지 않고, 거짓과 반쪽 진실을 사실과 구분할 수 있도록 디지털 문해력 캠페인을 펼치고 있다(Zoria, 2018). 에스토니아는 사이버 방어부대Cyber Defence Unit(Kaska, Osula and Stinissen, 2013)를 창설했다. 정보기술 분야에 전문성 있는 자원봉사자로 구성된 이 부대는 국제 사이버 방어 활동에 집중한다. 얼라이언스포 피스빌딩Alliance for Peacebuilding 같은 시민사회의 평화구축 전문가는 평화구축작업을 방해하는 파괴적인 소셜미디어 활동에 자체적인 기술·소셜미디어Technology and Social Media 플랫폼을 활용해 맞서고 있다(https://www.allianceforpeacebuilding.org/technology-and-social-media-wg). 그러나 소셜미디어의 부정적 활동이 평화구축에 입히는 피해를 막으려면 더 많은 조치가 시급하다.

평화구축을 위한 대화가 성공하려면

정치인, 민병대 지도자, 시민사회의 평화구축 전문가 사이에서 대화를 진행할 때, 다음 제안을 참고하면 성공적인 대화를 나눌 수 있다.

관점 훈련. '관점 전환', 즉 다른 집단을 이해하고 생각하는 방식을 바꿈으로써 공감과 협력이 증진되는 효과가 기능적 자기공명영상을 이용해 연구된 바 있다(Bruneau and Saxe, 2012). 이 연구에 따르면 만남과 대화를 통해 관점 전환이 효과적으로 이뤄질 경우, 정체성 차이와 관련된 신경회로가 실제로 변화해 상대 집단에 대한 친사회적 행동이 증가한다. 그러나 이런 관점 전환이 과거에 존재했던 불평등의 역사를 무시해서는 안 된다. 그러지 않으면 그 효과가 일시적이고 제한적일 것이다.

갈등 중인 집단끼리 만날 때 옥시토신을 증가시켜라. 평화협정이 최종적으로 어떻게 체결되었는지 평화구축 전문가들의 이야기를 들어보면, 비공식적이고 인지되지 않은 개인적·집단적 과정이 옥시토신과 신뢰 수준을 높이는 데 크게 기여한 경우가 많다. 이런 과정은 선물 주기, 함께 식사하기, 문화적으로 허용되는 범위 내의 적절한 음주(지나친 음주는 적대감을 조장할 수 있다!), 긍정적인 몸짓, 이해와 감사의 표현, 가족 이야기 공유, 합창 등의 행동을 통해 촉진할 수 있다. 조력자와 중재자는 이런 개인적인 만남이 비공식적으로도 이뤄질 수 있도록 충분한 공간을 마련해야 한다.

과거를 건설적으로 다루라. 과거에 관한 집단기억은 상대 집단과 함께 되새기며 차근히 살펴야 한다. 그래야 서로 다르게 기억하는 부분을 나누고, 이런 기억 뒤편의(집단 각자가 기억하는 '사실'뿐 아니라) 느낌까지 이해할 수 있다. 다른 사람의 사실과는 논쟁할 수 있어도 느낌과는 논쟁할 수 없다.

단일 정체성 작업을 수행하라. 단일 정체성 작업(즉, 정체성이 같은 공동체 내에서 구성원끼리 서로 다른 견해를 지닌 문제를 논의하는 작업) 없이 집단을 하나로 모으는 것은 역효과를 낳을 수 있다. 집단 내부에 존재하는 차이를 다룰 기회가 없다면, 집단 충성심의 규범에서 벗어나지 않으려고 신념과 목표에 관해 더 협소한 태도를 취하기가 쉽다(Church et al., 2002).

집단작업에서 온건한 사람이 먼저 발언하도록 독려하라. 집단 간 작업과정에서 가장 먼저 말하는 사람이 보통 이후 대화의 감정적 어조를 설정한다. 따라서 집단 간 과정에서 온건한 사람이 먼저 발언하도록 독려하면, 집단을 배신한 이탈자로 비칠까 봐 두려워하는 참가자의 불안을 덜어줄 수 있다.

인지 복잡성의 향상. '통합적 복잡성integrative complexity'의 효과를 공개적으로 시험하는 프로그램으로, 파키스탄 내 폭력적 극단주의자를 상대로 한 '사바온Sabaoon 재활 프로그램'이 있다. 이 프로그램은 사회학과 심리학에 기반한 혁신적인 모델을 사용해 입소생의 통합적 복잡성을 높여 '흑백' 사고를 줄이고 비판적 사고를 향상시키고자 한다(Peracha, Khan and Savage, 2012). 또한 무슬림 이민 청소년의 자존감, 주체성, 공감의 장기적인 향상을 목표로 실시한 회복탄력성 훈련은 참가자들이 이념에 근거한 폭력에 부정적인 태도를 갖도록 이끌었다(Feddes, Mann and Doosje, 2015).

더 효과적인 대화. 집단 간 대화작업이 효과적이려면 몇 가지 조건을 염두에 둬야 한다. 접촉은 두 집단이 서로 비교적 동등한 지위를 유지하게 하면서, 신뢰관계를 형성할 수 있을 만큼 빈번하고 친밀한 분위기에서 이뤄져야 한다. 접촉이 집단 간의 지속적인 협력이 필요한 어떤 문제에 대해 공동의 목표를 향해 나아갈 수 있는 길을 열어주는 것도 좋다. 이런 대화작업은 특정 갈등의 사회적·정치적 맥락을 효과적으로 바꾸지 않는 한 갈등의 맥락을 바꾸는 효과가 제한적일 수 있다. 따라서 정치·군사·공동체 지도자가 대화에 참여하여 서로 충분히 알아가고 신뢰를 쌓아 정치적 합의를 도모해나가지 않으면 성과를 내기 어렵다.

결론

기억하라. 우리에게는 타고난 경향이 있을 뿐 정해진 운명은 없다. 뇌구조, 호르몬, 유전적 유산遺産 같은 개인의 생물학적 요인이 중요하긴 하나, 이것들은 행동을 직접 규제하기보다 특정 환경에 더 민감하게 반응하게끔 만든다. 이런 환경을 바꾸면 우리의 태도와 행동 경향도 (어느 정도) 바꿀 수 있다.

우리는 모두 각기 다른 경향을 타고난다. 두려움, 다양성, 새로움, 위험 감수, 변화를 대하는 우리의 타고난 경향은 각기 다르며, 이런 경향은 외집단과 안보문제를 대하는 우리의 사회적 태도에 중대한 영향을 미친다. 그러나 사회가 충분히 안전하고, 다른 생각을 가진 이들과 자주 접촉하며, 우리와 다른 경향과 편견을 감정적·인지적으로 성찰할 수 있는 상황에 놓이면 우리의 뇌와 태도는 함께 진화할 수 있다. 단, 두려움이 다소 사라진 것처럼 보여도 위험이라는 맥락이 개인과 공동체를 쉽게 예전 경향과 편견으로 되돌릴 수 있음을 기억해야 한다.

개인과 사회가 변화할 수 있음을 믿으라. 극소수의 정신질환자(즉, 타인에게 공감하지도, 해를 끼치면서 죄책감을 느끼지도 않는 사이코패스나 소시오패스)를 제외하면, 개인과 공동체는 대대로 '타자'로 여겨진 이들에게 더 공감하고 포용할 수 있는 조건이 갖춰지면 변화할 수 있고 실제로 변한다. 역사를 돌아보면, 한때 다른 집단의 구성원을 아무렇지 않게 해치거나 죽였던 이들이 사회의 생산적인 구성원으로 변모한 사례가 많다. 또한 오랫동안 적대관계였던 나라들이 전쟁을 끝내고 교역하고 협력한 사례도 많다. 변화의 가능성에 대한 믿음을 새롭게 하고 강화함으로써 우리가 세상을 어떻게 발전시킬 것인지 정할 수 있다.

더 큰 '우리'가 될 수 있을까? 인류는 출발점에서 매우 먼 길을 왔다. 우리가 지닌 다양한 유전적·신체적 경향은 우리가 (대체로) 비교적 평화롭게 함께 살아가고 공동체로 생존하는 데 큰 힘이 되었다. 이런 경향 덕분에 복잡한 공동체 네트워크가 생겨났고, 교역과 통신 분야에서 전 지구적으로 상호의존하게 되었다. 그러나 사회적 태도와 행동에서는 이런 의존성이 덜한 편이다. 어려운 문제가 여전히 많다. 환경문제, 자원 불평등의 심화, 대리전쟁, 그중에서도 지금보다 작은 공동체에서 번영하도록 진화한 우리의 정신상태가 가장 큰 도전 과제이다.

우리 인류는 지금과 전혀 다른 환경에서 살았던 우리 조상에게 유용했던 본능과 감정을 여전히 많이 지니고 있다. 그럼에도 우리가 사는 세상은 비교적 짧은 시간에 상호연결된 역동적인 공간이 되었으며 경쟁보다 협력하는 능력이 사회적·경제적 성공에 필수적인 요소가 되었다. 인간이 지닌 경향 중 최악이 무엇이며, 그것이 우리에게 얼마나 쉽게 촉발될 수 있는지 이해하는 것은 대단히 중요하다. 그러나 그에 못지않게 중요한 것은, 우리의 역사가 증명해왔듯이, 계속해서 진화해가는 우리 인간이 부족 바깥의 다른 이들과 상호작용하며 이 작고 상호연결된 세계에서 인류 전체의 선善을 늘려나갈 수 있다는 점이다.

참고문헌

Acharya, S. and Shukla, S. (2012) Mirror neurons: Enigma of the metaphysical modular brain. *Journal of Natural Science, Biology and Medicine*, 3(2), 118-124.

Achenbach, J. (2015, March) Why do many reasonable people doubt science? *National Geographic*.

Adams, S. (2015, August 26) Do your testosterone and cortisol levels dictate your leadership ability? *Forbes*. https://www.forbes.com/sites/susanadams/2015/08/26/do-your-testosterone-and-cortisol-levels-dictate-your-leadership-ability/#655ea12c/dbb

Agara, T. (2015) Gendering terrorism: Women, gender, terrorism and suicide bombers. *International Journal of Humanities and Social Science*, 5(6/1), 115-125.

Agiesta, J. (2015) Misperceptions persist about Obama's faith, but aren't so widespread. *CNN*. https://edition.cnn.com/2015/09/13/politics/barack-obama-religion-christian-misperceptions/index.html

Albarello, F., Foroni, F., Hewstone, M., and Rubini, M. (2017) "They are all alike": When negative minority outgroups are generalized onto superordinate inclusive outgroups. *International Journal of Intercultural Relations*, 73, 59-73.

Alford, J.R., Funk, C.L., and Hibbing, J.R. (2005) Are political orientations genetically transmitted? *American Political Science Review*, 99(2), 153-167.

Alison, M. (2003) Cogs in the wheel? Women in the Liberation Tigers of Tamil Eelam. *Civil Wars*, 6(4), 37-54.

Allard, E.S. and Kensinger, E.A. (2014, April 10) Age-related differences in neural recruitment during the use of cognitive reappraisal and selective attention as emotion regulation strategies. *Frontiers in Psychology*. https://doi.org/10.3389/fpsyg.2014.00296

Allen, J. (2008, September 10) No consensus on who was behind Sept 11: Global poll.

Reuters. https://www.reuters.com/article/us-sept11-qaeda-poll/no-consensus-on-who-was-behind-sept-11-global-poll-idUSN1035876620080910

Al-Rodham, N. (2013) The future of international relations: A symbiotic realism theory. *BBVA OpenMind.* https://www.bbvaopenmind.com/en/articles/the-future-of-international-relations/

Al-Rodham, N. (2014, February 27) The neurochemistry of power has implications for political change. *OXPOL: The Oxford University Politics Blog.* https://blog.politics.ox.ac.uk/neurochemistry-power-implications-political-change/

Al-Zawahiri, A. (2005) Letter from al-Zawahiri to al-Zarqawi. *Federation of American Scientists.* https://fas.org/irp/news/2005/10/ letter_in_english.pdf

Ambady, N. (2011) The mind in the world: Culture and the brain. *Association for Psychological Science.* https://www.psychologicalscience.org/observer/the-mind-in-the-world-culture-and-the-brain

Ames, D.L. and Fiske, S.T. (2010) Cultural neuroscience. *Asian Journal of Social Psychology,* 13(2), 72-82.

Amodio, D.M. (2014) The neuroscience of prejudice and stereotyping. *Nature Reviews Neuroscience,* 15(10), 670-682.

Amodio, D.M., Devine, P.G., and Harmon-Jones, E. (2008) Individual differences in the regulation of intergroup bias: The role of conflict monitoring and neural signals for control. *Journal of Personality and Social Psychology,* 94(1), 60-74.

Amodio, D.M. and Frith, C.D. (2006) Meeting of minds: The medial frontal cortex and social cognition. *Nature Reviews Neuroscience,* 7(4), 268-277.

Amodio, D.M., Jost, J.T., Master, S.L., and Yee, C.M. (2007) Neurocognitive correlates of liberalism and conservatism. *Nature Neuroscience,* 10(10), 1246-1247.

Analysis: Islamic State media output goes into sharp decline (2017, November 23) *BBC Monitoring.* https://monitoring.bbc.co.uk/product/c1dnnj2k

Anderson, J. (2017, January 31) The psychology of why 94 deaths from terrorism are scarier than 301,797 deaths from guns. *Quartz.* https://qz.com/898207/the-psychology-of-why-americans-are-more-scared-of-terrorism-than-guns-though-guns-are-3210-times-likelier-to-kill-them/

Angier, N. (2012, April) Edward O. Wilson's new take on human nature. *Smithsonian Magazine.* https://www.smithsonianmag.com/science-nature/edward-o-wilsons-new-take-on-human-nature-160810520/

Antonakis, J. and Dalgas, O. 2009. Predicting elections: Child's play! *Science,*

323(5918), 1183.

Apicella, C.L. and Silk, J.B. (2019) The evolution of human cooperation. *Current Biology*, 29(11), R447-R450.

Appiah, K.A. (2018) *The lies that bind: Rethinking identity*. New York: Liveright.

Arendt, H. (1963) *Eichmann in Jerusalem: A report on the banality of evil*. London: Viking Press. 한나 아렌트, 『예루살렘의 아이히만』, 김선욱 옮김, 한길사(2006년 1판 1쇄).

Arvey, R., Rotundo, M., Johnson, W., Zhang, Z., and McGue, M. (2006) The determinants of leadership role occupancy: Genetic and personality factors. *Leadership Quarterly*, 17(1), 1-20.

Asghar, R. (2016, February 26) The science behind Donald Trump's appeal. *Forbes*. https://www.forbes.com/sites/robasghar/2016/02/26/donald-trumps-messy-leadership-lesson-alpha-dogs-still-have-bite/

Aslam, S. (2020, February 10) Twitter by the numbers: Stats, demographics & fun facts. *Omnicore*. https://www.omnicoreagency.com/twitter-statistics/

Asp, E.W., Ramchandran, K., and Tranel, D. (2012) Authoritarianism, religious fundamentalism, and the human prefrontal cortex. *Neuropsychology*, 26(4), 414-421.

Atran, S. (2015, November 15) Mindless terrorists? The truth about Isis is much worse. *The Guardian*.

Atran, S., Axelrod, R., and Davis, R. (2007) Sacred barriers to conflict resolution. *Science*, 317(5841), 1039-1040.

Atran, S., Sheikh, H., and Gómez, Á. (2014) Devoted actors fight for close comrades and sacred cause. *Proceedings of the National Academy of Sciences of the United States of America*, 111(50), 17702-17703.

Bakker, E. and de Graaf, B. (2010) Lone wolves: How to prevent this phenomenon? *International Centre for Counter-Terrorism*. https://www.icct.nl/download/file/ICCT-Bakker-deGraaf-EM-Paper-Lone-Wolves.pdf

Balthazard, P.A., Waldman, D.A., Thatcher, R.W., and Hannah, S.T. (2012) Differentiating transformational and nontransformational leaders on the basis of neurological imaging. *Leadership Quarterly*, 23, 244-258.

Banks, C. (2019) Introduction: Women, gender, and terrorism: Gendering terrorism. *Women & Criminal Justice*, 29, 181-187.

Banks, S.J., Eddy, K.T., Angstadt, M., Nathan, P.J., and Phan, K.L. (2007) Amygdala-frontal connectivity during emotion regulation. *Social Cognitive and Affective*

Neuroscience, 2(4), 303-312.

Bar-Tal, D., Chernyak-Hai, L., Schori, N., and Gundar, A. (2009) A sense of self-perceived collective victimhood in intractable conflicts. *International Review of the Red Cross*, 91(874), 229-258.

Battaglia, F.P., Benchenane, K., Sirota, A., Pennartz, C.M., and Wiener, S.I. (2011) The hippocampus: Hub of brain network communication for memory. *Trends in Cognitive Science*, 15(7), 310-318.

Beauregard, M., Lévesque, J., and Bourgouin, P. (2001) Neural correlates of conscious self-regulation of emotion. *Journal of Neuroscience*, 21(18), RC165.

Belasen, A.T. (2015) Deception and failure: Mitigating leader-centric behaviours. In A.T. Belasen and R. Toma (eds.), *Confronting corruption in business: Trusted leadership, civic engagement* (pp. 183-216). New York: Routledge,

Belief in God and prejudice reduced by directing magnetic energy into the brain. (2015, October 14) *Science Daily*. https://www.sciencedaily.com/releases/2015/10/151014084955.htm

Bell, A.V., Richerson, P.J., and McElreath, R. (2009) Culture rather than genes provides greater scope for the evolution of large-scale human prosociality. *Proceedings of the National Academy of Sciences of the United States of America*, 106(42), 17671-17674.

Benedict, H. (2008, August 13) Why soldiers rape: Culture of misogyny, illegal occupation, fuel sexual violence in military. *In These Times*. http://inthesetimes.com/article/3848

Benmelech, E. and Berrebi, C. (2007) Human capital and the productivity of suicide bombers. *Journal of Economic Perspectives*, 21(3), 223-238.

Ben-Ze'ev, E., Ginio, R., and Winter, J. (eds.) (2010) *Shadows of war: A social history of silence in the twentieth century*. Cambridge: Cambridge University Press.

Bergen, P. (2016, June 14) Why do terrorists commit terrorism? *New York Times*.

Bergland, C. (2012, December 25) The evolutionary biology of altruism. *Psychology Today*. https://www.psychologytoday.com/blog/the-athletes-way/201212/the-evolutionary-biology-altruism

Berlatsky, N. (2014, December 11) The neuroscience of altruism. *Pacific Standard*. https://psmag.com/social-justice/neuroscience-altruism-donald-pfaff-brain-morality-96067

Bernhardt, B.C. and Singer, T. (2012) The neural basis of empathy. *Annual Review of*

Neuroscience, 35, 1-23.

Berns, G., Bell, E., Capra, C.M., Prietula, M.J., Moore, S., Anderson, B., Ginges, J., and Atran, S. (2012) The price of your soul: Neural evidence for the non-utilitarian representation of sacred values. *Philosophical Transactions of the Royal Society of London. Series B, Biological Sciences*, 367(1589), 754-762.

Berridge, K.C. and Kringelbach, M.L. (2015) Pleasure systems in the brain. *Neuron*, 86(3), 646-664.

Bigio, J. and Turkington, R. (2019, March 27) U.S. counterterrorism's big blindspot: Women. *New Republic*. https://newrepublic.com/article/153402/us-counterterrorisms-big-blindspot-women

Bjorklund, D.F. (2006) Mother knows best: Epigenetic inheritance, maternal eVects, and the evolution of human intelligence. *Developmental Review*, 26(2), 213-224.

Blanton, R.E. with Fargher, L.F. (2016) *How humans cooperate: Confronting the challenges of collective action*. Boulder: University Press of Colorado.

Bloom, P. (2013) *Just babies: The origins of good and evil*. New York: Crown. 폴 블룸, 『선악의 기원』, 최재천·김수진 옮김, 21세기북스(2024년 1판 1쇄).

Bobula, K.A. (2011) *This is your brain on bias . . . or, the neuroscience of bias*. Faculty Lecture Series. Vancouver, WA: Clark College.

Böckler, A., Tusche, A., Schmidt, P., and Singer, T. (2018) Distinct mental trainings differentially affect altruistically motivated, norm motivated, and self-reported prosocial behaviour. *Scientific Reports*, 8(13560). https://www.nature.com/articles/s41598-018-31813-8

Bonanno, G.A. and Jost, J.T. (2006) Conservative shift among high-exposure survivors of the September 11th terrorist attacks. *Basic and Applied Social Psychology*, 28(4), 311-323.

Booth, R. (2014, June 30) Facebook reveals news feed experiment to control emotions. *The Guardian*. https://www.theguardian.com/technology/2014/jun/29/facebook-users-emotions-news-feeds

Bordin, J. (2011) A crisis of trust and cultural incompatibility: A Red Team study of mutual perceptions of Afghan national security force personnel and U.S. soldiers in understanding and mitigating the phenomena of ANSF-committed fratricide-murders. *The National Security Archive, George Washington University*. https://nsarchive2.gwu.edu/NSAEBB/NSAEBB370/docs/Document%2011.pdf

Botha, A. and Abdile, M. (2014) *Radicalisation and al-Shabaab recruitment in Somalia*.

Pretoria: Institute for Security Studies.

Boutin, C. (2006, August 22) Snap judgments decide a face's character, psychologist finds. *Princeton University*. https://www.princeton.edu/news/2006/08/22/snap-judgments-decide-faces-character-psychologist-finds

Bowles, S. and Gintis, H. (2011) *A cooperative species: Human reciprocity and its evolution*. Princeton, NJ: Princeton University Press. 새뮤얼 보울스·허버트 긴티스, 『협력하는 종』, 최정규·전용범·김영용 옮김, 한국경제신문사(2016년 1판 1쇄).

Boyd, R. and Richerson, P. (1985) *Culture and the evolutionary process*. Chicago: University of Chicago Press.

Boyd, R. and Richerson, P. (2009) Culture and the evolution of human cooperation. *Philosophical Transactions of the Royal Society B: Biological Sciences*, 364(1533). https://doi.org/10.1098/rstb.2009.0134

Boyd, R., Richerson, P., and Henrich, J. (2011) Rapid cultural adaptation can facilitate the evolution of large-scale cooperation. *Behavioral Ecology and Sociobiology*, 65(3), 431-444.

Bradsher, K. and Alderman, S. (2020, March 13) The world needs masks: China makes them, but has been hoarding them. *New York Times*. https://www.nytimes.com/2020/03/13/business/masks-china-coronavirus.html

Bridge, D.J. and Voss, J.L. (2014) Hippocampal binding of novel information with dominant memory traces can support both memory stability and change. *Journal of Neuroscience*, 34(6), 2203-2213.

Bridgeman, B. (2003) *Psychology and evolution: The origins of mind*. Thousand Oaks, CA: SAGE.

Brigham, J.C., Bennett, L.B., Meissner, C., and Mitchell, T. (2007) The influence of race on eyewitness memory. In R.C. Lindsay, D. Ross, J.D. Read, and M. Toglia (eds.), *Handbook of eyewitness psychology: Vol. 2, Memory for people* (pp. 257-281). Mahwah, NJ: Erlbaum.

Brody, G.H. and Stoneman, Z. (1985) Peer imitation: An examination of status and competence hypotheses. *Journal of Genetic Psychology*, 146(2), 161-170.

Bronner, G. (2015) Terrorism and rationality. In G. Manzo (ed.), *Theories and social mechanisms: Essays in honour of Mohamed Cherkaoui* (p. 858). Oxford: Bardwell Press.

Brown, A.D., Kouri, N., and Hirst, W. (2012) Memory's malleability: Its role in shaping collective memory and social identity. *Frontiers in Psychology*, 3. https://

doi.org/10.3389/fpsyg.2012.00257.

Bruneau, E. (2016, November-December) Understanding the terrorist mind. *Cerebrum*, 2016. PMID: 28058095

Bruneau, E. (2017) Why we fight. *Psychological Science Agenda*. https://www.apa.org/science/about/psa/2017/12/why-fight

Bruneau, E., Kteily, N., and Laustsen, L. (2018) The unique effects of blatant dehumanization on attitudes and behavior towards Muslim refugees during the European "refugee crisis" across four countries. *European Journal of Social Psychology*, 48(5), 645-662.

Bruneau, E. and Saxe, R. (2010) Attitudes towards the outgroup are predicted by activity in the precuneus in Arabs and Israelis. *NeuroImage*, 52(4), 1704-1711.

Bruneau, E. and Saxe, R. (2012) The power of being heard: The benefits of "perspective-giving" in the context of intergroup conflict. *Journal of Experimental Social Psychology*, 48(4), 855-866.

Buchan, N.R., Grimalda, G., Wilson, R., Brewer, M., Fatas, E., and Foddy, M. (2009) Globalization and human cooperation. *Proceedings of the National Academy of Sciences of the United States of America*, 106(11), 4138-4142.

Bucy, E. (2000) Emotional and evaluative consequences of inappropriate leader displays. *Communication Research*, 27(2), 194-226.

Burnham, T.C. and Johnson, D.D.P. (2005) The biological and evolutionary logic of human cooperation. *Analyse & Kritik*, 27, 113-135.

Burns, J.M. (1978) *Leadership*. New York: Harper & Row.

Butler, E.A., Lee, T.L., and Gross, J.J. (2007) Emotion regulation and culture: Are the social consequences of emotion suppression culture-specific? *Emotion*, 7(1), 30-48.

Butz, S., Kieslich, P.J., and Bless, H. (2017) Why are conservatives happier than liberals? Comparing different explanations based on system justification, multiple group membership, and positive adjustment. *European Journal of Social Psychology*, 47(3), 362-372.

Buvinic, M. and Morrison, A. (1999) *Violence as an obstacle to development*. Washington, DC: Inter-American Development Bank.

Byrne, P. (2017, August 16) Anatomy of terror: What makes normal people become extremists? *New Scientist*.

Cacioppo, J.T. and Decety, J. (2011) Challenges and opportunities in social neuroscience. *Annals of the New York Academy of Sciences*, 1224(1), 162-173.

Cahn, D. (2016, September 21) Former admirals and generals warn Trump is "dangerous" to military and country. *Stars and Stripes*. https://www.stripes.com/news/former-admirals-and-generals-warn-trump-is-dangerous-to-military-and-country-1.430242#.WUe4a8aZNuU

Callimachi, R. (2015, August 13) ISIS enshrines a theology of rape. *New York Times*.

Cannon, W.B. (1915) *Bodily changes in pain, hunger, fear and rage*. New York: D. Appleton.

Carnegie Corporation of New York (1997) Preventing deadly conflict: Final report. https://www.carnegie.org/publications/preventing-deadly-conflict-final-report/

Carr, N. (2015, September 2) How social media is ruining politics. *Politico Magazine*. https://www.politico.com/magazine/story/2015/09/2016-election-social-media-ruining-politics-213104

Chae, D.H., Lincoln, K.D., Adler, N.E., and Syme, S.L. (2010) Do experiences of racial discrimination predict cardiovascular disease among African American men? The moderating role of internalized negative racial group attitudes. *Social Science & Medicine*, 71(6), 1182-1188.

Chang, S.W.C., Gariépy, J.-F., and Platt, M.L. (2013) Neuronal reference frames for social decisions in primate frontal cortex. *Nature Neuroscience*, 16, 243-250.

ChangeFactory (n.d.) Working with cultural differences. https://www.changefactory.com.au/our-thinking/articles/working-with-cultural-differences/

Charney, E. and English, W. (2012) Candidate genes and political behaviour. *American Political Science Review*, 106(1), 1-34.

Chen, C., Burton, M.L., Greenberger, E., and Dmitrieva, J. (1999) Population migration and the variation of dopamine (DRD4) allele frequencies around the globe. *Evolution and Human Behavior*, 20, 309-324.

Cheon, B.K., Livingston, R.W., Hong, Y.Y., and Chiao, J.Y. (2014) Gene×environment interaction on intergroup bias: The role of 5-HTTLPR and perceived outgroup threat. *Social Cognitive and Affective Neuroscience*, 9(9), 1268-1275.

Chi, C. (2019) 51 YouTube stats every video marketer should know in 2019. *HubSpot*. https://blog.hubspot.com/marketing/youtube-stats

Chiao, J.Y. (2009) Cultural neuroscience: A once and future discipline. In J.Y. Chiao (ed.), *Progress in Brain Research* (Vol. 178, pp. 287-304). Amsterdam: Elsevier.

Chiao, J.Y. and Blizinsky, K.D. (2009) Culture-gene coevolution of individualismcollectivism and the serotonin transporter gene. *Proceedings of the Royal Society B: Biological Sciences*, 277(1681). https://doi.org/10.1098/rspb.2009.1650

Chiao, J.Y., Harada, T., Komeda, H., Li, Z., Mano, Y., Saito, D., Parrish, T.B., Sadato, N., and Iidaka, T. (2010) Dynamic cultural influences on neural representations of the Self. *Journal of Cognitive Neuroscience*, 22(1), 1-11.

Chiao, J.Y., Hariri, A.R., Harada, T., Mano, Y., Sadato, N., Parrish, T.B., and Iidaka, T. (2010) Theory and methods in cultural neuroscience. *Social Cognitive and Affective Neuroscience*, 5(2-3), 353-361.

Chiao, J.Y., Iidaka, T., Gordon, H.L., Nogawa, J., Bar, M., Aminoff, E., Sadato, N., and Ambady, N. (2008) Cultural specificity in amygdala response to fear faces. *Journal of Cognitive Neuroscience*, 20, 2167-2174.

Choi, J.K. and Bowles, S. (2007) The coevolution of parochial altruism and war. *Science*, 318(5850), 636-640.

Christakis, N.A. (2008) 2008: What have you changed your mind about? Why? *Edge*. https://www.edge.org/response-detail/10456

Christov-Moore, L. and Iacoboni, M. (2016) Self- other resonance, its control and prosocial inclinations: Brain-behavior relationships. *Human Brain Mapping*, 37(4), 1544-1558.

Church, C., Visser, A., and Johnson, L. (2002) *Single identity work: An approach to conflict resolution in Northern Ireland*. Derry/Londonderry: INCORE.

Ciampaglia, G.L. and Menczer, F. (2018, June 20) Misinformation and biases infect social media, both intentionally and accidentally. *The Conversation*. http:// theconversation. com/misinformation-and-biases-infect-social-media-both-intentionally-and-accidentally-97148

Coaching US troops on Iraqi culture. (2007, July 19) *BBC News*. http:// news.bbc.co.uk/1/hi/world/americas/6904842.stm

Cohen, T.R., Montoya, R.M., and Insko, C.A. (2006) Group morality and intergroup relations: Cross-cultural and experimental evidence. *Personal and Social Psychology Bulletin*, 32(11), 1159-1172.

Cole Wright, J. and Baril, G. (2011) The role of cognitive resources in determining our moral intuitions: Are we all liberals at heart? *Journal of Experimental Social Psychology*, 47(5), 1007-1012.

Colgin, L.L., Denninger, T., Fyhn, M., Hafting, T., Bonnevie, T., Jensen, O., Moser, M.B, and Moser, E.I. (2009) Frequency of gamma oscillations routes flow of information in the hippocampus. *Nature, 462*(7271), 353-357.

Consorti, A., Sansevero, G. Torelli, C., Berardi, N., and Sale, A. (2019) From basic visual science to neurodevelopmental disorders: The voyage of environmental enrichment-like stimulation. *Neural Plasticity,* 2019:5653180.

Conway, L.G., III, Suedfeld, P., and Tetlock, P.E. (2001) Integrative complexity and political decisions that lead to war or peace. In D.J. Christie, R.V. Wagner, and D.D. Winter (eds.), *Peace, conflict, and violence: Peace psychology for the 21st century* (pp. 66-75). Englewood Cliffs, NJ: Prentice Hall.

Cook-Greuter, S.R. (1999) Postautonomous ego development: A study of its nature and measurement (habits of mind, transpersonal psychology, worldview). *Dissertation Abstracts International: Section B: The Sciences and Engineering,* 60(6-B), 3000.

Cooper, P. (2019) 28 Twitter stats all marketers need to know in 2020. *Hootsuite.* https://blog.hootsuite.com/twitter-statistics/

Crawshaw, S. (1998, October 11) Even if the bloodbath in Kosovo is averted, Slobodan Milosevic's self-seeking and destabilising quest for power has ensured that everyone will be a loser. *The Independent.* https://www.independent.co.uk/life-style/focus-he-taught-the-serbs-how-to-hate-1177649.html

Creanza, N., Kolodny, O., and Feldman, M.W. (2017) Cultural evolutionary theory: How culture evolves and why it matters. *Proceedings of the National Academy of Sciences of the United States of America,* 114(30), 7782-7789.

Crenshaw, M. (1981) The causes of terrorism. *Comparative Politics,* 13(4), 379-399.

Crick, N.R. and Dodge, K.A. (1996) Social information-processing mechanisms in reactive and proactive aggression. *Child Development,* 67(3), 993-1002.

Critcher, C.R., Huber, M., Ho, A.K., and Koleva, S.P. (2009) Political orientation and ideological inconsistencies: (Dis)comfort with value tradeoffs. *Social Justice Research,* 22, 181-205.

Critcher, C.R., Inbar, Y., and Pizarro, D.A. (2013) How quick decisions illuminate moral character. *Social Psychological and Personality Science,* 4(3), 308-315.

Cross, S., Hardin, E., and Gercek-Swing, B. (2011) The what, how, why, and where of self-construal. *Personality and Social Psychology Review,* 15(2), 142-179.

Cunningham, W.A., Johnson, M.K., Raye, C.L., Gatenby, J.C., Gore, J.C., and Banaji, M.R. (2004) Separable neural components in the processing of black and white faces. *Psychological Science,* 15, 806-813.

Cunningham, W.A. and Zelazo, P.D. (2007) Attitudes and evaluations: A social cognitive neuroscience perspective. *Trends in Cognitive Science*, 11(3), 97-104.

Curley, J. and Ochsner, K. (2017) Neuroscience: Social networks in the brain. *Nature Human Behaviour*, 1(0104). https://www.nature.com/articles/s41562-017-0104

Dacko, S.G. (2008) *The advanced dictionary of marketing*. Oxford: Oxford University Press.

Davies, L. (2011, August 18) England's rioters: Did many '"pillars of the community" take part? *The Guardian*.

Davies, W. (2018) *Nervous states: How feeling took over the world*. London: Jonathan Cape.

Davis, J. (2006) *Women and radical Islamic terrorism: Planners, perpetrators, patrons?* Toronto: Canadian Institute of Strategic Studies.

Davis, J. and Mehta, P.H. (2016) An ideal hormone profile for leadership (Vol. 6). *NeuroLeadership Journal*. https://neuroleadership.com/portfolio-items/an-ideal-hormone-profile-for-leadership-vol-6/

Dawes C.T., Loewen, P.J., Schreiber, D., Simmons, A.N., Flagan, T., McElreath, R., Bokemper, S.E., Fowler, J.H., and Paulus, M.P. (2012) Neural basis of egalitarian behavior. *Proceedings of the National Academy of Sciences of the United States of America*, 109(17), 6479-6483.

Dawkins, R. (1976) *The selfish gene*. Oxford: Oxford University Press. 리처드 도킨스, 『이기적 유전자』, 홍영남·이상임 옮김, 을유문화사(2018년 40주년 기념판 1쇄).

Dean, K.K. and Koenig, A.M. (2019) Cross-cultural differences and similarities in attribution. In K.D. Keith (ed.), *Cross-cultural psychology: Contemporary themes and perspectives* (2nd ed.). New York: Wiley.

Dearden, L. (2016, October 10). Isis recruiting violent criminals and gang members across Europe in dangerous new "crime-terror nexus." *The Independent*.

Debs, A. and Monteiro, N.P. (2014) Known unknowns: Power shifts, uncertainty, and war. *International Organization*, 68(1), 1-31.

Decety, J., Jackson, P.L., Sommerville, J.A., Chaminade, T., and Meltzoff, A.N. (2004) The neural bases of cooperation and competition: An fMRI investigation. *NeuroImage*, 23(2), 744-751.

Decety, J. and Lamm, C. (2014) The biological bases of empathy. In J.T. Cacioppo and G.G. Berntson (eds.), *Handbook of neuroscience for the behavioral sciences* (p. 23). New York: Wiley.

Decety, J., Pape, R., and Workman, C.I. (2018) A multilevel social neuroscience
   perspective on radicalization and terrorism. *Social Neuroscience*, 13(5), 511-529.

Decety, J. and Yoder, K.J. (2016) Empathy and motivation for justice: Cognitive
   empathy and concern, but not emotional empathy, predict sensitivity to injustice
   for others. *Social Neuroscience*, 11(1), 1-14.

De Dreu, C.K., Greer, L.L., Handgraaf, M.J., Shalvi, S., Van Kleef, G.A., Baas, M., Ten
   Velden, F.S., Van Dijk, E., and Feith, S.W. (2010). The neuropeptide oxytocin
   regulates parochial altruism in intergroup conflict among humans. *Science*,
   328(5984), 1408-1411. doi: 10.1126/science.1189047. PubMedGov

De Dreu, C.K.W., Greer, L.L., Van Kleef, G.A., Shalvi, S., and Handgraaf, M.J.J. (2011)
   Oxytocin promotes human ethnocentrism. *Proceedings of the National Academy of
   Sciences of the United States of America*, 108(4), 1262-1266.

DeLaRosa, B.L., Spence, J.S., Shakal, S.K.M., Motes, M.A., Calley, C.S., Calley, V.I., Hart,
   J., and Kraut, M.A. (2014) Electrophysiological spatiotemporal dynamics during
   implicit visual threat processing. *Brain and Cognition*, 91, 54-61.

De Neve, J.E., Mikhaylova, S., Dawes, C.T., Christakis, N.A., and Fowler, J.H. (2013)
   Born to lead? A twin design and genetic association study of leadership role
   occupancy. *Leadership Quarterly*, 24(1), 45-60.

Den Hartog, D.N., House, R.J., Hanges, P., Ruiz-Quintanilla, S.A., Dorfman, P.W.,
   Ashkanasy, N.M., et al. (1999) Culture specific and cross culturally generalizable
   implicit leadership theories. Are attributes of charismatic/transformational
   leadership universally endorsed? *Leadership Quarterly*, 10(2), 219-256.

Derntl, B., Windischberger, C., Robinson, S., Kryspin-Exner, I., Gur, R.C., Moser, E., and
   Habel, U. (2009) Amygdala activity to fear and anger in healthy young males is
   associated with testosterone. *Psychoneuroendocrinology*, 34(5), 687-693.

de Waal, F. (2006) *Primates and philosophers: How morality evolved*. Princeton, NJ:
   Princeton University Press.

Dfarhud, D., Malmir, M., and Khanahmadi, M. (2014) Happiness & health: The
   biological factors— systematic review article. *Iranian Journal of Public Health*,
   43(11), 1468-1477.

Dickerson, K. (2015 October 30) Here's what happens to your body when something
   terrifies you. *Business Insider*. https://www.businessinsider.com/what-happens-
   when-you-are-scared-2015-10

Dickey, C. (2017, April 23) The terrorist tipping point: What pushed the Tsarnaev brothers to violence? *Daily Beast*. https://www.thedailybeast.com/the-terrorist-tipping-point-what-pushed-the-tsarnaev-brothers-to-violence

Dobrin, A. (2017, April 7) We are programmed for fairness. *Psychology Today*. https://www.psychologytoday.com/gb/blog/am-i-right/201704/we-are-programmed-fairness

Dong, Y., Zhang, B., and Tao, Y. (2016) The dynamics of human behavior in the public goods game with institutional incentives. *Scientific Reports*, 6, 28809. https://www.nature.com/articles/srep28809

Doolittle, C. (2016) Liberalism: An evolutionary luxury afforded by decrease in negative stimuli. (Hyperconsumption). https://propertarianism.com/2019/09/27/liberalism-an-evolutionary-luxury-afforded-by-decrease-in-negative-stimuli-hyperconsumption/

Doosje, B., Loseman, A., and van den Bos, K. (2013) Determinants of radicalization of Islamic youth in the Netherlands: Personal uncertainty, perceived injustice, and perceived group threat. *Journal of Social Issues*, 69(3), 586-604.

Doraiswamy, M. (2015) 5 brain technologies that will shape our future. *World Economic Forum*. https://www.weforum.org/agenda/2015/08/5-brain-technologies-future/

Doughty, K. and Ntambara, D.M. (2005) *Resistance and protection: Muslim community actions during the Rwandan cenocide*. Cambridge, MA: CDA Collaborative Learning Projects.

Drury, F. (2015, January 26) Hunted down like animals and sold by their own families for £50,000: Tanzania's albinos hacked apart by witchdoctors who believe their body parts "bring luck" in sick trade "fuelled by the country's elite." *MailOnline*. https://www. dailymail.co.uk/news/article-2922243/Hunted-like-animals-sold-families-75-000-Tanzania-s-albinos-hacked-apart-witchdoctors-believe-body-parts-bring-luck-sick-trade-fuelled-country-s-elite.html

Dugas, M. and Kruglanski, A.W. (2014) The quest for significance model of radicalization: Implications for the management of terrorist detainees. *Behavioral Sciences & the Law*, 32(3), 423-439.

Duke, A.A., Bègue, L., Bell, R., and Eisenlohr-Moul, T. (2013) Revisiting the serotonin-aggression relation in humans: A meta-analysis. *Psychological Bulletin*, 139(5), 1148-1172.

Dumitrescu, D. Gidengil, E., and Stolle, D. (2015) Candidate confidence and electoral appeal: An experimental study of the effect of nonverbal confidence on voter evaluations. *Political Science Research and Methods*, 3(1), 43-52.

Dunbar, R. (2004) Gossip in evolutionary perspective. *Review of General Psychology*, 8(2), 100-110.

Duncan, E.J., Gluckman, P.D., and Dearden, P.K. (2014) Epigenetics, plasticity, and evolution: How do we link epigenetic change to phenotype? *Journal of Experimental Zoology Part B: Molecular and Developmental Evolution*, 322(4), 208-220.

Edkins, B. (2017, August 28) Study: Partisan, ideological politicians attract more Facebook followers. *Forbes*. https://www.forbes.com/sites/brettedkins/2017/08/28/partisan-ideological-politicians-attract-more-facebook-followers-study-finds/#48bab1333fb9

Eggert, J.P. (2018) Female fighters and militants during the Lebanese Civil War: Individual profiles, pathways, and motivations. *Studies in Conflict & Terrorism*. https://doi.org/10.1080/1057610X.2018.1529353

Ehrlich, P.R. (2000) *Human natures: Genes, cultures, and the human prospect*. Washington, DC: Island Press. 폴 에얼릭, 『인간의 본성(들)』, 전방욱 옮김, 이마고(2008년 1판 1쇄).

Election 2016: Trump voters on why they backed him. (2016, November 9). *BBC News*. https://www.bbc.com/news/election-us-2016-36253275

Elmhirst, S. (2011, October 26) I'd have been ashamed not to join the IRA. *New Statesman*.

England's week of riots. (2011, August 15) *BBC News* https://www.bbc.co.uk/news/uk-14532532

Fan, R., Xu, K., and Zhao, J. (2016) Higher contagion and weaker ties mean anger spreads faster than joy in social media. *Cornell University*. https://arxiv.org/abs/1608.03656

Fazekas, Z. and Littvay, L. (2015) The Importance of context in the genetic transmission of US party identification. *Political Psychology*, 36(4), 361-377.

Fecteau, S., Pascual-Leone, A., Zald, D.H., Liguori, P., Théoret, H., Boggio, P.S., and Fregni, F. (2007) Activation of prefrontal cortex by transcranial direct current stimulation reduces appetite for risk during ambiguous decision making. *Journal of Neuroscience*, 27(23), 6212-6218.

Feddes, A.R., Mann, L., and Doosje, B. (2015) Increasing self-esteem and empathy to prevent violent radicalization: A longitudinal quantitative evaluation of a resilience training focused on adolescents with a dual identity. *Journal of Applied Social Psychology*, 45(7), 400-411.

Federico, C.M., Weber, C.R., Ergun, D., and Hunt, C. (2013) Mapping the connections between politics and morality: The multiple sociopolitical orientations involved in moral intuition. *Political Psychology*, 34(4), 589-610.

Fehr, E. and Fischbacher, U. (2004a) Third-party punishment and social norms. *Evolution and Human Behavior*, 25(2), 63-87.

Fehr, E. and Fischbacher, U. (2004b) Social norms and human cooperation. *Trends in Cognitive Sciences*, 8(4), 185-190.

Fehr, E. and Gächter, S. (2000) Fairness and retaliation: The economics of reciprocity. *Journal of Economic Perspectives*, 14(3), 159-181.

Feinberg, A.P. (2008) Epigenetics at the epicenter of modern medicine. *Journal of the American Medical Association*, 299(11), 1345-1350.

Festinger, L. (1962) Cognitive dissonance. *Scientific American*, 207(4), 93-107.

Fick, M. and Dave, P. (2019) Facebook's flood of languages leave it struggling to monitor content. *Reuters*. https://www.reuters.com/article/us-facebook-languages-insight/facebooks-flood-of-languages-leave-it-struggling-to-monitor-content-idUSKCN1RZ0DW

Figueiredo, A., Martinovic, B., Rees, J., and Licata, L. (2017) Collective memories and present-day intergroup relations: Introduction to the special thematic section. *Journal of Social and Political Psychology*, 5(2), 694-706.

Fincher, C.L., Thornhill, R., Murray, D.R., and Schaller, M. (2008) Pathogen prevalence predicts human cross-cultural variability in individualism/collectivism. *Proceedings of the Royal Society B: Biological Sciences*, 275(1640). https://doi.org/10.1098/rspb.2008.0094

Fischbacher, U., Gächter, S., and Fehr, E. (2001) Are people conditionally cooperative? Evidence from a public goods experiment. *Economics Letters*, 71(3), 397-404.

Fisk, R. (1993, February 8) Bosnia war crimes: "The rapes went on day and night": Robert Fisk, in Mostar, gathers detailed evidence of the systematic sexual assaults on Muslim women by Serbian "White Eagle" gunmen. *The Independent*.

Fitzduff, M. (1989) *From ritual to consciousness—A study of change and progress in Northern Ireland*. PhD thesis, New University of Ulster, Coleraine.

Fitzduff, M. (2010) Women and war in Northern Ireland— a slow growth to power.

South Asian Journal of Peacebuilding, 3(1). http://wiscomp.org/peaceprints/3-
1/3.1.1.pdf

Fitzduff, M. (2013) *Minority women as agents of change in shared societies.* Project
Briefing Paper on Women and Shared Societies: Meeting of the Working Group on
Double Discrimination, Madrid.

Fitzduff, M. (2016) Lessons learned on trust building in Northern Ireland. In I. Alon
and D. Bar-Tal (eds.), *The role of trust in conflict resolution: The Israeli– Palestinian
case and beyond* (pp. 41-58). Cham, Switzerland: Springer.

Fitzduff, M. (ed.) (2017) *Why irrational politics appeals: Understanding the allure of
Trump.* Santa Barbara, CA: Praeger.

Fitzduff, M. and Stout, C.E. (eds.) (2006) *The psychology of resolving global conflicts:
From war to peace.* Westport, CT: Praeger.

Fitzduff, M. and Williams, S. (2019) *Dialogue in divided societies: Skills for working
with groups in conflict.* Independently published.

Forsberg, E. and Olsson, L. (2016) Gender inequality and internal conflict.
Oxford Research Encyclopedias. https://oxfordre.com/politics/view/10.1093/
acrefore/9780190228637.001.0001/acrefore-9780190228637-e-34

Foster, R. (2016) "I want my country back": Emotion and Englishness at the Brexit
ballotbox. *EU Referendum Analysis.* https://www.referendumanalysis.eu/eu-
referendum-zanalysis-2016/section-8-voters/i-want-my-country-back-emotion-
and-englishness-at-the-brexit-ballotbox/

Fowler, J. and Schreiber, D. (2008) Biology, politics, and the emerging science of
human nature. *Science*, 322(5903), 912-914.

Freeman J.B., Rule, N.O., Adams, R.B. Jr, and Ambady, N. (2009) Culture shapes a
mesolimbic response to signals of dominance and subordination that associates
with behavior. *NeuroImage*, 47(1), 353-359.

Futures without Violence (2017) What is violent extremism? https://www.
futureswithoutviolence.org/wp-content/uploads/FWV_blueprint_3-What-is-VE.pdf

Gambetta, D. and Hertog, S. (2016) *Engineers of jihad: The curious connection
between violent extremism and education.* Princeton, NJ: Princeton University
Press.

Garagozov, R. (2016) Painful collective memory: Measuring collective memory affect
in the Karabakh conflict. *Peace and Conflict*, 22(1), 28-35.

Geher, G. (2015, June 3) Rejecting evolutionary psychology is rejecting

evolution: Evolution does not stop at the neck. *Psychology Today*. https://
www.psychologytoday.com/us/blog/darwins-subterranean-world/201506/
rejecting-evolutionary-psychology-is-rejecting-evolution

Gentry, C. and Sjoberg, L. (2016) Female terrorism and militancy. In J. Richard (ed.),
Handbook of critical terrorism studies (pp. 145-155). Abingdon, UK: Routledge.

Gerstner, C.R. and Day, D.V. (1994) Cross-cultural comparison of leadership
prototypes. *Leadership Quarterly*, 5(2), 121-134.

Giacomin, M. and Jordan, C. (2017) Interdependent and independent self-construal.
In V. Zeigler-Hill and T. Shackelford (eds.), *Encyclopedia of personality and
individual differences*. Cham, Switzerland: Springer.

Ginges, J., Atran, S., Medin, D., and Shikaki, K. (2007) Sacred bounds on rational
resolution of violent political conflict. *Proceedings of the National Academy of
Sciences of the United States of America*, 104(18), 7357-7360.

Glover, H. (1985) Guilt and aggression in Vietnam veterans. *American Journal of Social
Psychiatry*, 5(1), 15-18.

Goldman, J.G. (2014, April 10) How human culture influences our genetics. *BBC Future*.
https://www.bbc.com/future/article/20140410-can-we-drive-our-own-evolution

Golumbia, D. (2018, January 5) Social media has hijacked our brains and threatens
global democracy. *Vice*. https://www.vice.com/en_us/article/bjy7ez/social-media-
threatens-global-democracy

Goñi, U. (2002) *The real Odessa: Smuggling the Nazis to Perón's Argentina*. London:
Granta.

Gordon, I., Martin, C., Feldman, R., and Leckman, J.F. (2011) Oxytocin and social
motivation. *Developmental Cognitive Neuroscience*, 1(4), 471-493.

Grabo, A. and van Vugt, M. (2016) Charismatic leadership and the evolution of
cooperation. *Evolution and Human Behavior*, 37(5), 399-406.

Grant, A. (2014, January 2) The dark side of emotional intelligence. *The Atlantic*.
https://www.theatlantic.com/health/archive/2014/01/the-dark-side-of-
emotional-intelligence/282720/

Greene, J. (2011) *Moral tribes: Emotion, reason and the gap between us and them*.
London: Penguin.

Grierson, J. (2019, November 3) Isis women driven by more than marriage, research
shows. *The Guardian*. https://www.theguardian.com/uk-news/2019/nov/03/isis-
women-driven-by-more-than-marriage-research-shows

Grillo, M. (2017) Nationalist politics: The role of predispositions and emotions. In M. Fitzduff (ed.), *Why irrational politics appeals: Understanding the allure of Trump* (pp. 87-106). Santa Barbara, CA: Praeger.

Gross, J.J. (1998) The emerging field of emotion regulation: An integrative review. *Review of General Psychology*, 2(3), 271-299.

Guyon, J. (2018, April 22) In Sri Lanka, Facebook is like the ministry of truth. *Quartz*. https://qz.com/1259010/how-facebook-rumors-led-to-real-life-violence-in-sri-lanka/

Haidt, J. (2006) *The happiness hypothesis: Finding modern truth in ancient wisdom*. New York: Basic Books. 조너선 하이트, 『조너선 하이트의 바른 행복』, 왕수민 옮김, 부키(2022년 1판 1쇄).

Haidt, J. (2012) *The righteous mind: Why good people are divided by politics and religion*. New York: Pantheon. 조너선 하이트, 『바른 마음』, 왕수민 옮김, 웅진지식하우스(2014년 초판 1쇄).

Haidt, J. and Joseph, C. (2006) Intuitive ethics: How innately prepared intuitions generate culturally variable virtues. *Daedalus*, 133(4), pp. 55-66.

Hall, E.T. (1976) *Beyond culture*. Garden City, NY: Anchor Press. 에드워드 홀, 『문화를 넘어서』, 최효선 옮김, 한길사(2013년 개정판 1쇄).

Hamilton, D.M. (2015, December 22) Calming your brain during conflict. *Harvard Business Review*. https://hbr.org/2015/12/calming-your-brain-during-conflict

Han, S. and Northoff, G. (2008) Culture-sensitive neural substrates of human cognition: A transcultural neuroimaging approach. *Nature Reviews Neuroscience*, 9, 646-654.

Han, S., Northoff, G., Vogeley, K., Wexler, B.E., Kitayama, S., and Varnum, M.E.W. (2013) A cultural neuroscience approach to the biosocial nature of the human brain. *Annual Review of Psychology*, 64(1), 335-359.

Handley, C. and Mathew, S. (2020) Human large-scale cooperation as a product of competition between cultural groups. *Nature Communications*, 11(702). https://www.nature.com/articles/s41467-020-14416-8

Handley, P. (2018, May 24) US disrupts Russian botnet of 500,000 hacked routers. *PhysOrg*. https://phys.org/news/2018-05-disrupts-russian-botnet-hacked-routers.html

Hänska, M. and Bauchowitz, S. (2017, October) Tweeting for Brexit: How social media influenced the referendum. *LSE Research Online*. http://eprints.lse.ac.uk/84614/1/

Hanska-Ahy_tweeting-for-brexit.pdf

Hard-wired: The brain's circuitry for political belief. (2016, December 23) *Science Daily*. www.sciencedaily.com/releases/2016/12/161223115757.htm

Harbath, K. (2018, January 22) Hard questions: Social media and democracy, *Facebook*. https://newsroom.fb.com/news/2018/01/hard-questions-democracy/

Harman, C. (1981) The summer of 1981: A post-riot analysis. *International Socialism*, 2(14), 1- 43. www.marxists.org/archive/harman/1981/xx/riots.htm

Harris, S., Sheth, S.A., and Cohen M.S. (2008) Functional neuroimaging of belief, disbelief, and uncertainty. *Annals of Neurology*, 63(2), 141-147.

Hasan, M. (2014, August 21) What the jihadists who bought "Islam for Dummies" on Amazon tell us about radicalisation. *New Statesman*. https://www.newstatesman.com/religion/2014/08/what-jihadists-who-bought-islam-dummies-amazon-tell-us-about-radicalisation

Haslam, N. (2006) Dehumanization: An integrative review. *Personality and Social Psychology Review*, 10(3), 252-264.

Hatemi, P.K. (2013) The influence of major life events on economic attitudes in a world of gene- environment interplay. *American Journal of Political Science*, 57(4), 987-1007.

Hatemi, P.K. and McDermott, R. (2012) The genetics of politics: Discovery, challenges, and progress. *Trends in Genetics*, 28(10), 525-533.

Hatemi, P.K. and McDermott, R. (2016) Give me attitudes. *Annual Review of Political Science*, 19, 331-350.

Hatemi, P.K., McDermott, R., Eaves, L.J., Kendler, K.S., and Neale, M.C. (2013) Fear as a disposition and an emotional state: A genetic and environmental approach to out-group political preferences. *American Journal of Political Science*, 57(2), 279-293.

Hatemi, P.K., Medland, S.E., Klemmensen R., Oskarsson, S., Littvay, L., Dawes, C.T., Verhulst, B., McDermott, R., Nørgaard, A.S., Klofstad, C.A., Christensen, K., Johannesson, M., Magnusson, P.K., Eaves, L.J., and Martin, N.G. (2014) Genetic influences on political ideologies: Twin analyses of 19 measures of political ideologies from five democracies and genome-wide findings from three populations. *Behavior Genetics*, 44(3), 282-294.

Haynes, T. (2018) Dopamine, smartphones & you: A battle for your time. *Science in the News*, *Harvard Graduate School of the Arts and Sciences*. http://

sitn.hms.harvard.edu/flash/2018/dopamine-smartphones-battle-time/

He, Q., Turel, O., and Bechara, A. (2017) Brain anatomy alterations associated with social networking site (SNS) addiction. *Nature Scientific Reports*, 7(45064). https://www.nature.com/articles/srep45064

Hedden, T., Ketay, S., Aron, A., Markus, H.R., and Gabrieli, J.D. (2008) Cultural influences on neural substrates of attentional control. *Psychological Science*, 19(1), 12-17.

Hedges, C. (2002) *War is a force that gives us meaning*. New York: PublicAffairs.

Henrich, J. and McElreath, R. (2012) Dual-inheritance theory: The evolution of human cultural capacities and cultural evolution. In L. Barrett and R. Dunbar (eds.), *Oxford handbook of evolutionary psychology*. New York: Oxford University Press.

Herzmann, G., Willenbockel, V., Tanaka, J.W., and Curran, T. (2011) The neural correlates of memory encoding and recognition for own-race and other-race faces. *Neuropsychologia*, 49(11), 3103-3115.

Heuveline, P. (2001) The demographic analysis of mortality crises: The case of Cambodia, 1970-1979. In National Research Council, *Forced migration and mortality* (pp. 102-105). Washington, DC: National Academies Press.

Hibbing, J., Smith, K., and Alford, J. (2014) *Predisposed: Liberals, conservatives, and the biology of political differences*. New York: Routledge.

Hitler comes to power. (n.d.) *Holocaust encyclopedia*. https://encyclopedia. ushmm.org/content/en/article/hitler-comes-to-power

Hoffer, E. (1951) *The true believer: Thoughts on the nature of mass movements*. New York: Harper & Brothers. 에릭 호퍼, 『맹신자들』, 이민아 옮김, 궁리(2024년 2판 1쇄).

Hoffman, B. (2001, December) Gaza City: All you need is love. How the terrorists stopped terrorism. *Atlantic Monthly*. https://www.theatlantic.com/past/docs/issues/2001/12/hoffman.htm

Hofstede, G. (1997) *Cultures and organizations: Software of the mind*. London: McGraw-Hill.

Hofstede, G. (2001) *Culture's consequences: Comparing values, behaviors, institutions, and organizations across nations* (2nd ed.). Thousand Oaks, CA: SAGE.

Hofstede, G. (2011) Dimensionalizing cultures: The Hofstede model in context. *Online Readings in Psychology and Culture*, 2(1). https://doi.org/10.9707/2307-0919.1014

Hofstede, G. and Fink, G. (2007) Culture: Organisations, personalities and nations: Gerhard Fink interviews Geert Hofstede. *European Journal of International Management*, 1(1-2).

Hofstede, G., Hofstede, G.J., and Minkov, M. (2010) *Cultures and organizations: Software of the mind* (3rd ed.). New York: McGraw-Hill.

Hofstede Insights (n.d.) Country comparison. https://www.hofstede-insights.com/country-comparison/

Hogan, R. (2006) *Personality and the fate of organizations*. Hillsdale, NJ: Erlbaum. 로버트 호건, 『성격과 조직의 성패』, 이영석·오동근·오인수 옮김, 시그마프레스(2010년 1판 1쇄).

Holbrook, C., Izuma, K., Deblieck, C., Fessler, D.M.T., and Iacoboni, M. (2015) Neuromodulation of group prejudice and religious belief. *Social Cognitive and Affective Neuroscience*, 11(3), 387-394.

Holman, E.A., Garfin, D.R., and Cohen Silver, R. (2019) Media's role in broadcasting acute stress following the Boston Marathon bombings. *Proceedings of the National Academy of Sciences of the United States of America*, 111(1), 93-98.

Holmes, A. (2018) G2B reviews: Epigenetics, epitranscriptomics, microRNAs and more: Emerging approaches to the study of genes, brain and behavior. *Genes, Brain, and Behavior*, 17(3), e12453.

Holt, S., and Machnyikova, Z. (2013) Culture for shared societies. In M. Fitzduff (ed.), *Public policies in shared societies*. Basingstoke, UK: Palgrave Macmillan.

Horgan, J. (2014) *The psychology of terrorism* (2nd ed.). New York: Routledge.

Horowitz, M.C., Stam, A.C., and Ellis, C.M. (2016) *Why leaders fight*. New York: Cambridge University Press.

House, B.R., Silk, J.B., Henrich, J., Barrett, H.C., Scelza, B.A., Boyette, A.H., Hewlett, B.S., McElreath, R., and Laurence, S. (2013) Ontogeny of prosocial behavior across diverse societies. *Proceedings of the National Academy of Sciences of the United States of America*, 110(36), 14586-14591.

How culture colors the way the mind works. (2000, August 1) *Michigan News*. https://news.umich.edu/how-culture-colors-the-way-the-mind-works/

Hudson, R.A. (1999) *The sociology and psychology of terrorism: Who becomes a terrorist and why*. Washington, DC: Library of Congress.

Huemer, M. (n.d.) Why people are irrational about politics. *Internet Archive*. https://web.archive.org/web/20170516125446/

Human Rights Watch. (2004, November 11) Sri Lanka: Tamil Tigers forcibly recruit child soldiers. https://www.hrw.org/news/2004/11/11/sri-lanka-tamil-tigers-forcibly-recruit-child-soldiers#

Hur, Y.-M. and Rushton, J.P. (2007) Genetic and environmental contributions to prosocial behaviour in 2-to 9-year-old South Korean twins. *Biology Letters*, 3(6). https://doi.org/10.1098/rsbl.2007.0365

Hutchinson, M. (2020, January 30) Facebook climbs to 2.5 billion monthly active users, but rising costs impede income growth. *Social Media Today*. https://www.socialmediatoday.com/news/facebook-climbs-to-25-billion-monthly-active-users-but-rising-costs-imped/571358/

Iacobini, M. (2009) Imitation, empathy, and mirror neurons. *Annual Review of Psychology*, 60, 653-670.

IDA Ireland (2020) Doing business here: Medical technology. https://www.idaireland.com/doing-business-here/industry-sectors/medical-technology

Inclusive Security (n.d.) Why women? https://www.inclusivesecurity.org/why-women/

Ingram, D. (2018, March 20) Factbox: Who is Cambridge Analytica and what did it do? *Reuters*. https://www.reuters.com/article/us-facebook-cambridge-analytica-factbox/factbox-who-is-cambridge-analytica-and-what-did-it-do-idUSKBN1GW07F

Institute for Economics and Peace (2019) *Global Terrorism Index 2019: Measuring the impact of terrorism*. Sydney, Australia: Institute for Economics and Peace.

Irwin, C. (2006) The Northern Ireland "peace polls." *Irish Political Studies*, 21(1), 1-14.

ISAF Public Affairs Office (2010) Gen. Petraeus updates guidance on use of force. *U.S. Central Command*. https://www.centcom.mil/MEDIA/NEWS-ARTICLES/News-Article-View/Article/884119/gen-petraeus-updates-guidance-on-use-of-force/

Ito, T.A. and Urland, G.R. (2005) The influence of processing objectives on the perception of faces: An ERP study of race and gender perception. *Cognitive, Affective, & Behavioral Neuroscience*, 5(1), 21-36.

Jacobson, M. (2010) Terrorist financing and the internet. *Studies in Conflict and Terrorism*, 33(4), 353-363.

Jaeggi, A.V., Trumble, B.C., Kaplan, H.S., and Gurven, M. (2015) Salivary oxytocin increases concurrently with testosterone and time away from home among returning Tsimane' hunters. *Biology Letters*, 11(3). https://doi.org/10.1098/rsbl.2015.0058

Jost, J.T. (2017, June) A theory of system justification: Is there a nonconscious tendency to defend, bolster and justify aspects of the societal status quo? *American Psychological Association Science Brief*. https://www.apa.org/science/

about/psa/2017/06/system-justification

Jost, J.T. and Amodio, D.M. (2012) Political ideology as motivated social cognition: Behavioral and neuroscientific evidence. *Motivation and Emotion*, 36(1), 55-64.

Jost, J.T., Gaucher, D., and Stern, C. (2015) "The world isn't fair": A system justification perspective on social stratification and inequality. In M. Mikulincer, P.R. Shaver, J.F. Dovidio, and J.A. Simpson (eds.), *APA handbook of personality and social psychology* (Vol. 2, pp. 317-340). Washington, DC: American Psychological Association.

Jost, J.T., Langer, M., Badaan, V., Azevedo, F., Etchezahar, E., Ungaretti, J., and Hennes, E.P. (2017) Ideology and the limits of self-interest: System justification motivation and conservative advantages in mass politics. *Translational Issues in Psychological Science*, 3(3), e1- e26.

Jost, J.T., Ledgerwood, A., and Hardin, C.D. (2008a) Shared reality, system justification, and the relational basis of ideological beliefs. *Social and Personality Psychology Compass*, 2, 171-186.

Jost, J., Nam, H.H., Amodio, D., and Van Bavel, J. (2014) Political neuroscience: The beginning of a beautiful friendship. *Political Psychology*, 35, S1, 3-42.

Jost, J.T., Nosek, B.A., and Gosling, S.D. (2008b) Ideology: Its resurgence in social, personality, and political psychology, *Perspectives on Psychological Science*, 3(2), 126-136.

Judge, T. and Piccolo, R. (2004) Transformational and transactional leadership: A meta-analytic test of their relative validity. *Journal of Applied Psychology*, 89(5), 755-768.

Jung, N., Wranke, C., Hamburger, K., and Knauff, M. (2014) How emotions affect logical reasoning: Evidence from experiments with mood-manipulated participants, spider phobics, and people with exam anxiety. *Frontiers in Psychology*. https://doi.org/10.3389/fpsyg.2014.00570

Kachel, S., Steffens, M.C., and Niedlich, C. (2016) Traditional masculinity and femininity: Validation of a new scale assessing gender roles. *Frontiers in Psychology*. https://doi. org/10.3389/fpsyg.2016.00956/full

Kahneman, D. (2011) *Thinking, fast and slow*. New York: Farrar, Straus and Giroux. 대니얼 카너먼, 『생각에 관한 생각』, 이창신 옮김, 김영사(2018년 최신판 1쇄).

Kahneman, D., Knetsch, J.L., and Thaler, R.H. (1986) Fairness and the assumptions of economics. *Journal of Business*, 59(4), S285-S300.

Kakkar, H. and Sivanathan, N. (2017) When the appeal of a dominant leader is greater than a prestige leader. *Proceedings of the National Academy of Sciences of the United States of America*, 114(26), 6734-6739.

Kaldor, M. (2012) *New and old wars: Organized violence in a global era*. Cambridge, UK: Polity Press. 메리 캘도어, 『새로운 전쟁과 낡은 전쟁』, 유강은 옮김, 그린비(2010년 1판 1쇄).

Kanai, R., Feilden, T., Firth, C., and Rees, G. (2011) Political orientations are correlated with brain structure in young adults. *Current Biology*, 21(8), 677-680.

Kaplan, J.T., Gimbel, S.I., and Harris, S. (2016) Neural correlates of maintaining one's political beliefs in the face of counterevidence. *Scientific Reports*, 6(39589). https://www. nature.com/articles/srep39589

Kaska, K., Osula, A.-M., and Stinissen, J. (2013) The Cyber Defence Unit of the Estonian Defence League: Legal, policy and organisational analysis. *NATO Cooperative Cyber Defence Centre of Excellence*. https://ccdcoe.org/uploads/2018/10/CDU_Analysis.pdf

Kassam, K.S., Markey, A.R., Cherkassky, V.L., Loewenstein, G., and Just, M.A. (2013) Identifying emotions on the basis of neural activation. *PLoS One*, 8(6), e66032.

Kellow, C.L. and Steeves, H.L. (1998) The role of radio in the Rwandan genocide. *Journal of Communication*, 48(3), 107-128.

Kemp, A.H. and Guastella, A.J. (2011) The role of oxytocin in human affect: A novel hypothesis. *Current Directions in Psychological Science*, 20(4), 222-231.

Kim, H.S., Sherman, D.K., Sasaki, J.Y., Xu, J., Chu, T.Q., Ryu, C., Suh, E.M., Graham, K., and Taylor, S.E. (2010) Culture, distress, and oxytocin receptor polymorphism (OXTR) interact to influence emotional support seeking. *Proceedings of the National Academy of Sciences of the United States of America*, 107(36), 15717-15721.

King, B.J. (2014) Feeling down? Watching this will help. *NPR: 13.7 Cosmos & Culture*. https://www.npr.org/sections/13.7/2014/02/27/283348422/that-s-unfair-you-say-this-monkey-can-relate?t=1578576937920&t=1584459790973

Kirsch, P., Esslinger, C., Chen, Q., Mier, D., Lis, S., Siddhanti, S., Gruppe, H., Mattay, V.S., Gallhofer, B., and Meyer-Lindenberg, A. (2005) Oxytocin modulates neural circuitry for social cognition and fear in humans. *Journal of Neuroscience*, 25(49), 11489-11493.

Klavina, L. and van Zomeren, M. (2018) Protesting to protect 'us' and/or 'them'? Explaining why members of third groups are willing to engage in collective action. *Group Processes & Intergroup Relations*, 23(1), 140-160.

Klein, R.A. (2011) *Sociality as the human condition: Anthropology in economic, philosophical and theological perspective*. Leiden, The Netherlands: Brill.

Klemmensen, R., Hatemi, P.K., Hobolt, S.B., Skytthe, A., and Nørgaard Asbjørn, S. (2012) Heritability in political interest and efficacy across cultures: Denmark and the United States. *Twin Research and Human Genetics*, 15(1), 15-20.

Klofstad, C.A., Anderson, R.C., and Nowicki, S. (2015) Perceptions of competence, strength, and age influence voters to select leaders with lower-pitched voices. *PLoS One*, 10(8), e0133779.

Knafo-Noam, A., Uzefovsky, F., Israel, S., Davidov, M., Zahn-Waxler, C. (2015) The prosocial personality and its facets: Genetic and environmental architecture of mother-reported behavior of 7-year-old twins. *Frontiers in Psychology*, 6(112). https://doi.org/10.3389/fpsyg.2015.00112

Kobayashi, C., Glover, G.H., and Temple, E. (2006) Cultural and linguistic influence on neural bases of "theory of mind": An fMRI study with Japanese bilinguals. *Brain and Language*, 98(2), 210-220.

Kohlberg, L., Levine, C., and Hewer, A. (1983) *Moral stages: A current formulation and a response to critics*. New York: Karger.

Koppensteiner, M., and Grammer, K. (2010) Motion patterns in political speech and their influence on personality ratings. *Journal of Research in Personality*, 44(3), 374-379.

Korostelina, K.V. (2014) Insulter Trump: A bonus for his followers? In M. Fitzduff and C.E. Stout (eds.), *Psychological approaches to dealing with conflict and war* (pp. 153-171). Westport, CT: Greenwood Press.

Kosfeld, M., Heinrichs, M., Zak, P.J., Fischbacher, U., and Fehr, E. (2005) Oxytocin increases trust in humans. *Nature*, 435, 673-676.

Koski, J.E., Xie, H., and Olson, I.R. (2015) Understanding social hierarchies: The neural and psychological foundations of status perception. *Social Neuroscience*, 10(5), 527-550.

Kossowska, M., Szwed, P., Wronka, E., Czarnek, G., and Wyczesany, M. (2016) Anxiolytic function of fundamentalist beliefs: Neurocognitive evidence. *Personality and Individual Differences*, 101, 390-395.

Krill, A. and Platek, S.M. (2009) In-group and out-group membership mediates anterior cingulate activation to social exclusion. *Frontiers in Evolutionary*

Neuroscience, 1(1). https://doi.org/10.3389/neuro.18.001.2009

Kruglanski, A.W. (2014, October 28) Psychology not theology: Overcoming ISIS' secret appeal. *E-International Relations.* https://www.e-ir.info/2014/10/28/psychology-not-theology-overcoming-isis-secret-appeal/

Kruglanski, A.W. and Webster, D.M. (1996) Motivated closing of the mind: "Seizing" and "freezing." *Psychological Review*, 103(2), 263-283.

Kteily, N., Bruneau, E., Waytz, A., and Cotterill, S. (2015) The ascent of man: Theoretical and empirical evidence for blatant dehumanization. *Journal of Personality and Social Psychology*, 109(5), 901-931.

Kteily, N., Hodson, G., and Bruneau, E. (2016) They see us as less than human: Metadehumanization predicts intergroup conflict via reciprocal dehumanization. *Journal of Personality and Social Psychology*, 110(3), 343-370.

Kubota, J.T., Banaji, M.R., and Phelps, E.A. (2012) The neuroscience of race. *Nature Neuroscience*, 15, 940-948.

Kysar, D.A. and Salzman, J. (2005) *Environmental tribalism*. Legal Studies Research Paper Series. Ithaca, NY: Cornell Law School.

Lack, J. and Bogacz, F. (2012) The neurophysiology of ADR and process design: A new approach to conflict prevention and resolution? In A.W. Rovine (ed.), *Contemporary issues in international arbitration and mediation: The Fordham Papers* (pp. 341-382). Leiden, The Netherlands: Brill Nijhoff.

Lakens, D. (2016) Grounding social embodiment. Social Cognition. In D.C. Molden (ed.), *Understanding priming effects in social psychology* (pp. 175-190). New York: Guilford Press.

Laland, K.N., Odling-Smee, J., and Myles, S. (2010) How culture shaped the human genome: Bringing genetics and the human sciences together. *Nature Reviews Genetics*, 11(2), 137-148.

Lamm, C., Decety, J., and Singer, T. (2011) Meta-analytic evidence for common and distinct neural networks associated with directly experienced pain and empathy for pain. *NeuroImage*, 54, 2492-2502.

Laustsen, L. and Petersen, M.B. (2015) Does a competent leader make a good friend? Conflict, ideology and the psychologies of friendship and followership. *Evolution and Human Behavior*, 36(4), 286-293.

Lazarus, S. (2019, January 27) Women. Life. Freedom: Female fighters of Kurdistan. *CNN.* https://edition.cnn.com/2019/01/27/homepage2/kurdish-female-fighters/

index.html

Lessig, L. (1995) The regulation of social meaning. *University of Chicago Law Review*, 62(3), 1.

Lewis, G.J., Kanai, R., Bates, T.C., and Rees, G. (2012) Moral values are associated with individual differences in regional brain volume. *Journal of Cognitive Neuroscience*, 24(8), 1657-1663.

Licata, L. and Klein, O. (2005) Regards croisés sur un passé commun: Anciens colonisés et anciens coloniaux face à l'action belge au Congo [Crossed glances at a common past: Former colonized and colonizer perspectives regarding the Belgian action in the Congo]. In M. Sanchez-Mazas and L. Licata (eds.), *L'Autre: Regards psychosociaux* [*The other: Psychosocial perspectives*] (pp. 241-278). Grenoble: Presses Universitaires de Grenoble.

Lin, L.C. and Telzer, E.H. (2018) An introduction to cultural neuroscience. In J.M. Causadias, E.H. Telzer, and N.A. Gonzales (eds.), *The handbook of culture and biology* (pp. 943-1045). New York: Wiley.

Lindner, E.G. (2006) Humiliation, killing, war, and gender. In M. Fitzduff and C.E. Stout (eds.), *The psychology of resolving global conflicts: From war to peace*. Westport, CT: Praeger.

Lipman-Blumen, J. (2006) *The allure of toxic leaders: Why we follow destructive bosses and corrupt politicians—and how we can survive them*. Oxford: Oxford University Press.

Little, A.C., Roberts, S.C., Jones, B.C., and DeBruine, L.M. (2012) The perception of attractiveness and trustworthiness in male faces affects hypothetical voting decisions differently in wartime and peacetime scenarios. *Quarterly Journal of Experimental Psychology*, 65(10), 2018-2032.

Liu, X., Liu, S., Huang, R., Chen, X., Xie, Y., Ma, R., Luo, Y., Bu, J., and Zhang, X. (2018) Neuroimaging studies reveal the subtle difference among social network size measurements and shed light on new directions. *Frontiers in Neuroscience*, 12(461). https://doi.org/10.3389/fnins.2018.00461/full

Liu, Y., Lin, W., Xu, P., Zhang, D., and Luo, Y. (2015) Neural basis of disgust perception in racial prejudice. *Human Brain Mapping*, 36(12), 5275-5286.

Livingston, R.W. and Drwecki B.B. (2007) Why are some individuals not racially biased? Susceptibility to affective conditioning predicts nonprejudice toward blacks. *Psychological Science*, 18(9), 816-823.

Livingstone Smith, David (2007) *Why we lie: The evolutionary roots of deception and the unconscious mind*. New York: St Martin's Press. 데이비드 리빙스턴 스미스, 『거짓말쟁이는 행복하다』, 정명진 옮김, 부글북스(2007년 1판 1쇄).

Lock, A. (2011, August 9) Insurers say London riot losses "well over £100m." *City A.M.*

Lord, R.G. and Brown, D.J. (2003) *Leadership processes and follower self-identity*. New York: Psychology Press.

Lord, R.G. Foti, R.J., and De Vader, C.L. (1984) A test of leadership categorization theory: Internal structure, information processing, and leadership perceptions. *Organizational Behavior and Human Performance*, 34(3), 343-378.

Lord, R.G. and Maher K.J. (1991) *Leadership and information processing: Linking perceptions and performance*. Boston: Unwin Hyman.

Ludeke, S., Johnson, W., and Bouchard, T.J. Jr (2013) "Obedience to traditional authority": A heritable factor underlying authoritarianism, conservatism and religiousness. *Personality and Individual Differences*, 55(4), 375-380.

Lunz, K. and Dier, A. (2019) CFFP co-founder Kristina Lunz speaks with Aleksandra Dier, the gender expert at the United Nations Counter-Terrorism Committee Executive Directorate. *Center for Feminist Foreign Policy*. https://centreforfeministforeignpolicy. org/interviews/2019/12/21/aleksandra-dier

Luthans, F., Peterson, S.J., and Ibrayeva, E. (1998) The potential for the "dark side" of leadership in post-communist countries. *Journal of World Business*, 33, 185–201.

Ma, Q., Pei, G., and Jin, J. (2015) What makes you generous? The influence of rural and urban rearing on social discounting in China. *PloS One*, 10(7), e0133078.

Maccoby, M. (2004, September) Why people follow the leader: The power of transference. *Harvard Business Review*. https://hbr.org/2004/09/why-people-follow-the-leader-the-power-of-transference%20Michael%20Maccoby

Mach, P. (2016) Social media used to fuel South Sudan's civil war. *Anadolu Agency*. https://www.aa.com.tr/en/africa/social-media-used-to-fuel-south-sudans-civil-war-/655493

MacNair, R.M. (2006) Violence begets violence: The consequences of violence become causation. In M. Fitzduff and C.E. Stout (eds.), *The psychology of resolving global conflicts: From war to peace*. Westport, CT: Praeger.

Makhanova, A., Miller, S.L., and Maner, J.K. (2015) Germs and the out-group: Chronic and situational disease concerns affect intergroup categorization. *Evolutionary Behavioral Sciences*, 9(1), 8-19.

Malefakis, M.A. (2019) Social media dynamics in Boko Haram's terrorist insurgence. *Toda Peace Institute*. https://toda.org/assets/files/resources/policy-briefs/t-pb-50_medinat-a.-malefakis_social-media-dynamics-and-boko-harams-terrorist-insurgence.pdf

Mameli, M. (2004) Nongenetic selection and nongenetic inheritance. *British Journal for the Philosophy of Science*, 55(1), 35-71.

Mann, T.C. and Ferguson, M.J. (2015) Can we undo our first impressions? The role of reinterpretation in reversing implicit evaluations. *Journal of Personality and Social Psychology*, 108(6), 823-849.

Margolin, D. (2016) A Palestinian woman's place in terrorism: Organized perpetrators or individual actors? *Studies in Conflict & Terrorism*, 39(10), 912-934.

Markus, H.R. and Kitayama, S. (1991) Culture and the self: Implications for cognition, emotion, and motivation. *Psychological Review*, 98(2), 224-253.

Marsh, J., Mendoza-Denton, R., and Smith, J.A. (2010) *Are we born racist? New insights from neuroscience and positive psychology*. Boston: Beacon Press.

Marsh, N., Scheele, D., Feinstein, J.S., Gerhardt, H., Strang, S., Maier, W., and Hurlemann, R. (2017) Oxytocin-enforced norm compliance reduces xenophobic outgroup rejection. *Proceedings of the National Academy of Sciences of the United States of America*, 114(35), 9314-9319.

Mason, M.F. and Morris, M.W. (2010) Culture, attribution and automaticity: A social cognitive neuroscience view. *Social Cognitive and Affective Neuroscience*, 5(2-3), 292-306.

Mateos-Aparicio, P. and Rodriguez-Moreno, A. (2019) The impact of studying brain plasticity. *Frontiers in Cellular Neuroscience*, 13(66). https://doi.org/10.3389/fncel.2019.00066

Mattan, B.D., Wei, K.Y., Cloutier, J., and Kubota, J.T (2018) The social neuroscience of race-based and status-based prejudice. *Current Opinion in Psychology*, 24, 27-34.

McAdams, D.P. (2013) The psychological self as actor, agent, and author. *Perspectives on Psychological Science*, 8(3), 272-295.

McAllister, B. and Schmid, A.P. (2011) Theories of terrorism. In A.P. Schmid (ed.), *The Routledge handbook of terrorism research*. New York: Routledge.

McCann, S.J. (1992) Alternative formulas to predict the greatness of U.S. presidents: Personological, situational, and zeitgeist factors. *Journal of Personality and Social Psychology*, 62(3), 469-479.

McClelland, D.C. (1975) *Power: The inner experience*. New York: Irvington.

McCloskey, J. (2015) *A fearless life*. Self-published.

McDermott, J. (2012, June 17) Gold overtakes drugs as source of Colombia rebel funds. *BBC News*. https://www.bbc.com/news/world-latin-america-18396920

McFadyen, S. and Pallenberg, M. (2016, April 13) "Blonde, blue-eyed girls are particularly popular", says ISIS sex slave captured in Iraq. *Daily Express*. https://www.express.co.uk/news/world/699543/Chilling-warning-as-ISIS-hunt-blonde-blue-eyed-girls-to-become-sex-slaves

McMahan, D.L. (2009) *The making of Buddhist modernism*. Oxford: Oxford University Press.

Mendez, M.F. (2011) A neurology of the conservative- liberal dimension of political ideology. *Journal of Neuropsychiatry and Clinical Neurosciences*, 29(2), 86-94.

Mercier, H. and Sperber, D. (2012) "Two heads are better" stands to reason. *Science*, 336(6084), 979.

Mercy Corps (2016) Motivations and empty promises: Voices of former Boko Haram combatants and Nigerian youth 2016. https://www.mercycorps.org/research-resources/boko-haram-nigerian

Mercy Corps (2019) The weaponization of social media. https://www.mercycorps.org/research-resources/weaponization-social-media

Meshi, D., Tamir, D.I., and Heekeren, H. (2015) The emerging neuroscience of social media. *Trends in Cognitive Sciences*, 19(12), 771-782.

Mesquita, B. and Leu, J. (2007) The cultural psychology of emotion. In S. Kitayama and D. Cohen (eds.), *Handbook of cultural psychology* (pp. 734-759). New York: Guilford Press.

Mickiewicz, T. and Rebmann, A. (2020) Entrepreneurship as trust. *Foundations and Trends in Entrepreneurship*, 16(3), 244-309.

The middle class "rioters" revealed: The millionaire's daughter, the aspiring musician and the organic chef all in the dock. (2011, September 2) *Daily Mail*. https://www.dailymail. co.uk/news/article-2025068/UK-riots-Middle-class-rioters-revealed-including-Laura-Johnson-Natasha-Reid-Stefan-Hoyle.html

Mihailidis, P. and Viotty, S. (2017) Spreadable spectacle in digital culture: Civic expression, fake news, and the role of media literacies in "post-fact" society. *American Behavioral Scientist*, 61(4), 441-454.

Miles, T. (2018, March 12) U.N. investigators cite Facebook role in Myanmar crisis.

Reuters. https://uk.reuters.com/article/us-myanmar-rohingya-facebook/u-n-investigators-cite-facebook-role-in-myanmar-crisis-idUKKCN1GO2PN

Milgram, S. (1963) Behavioral study of obedience. *Journal of Abnormal and Social Psychology*, 67, 371-378.

Millar, M.C. (2012) Magnetic stimulation: A new approach to treating depression? *Harvard Medical School*. https://www.health.harvard.edu/blog/magnetic-stimulation-a-new-approach-to-treating-depression-201207265064

Mischel, W. (1973) Toward a cognitive social learning reconceptualization of personality. *Psychological Review*, 80(4), 252-283.

Mitchell, A., Brown, H., and Guskin, E. (2012, November 28) The role of social media in the Arab uprisings. *Pew Research Center*. https://www.journalism.org/2012/11/28/role-social-media-arab-uprisings/

Mobbs, D., Hagan, C.C., Dalgleish, T., Silston, B., and Prévost, C. (2015) The ecology of human fear: Survival optimization and the nervous system. *Frontiers in Neuroscience*, 9(55). https://doi.org/10.3389/fnins.2015.00055/full

Molina-Morales, F.X. and Martinez-Fernandez, M.T. (2009) Too much love in the neighborhood can hurt: How an excess of intensity and trust in relationships may produce negative effects on firms. *Strategic Management Journal*, 30(9), 1013-1023.

Mooney, C. (2012a, May 1) Inside the political brain. *The Atlantic*. https://www.theatlantic. com/politics/archive/2012/05/inside-the-political-brain/256483/

Mooney, C. (2012b) *The Republican brain: The science of why they deny science— and reality*. New York: Wiley. 크리스 무니, 『똑똑한 바보들』, 이지연 옮김, 동녘사이언스(2012년 1판 1쇄).

Morrison, S., Decety, J., and Molenberghs, P. (2012) The neuroscience of group membership. *Neuropsychologia*, 50(8), 2114-2120.

Murray, G.R. (2017) Mass political behaviour and biology. In S.A. Peterson and A. Somit (eds.), *Handbook of biology and politics* (pp. 1013-1023). Cheltenham, UK: Edward Elgar.

Nam, H.H., Jost, J.T., Kaggen, L., Campbell-Meiklejohn, D., and Van Bavel, J.J. (2018) Amygdala structure and the tendency to regard the social system as legitimate and desirable. *Nature Human Behaviour*, 2, 133-138.

Navarrete, C.D. and Fessler, D.M.T. (2006) Disease avoidance and ethnocentrism: The effects of disease vulnerability and disgust sensitivity on intergroup attitudes. *Evolution and Human Behavior*, 27(4), 270-282.

Nehme, M. (2016) Fundamentalism, terrorism and political instability: Socio-psychological approach. *Lebanese Army*. https://www.lebarmy.gov.lb/en/content/fundamentalism-terrorism-and-political-instability-socio-psychological-approach

Netting, R.M. (1993) *Smallholders, householders: Farm families and the ecology of intensive, sustainable agriculture.* Stanford, CA: Stanford University Press.

Ng, S.H., Han, S., Mao, L., and Lai, J.C.L. (2010) Dynamic bicultural brains: fMRI study of their flexible neural representation of self and significant others in response to culture primes. *Asian Journal of Social Psychology*, 13(2), 83-91.

Nicas, J. (2018, February 7) How YouTube drives people to the internet's darkest corners. *Wall Street Journal*.

Nisbett, R.E. (2003) *The geography of thought: How Asians and Westerners think differently . . . and why.* New York: Free Press. 리처드 니스벳, 『생각의 지도』, 최인철 옮김, 김영사(2004년 1판 1쇄).

Nisbett, R.E., Peng, K., Choi, I., and Norenzayan, A. (2001) Culture and systems of thought: Holistic versus analytic cognition. *Psychological Review*, 108(2), 291-310.

Nowak, M.A., Tarnita, C.E., and Wilson, E.O. (2010) The evolution of eusociality. *Nature*, 466(7310), 1057-1062.

Nowrojee, B. (1996) *Shattered lives: Sexual violence during the Rwandan genocide and its aftermath.* New York: Human Rights Watch.

N-Peace Network (2019) *Next generation women, peace and security: N-Peace 2018–2019 edition.* New York: UNDP.

O'Gorman, R., Henrich, J., and Van Vugt, M. (2008) Constraining free riding in public goods games: Designated solitary punishers can sustain human cooperation. *Proceedings of the Royal Society B: Biological Sciences*, 276(1655). https://doi.org/10.1098/rspb.2008.1082

Olson, J.M. and Jang, K.L. (2001) The heritability of attitudes: A study of twins. *Journal of Personality and Social Psychology*, 80(6), 845-860.

Ong, J.C. and Cabañes, J.V.A. (2018) Architects of networked disinformation: Behind the scenes of troll accounts and fake news production in the Philippines. *Scholarworks@ UMassAmherst*. https://scholarworks.umass.edu/communication_faculty_pubs/74/

Optimizing for engagement: Understanding the use of persuasive technology
on Internet platforms: *Written testimony to United States Senate Committee on
. Commerce, Science, and Transportation Subcommittee on Communications,
Technology, Innovation and the Internet.* 116th Congr. (2019) (Testimony of T.
Harris). https://www.commerce.senate. gov/services/files/96E3A739-DC8D-45F1-
87D7-EC70A368371D

Orey, B.D.A. and Park, H. (2012) Nature, nurture, and ethnocentrism in the Minnesota
Twin Study. *Twin Research and Human Genetics*, 15(1), 71-73.

Oxley, D.R., Smith, K.B., Alford, J.R., Hibbing, M.V., Miller, J.L., Scalora, M.J., Hatemi, P.K.,
and Hibbing, J.R. (2008) Political attitudes vary with physiological traits. *Science*,
321(5896), 1667-1670.

Padilla, A., Hogan, R., and Kaiser, R.B. (2007) The toxic triangle: Destructive leaders,
susceptible followers, and conducive environments. *Leadership Quarterly*, 18(3),
176-194.

Paluck, E. and Green, D.P. (2009) Prejudice reduction: What works? A review and
assessment of research and practice. *Annual Review of Psychology*, 60, 339-367.

Panno, A., Carrus, G., Brizi, A., Maricchiolo, F., Giacomantonio, M., and Mannetti,
L. (2018) Need for cognitive closure and political ideology: Predicting pro-
environmental preferences and behavior. *Social Psychology*, 49(2), 103-112.

Park, D.C. and Huang, C.-M. (2010) Culture wires the brain: A cognitive neuroscience
perspective. *Perspectives on Psychological Science*, 5(4), 391-400.

Paton Walsh, N., Abdelaziz, S., Phillips, M., and Hasan, M. (2017, July 17). ISIS
brides flee caliphate as noose tightens on terror group. *CNN*. https://
edition.cnn.com/2017/07/17/middleeast/raqqa-isis-brides/index.html

Peake, G., Gormley-Heenan, C., and Fitzduff, M. (2004) *From warlords to peacelords:
Local leadership capacity in peace processes.* Jordanstown, Northern Ireland:
INCORE.

Pemberton, A. and Aarten, P.G.M. (2018) Narrative in the study of victimological
processes in terrorism and political violence: An initial exploration. *Studies in
Conflict & Terrorism*, 41(7), 541-556.

Peracha, F.N., Khan, R.R., and Savage, S. (2016) Sabaoon: Education methods
successfully countering and preventing violent extremism. In S. Zeiger (ed.),
Expanding research on countering violent extremism (pp. 85-104). Abu Dhabi:
Hedayah and Edith Cowan University.

Perera-W.A., H. (2016) The effects of memory conformity and the cross-race effect in eyewitness testimony. *SSRN Electronic Journal*, 2732189. https://papers.ssrn.com/sol3/papers.cfm?abstract_id=2732189

Perešin, A. (2015) Fatal attraction: Western muslimas and ISIS. *Perspectives on Terrorism*, 9(3). http://www.terrorismanalysts.com/pt/index.php/pot/article/view/427/html

Perloff, R.M. (2015) A three-decade retrospective on the hostile media effect. *Mass Communication and Society*, 18(6), 701-729.

Peterson, S., Reina, C.S., Waldman, D., and Becker, W.J. (2015) Using physiological methods to study emotions in organizations. *Research on Emotion in Organizations*, 11, 1-27.

Pew Research Center (2012, December 18) The global religious landscape. https://www. pewforum.org/2012/12/18/global-religious-landscape-exec/

Phelps, E.A., O'Connor, K.J., Cunningham, W.A., Funayma, E.S., Gatenby, J.C., Gore, J.C., and Banaji, M.R. (2000) Performance on indirect measures of race evaluation predicts amygdala activity. *Journal of Cognitive Neuroscience*, 12(5), 729-738.

Pillai, R. (1996) Crisis and the emergence of charismatic leadership in groups: An experimental investigation. *Journal of Applied Social Psychology*, 26(6), 543-562.

Pinker, S. (2002) *The blank slate: The modern denial of human nature*. New York: Penguin. 스티븐 핑커, 『빈 서판』, 김한영 옮김, 사이언스북스(2017년 2판 1쇄).

Pinker, S. (2012) *The better angels of our nature: Why violence has declined*. New York: Viking. 스티븐 핑커, 『우리 본성의 선한 천사』, 김명남 옮김, 사이언스북스(2014년 1판 1쇄).

Popper, M. (2012) *Fact and fantasy about leadership*. Cheltenham, UK: Edward Elgar.

Post, J. (2004) *Leaders and their followers in a dangerous world: The psychology of political behavior*. Ithaca, NY: Cornell University Press.

Poulin, M., Holman, A., and Buffone, A. (2012) The neurogenetics of nice: Receptor genes for oxytocin and vasopressin interact with threat to predict prosocial behaviour. *Psychological Science*, 23(5), 446-452.

Prasad, D.Y.J. (2015) *A perspective on the Naxalite insurgency in Jharkhand and Bihar: Going beyond the grievance argument* (MA thesis, University of British Columbia, Vancouver). https://open.library.ubc.ca/cIRcle/collections/ubctheses/24/items/1.0165830

Press Trust of India (2014, November 5) Indian peace keeping force raped Tamil women during LTTE war: Lankan minister. *News 18*. https://www.news18.com/

news/india/indian-peace-keeping-force-raped-tamil-women-during-ltte-war-lankan-minister-724149.html

Psaltis, C. (2016) Collective memory, social representations of intercommunal relations, and conflict transformation in divided Cyprus. *Peace and Conflict*, 22(1), 19-27.

Putnam, R. (2000) *Bowling alone: The collapse and revival of American community.* New York: Simon & Schuster. 로버트 D. 퍼트넘, 『나 홀로 볼링』, 정승현 옮김, 페이퍼로드(2016년 초판 5쇄).

Radovanović, B. (2019) Altruism in behavioural, motivational and evolutionary sense. *Filozofija i drustvo*, 30(1), 122-134.

Radsch, C.C. (2016) Media development and countering violent extremism: An uneasy relationship, a need for dialogue. *Center for International Media Assistance, National Endowment for Democracy.* https://www.cima.ned.org/wp-content/uploads/2016/10/CIMA-CVE-Paper_web-150ppi.pdf

Raffy, S. (2004) *Castro, el desleal.* Madrid: Santillana Ediciones.

Rand, D.G., Dreber, A., Ellingsen, T., Fudenberg, D., and Nowak, M.A. (2009) Positive interactions promote public cooperation. *Science*, 325(5945), 1272-1275.

Rand, D.G., Greene, J.D., and Nowak, M.A. (2012) Spontaneous giving and calculated greed. *Nature*, 489, 427-430.

Ratner, K.G. and Amodio, D.M. (2012) Seeing "us vs. them": Minimal group effects on the neural encoding of faces. *Journal of Experimental Social Psychology*, 49(2), 298-301.

Re, D.E. and Rule, N.O. (2016) The big man has a big mouth: Mouth width correlates with perceived leadership ability and actual leadership performance. *Journal of Experimental Social Psychology*, 63, 86-93.

Reh, S., Van Quaquebeke, N., and Giessner, S.R. (2017) The aura of charisma: A review on the embodiment perspective as signalling. *Leadership Quarterly*, 28(4), 486-507.

Rendell, L., Fogarty, L., Hoppitt, W.J.E., Morgan, T., Webster, M.M., and Laland, K.N. (2011) Cognitive culture: Theoretical and empirical insights into social learning strategies. *Trends in Cognitive Sciences*, 15(2), 68-76.

Reuter, M., Frenzel, C., Walter, N.T., Markett, S., and Montag, C. (2011) Investigating the genetic basis of altruism: The role of the COMT Val158Met polymorphism. *Social Cognitive and Affective Neuroscience*, 6(5), 662-668.

Richerson, P.J. and Boyd, R. (2005) *Not by genes alone: How culture transformed human evolution*. Chicago: University of Chicago Press. 피터 J. 리처슨·로버트 보이드, 『유전자는 혼자 진화하지 않는다』, 김준홍 옮김, 을유문화사(2024년 초판 1쇄).

Ricoeur, P. (2006) Memory—forgetting—history. In J. Rüsen (ed.), *Meaning and Representation in History*. Oxford: Berghahn Books.

Rock, D. (2009) *Your brain at work: Strategies for overcoming distraction, regaining focus, and working smarter all day long*. New York: HarperCollins. 데이비드 록, 『일하는 뇌』, 이경아 옮김, 랜덤하우스코리아(2010년 1판 1쇄).

Rock, D. (2016, November 7) Why we select toxic leaders. *Psychology Today*. https://www. psychologytoday.com/gb/blog/your-brain-work/201611/why-we-select-toxic-leaders

Rogers, P. (1995) Kill thy neighbor. *People*, 44(25). https://people.com/archive/kill-thy-neighbor-vol-44-no-25

Romano, C. (2013, March 18) Reason, emotion, and Hitler. *Chronicle of Higher Education*. https://www.chronicle.com/article/Reason-EmotionHitler/137883

Ronquillo, J., Denson, T.F., Lickel, B., Lu, Z.-L., Nandy, A., and Maddox, K.B. (2007) The effects of skin tone on race-related amygdala activity: An fMRI investigation. *Social Cognitive and Affective Neuroscience*, 2(1), 39-44.

Ross, G. (2011) *Who watches the watchmen? The conflict between national security and freedom of the press*. Washington, DC: National Intelligence University.

Ross, K. (2017) *Youth encounter programs in Israel: Pedagogy, identity, and social change*. Syracuse, NY: Syracuse University Press.

Ross, L. (1977) The intuitive psychologist and his shortcomings: Distortions in the attribution process. In L. Berkowitz (ed.), *Advances in experimental social psychology* (Vol. 10, pp. 173-220). New York: Academic Press.

Rotter, J.B. (1966) Generalized expectancies for internal versus external control of reinforcement. *Psychological Monographs: General and Applied*, 80(1), 1-28.

Roy, O. (2017, April 13) Who are the new jihadis? *The Guardian*. https://www.theguardian. com/news/2017/apr/13/who-are-the-new-jihadis

Rubin, R.D., Watson, P.D., Duff, M.C., and Cohen, N.J. (2014) The role of the hippocampus in flexible cognition and social behavior. *Frontiers in Human Neuroscience*, 8, 742. https://doi.org/10.3389/fnhum.2014.00742/full

Runciman, D. (2012, March 14) *The Righteous Mind* by Jonathan Haidt (review). *The Guardian*. https://www.theguardian.com/books/2012/mar/14/the-righteousmind-jonathan-haidt-review

Rushton, J.P. (2004) Genetic and environmental contributions to pro-social attitudes: A twin study of social responsibility. *Proceedings, Biological Sciences*, 271(1557), 2583-2585.

Ryan, J.T., Hayes, P.A., and Craig, J.M. (2019) Leadership evolution for planetary health: A genomics perspective. *Challenges*, 10(1), 4.

Saad, G. and Greengross, G. (2014) Using evolutionary theory to enhance the brain imaging paradigm. *Frontiers in Human Neuroscience*. https://doi.org/10.3389/fnhum.2014.00452/full

Sageman, M. (2004) *Understanding terror networks*. Philadelphia: University of Pennsylvania Press.

Sapolsky, R.M. (2017) *Behave: The biology of humans at our best and worst*. New York: Penguin Random House.

Scaruffi, P. (2009) Wars and casualties of the 20th and 21st centuries. https://www.scaruffi. com/politics/massacre.html

Schacter, D.L., Guerin, S.A., and St Jacques, P.L. (2011) Memory distortion: An adaptive perspective. *Trends in Cognitive Sciences*, 15(10), 467-474.

Schaller, M., Simpson, J.A., and Kenrick, D.T. (eds.) (2014) *Evolution and social psychology*. New York: Psychology Press.

Schiffer, I. (1973) *Charisma: A psychoanalytic look at mass society*. Toronto: University of Toronto Press.

Schiller, D., Kanen, J.W., LeDoux, J.E., Monfils, M.H., and Phelps, E.A. (2013) Extinction during reconsolidation of threat memory diminishes prefrontal cortex involvement. *Proceedings of the National Academy of Sciences of the United States of America*, 110(50), 20040-20045.

Schreiber, D., Fonzo, G., Simmons, A.N., Dawes, C.T., Flagan, T., Fowler, J.H., and Paulus, M.P. (2013) Red brain, blue brain: Evaluative processes differ in Democrats and Republicans. *PLoS One*, 8(2), e52970.

Schulte-Rüther, M., Markowitsch, H.J., Shah, N.J., Fink, G.R., and Piefke, M. (2008) Gender differences in brain networks supporting empathy. *NeuroImage*, 42(1), 393-403.

Scott, E. (2020, February 22) All about catecholamines in the stress response: Fight or flight chemical messengers. *VeryWellMind*. https://www.verywellmind.com/all-about-catecholamines-3145098

Selimbeyoglu, A. and Parvizi, J. (2010) Electrical stimulation of the human brain: Perceptual and behavioral phenomena reported in the old and new literature. *Frontiers in Human Neuroscience.* https://doi.org/10.3389/fnhum.2010.00046/full

Settle, J.E., Dawes, C.T., Christakis, N.A., and Fowler, J.H. (2010) Friendships moderate an association between a dopamine gene variant and political ideology. *Journal of Politics, 72*(4), 1189-1198.

Shah, D.V., Hanna, A., and Bucy, E.P. (2015) Power of television images in a social media age: Linking biobehavioral and computational approaches via the second screen. *Annals of the American Academy of Political and Social Science*, 659(1), 225-245.

Shamir, B., Arthur, M.B., and House, R.J. (1994) The rhetoric of charismatic leadership: A theoretical extension, a case study, and implications for research. *Leadership Quarterly*, 5(1), 25-42.

Shamir, B., House, R.J., and Arthur, M.B. (1993) The motivational effects of charismatic leadership: A self-concept based theory. *Organization Science*, 4(4), 577-594.

Sharot, T., Shiner, T., Brown, A.C., Fan, J., and Dolan, R.J. (2009) Dopamine enhances expectation of pleasure in humans. *Current Biology*, 19(24), 2077-2080.

Sheng, F., Liu, Y., Zhou, B., Zhou, W., and Han, S. (2013) Oxytocin modulates the racial bias in neural responses to others' suffering. *Biological Psychology*, 92(2), 380-386.

Sherif, M., Harvey, O.J., White, B.J., Hood, W.R., and Sherif, C.W. (1961) *Intergroup conflict and cooperation: The Robbers Cave experiment.* Norman: Oklahoma University Press.

Sherman, L.E., Hernandez, L.M., Greenfield, P.M., and Dapretto, M. (2018) What the brain "likes": neural correlates of providing feedback on social media. *Social Cognitive and Affective Neuroscience*, 13(7), 699-707.

Sherman, L.E., Payton, A.A., Hernandez, L.M., Greenfield, P.M., and Dapretto, M. (2016) The power of the like in adolescence: Effects of peer influence on neural and behavioral responses to social media. *Psychological Science*, 27(7), 1027 1035.

Sherwood, H., Laville, S., Willsher, K., Knight, B., French, M., and Gambino, L. (2014, September 29) Schoolgirl jihadis: The female Islamists leaving home to join Isis fighters, *The Guardian*. https://www.theguardian.com/world/2014/sep/29/schoolgirl-jihadis-female-islamists-leaving-home-join-isis-iraq-syria

Shirky, C. (2009) *Here comes everybody: The power of organizing without organizations*. London: Penguin. 클레이 셔키, 『끌리고 쏠리고 들끓다』, 송연석 옮김, 갤리온(2008년 1판 1쇄).

Shondrick, S.J. and Lord, Robert G. (2010) Implicit leadership and followership theories: Dynamic structures for leadership perceptions, memory, leader- follower processes. In G.P. Hodgkinson and J.K. Ford (eds.), *International review of industrial and organizational psychology* (Vol. 25). New York: Wiley.

Sillars, A. and Parry, D. (1982) Stress, cognition, and communication in interpersonal conflicts. *Communication Research*, 9(2), 201-226.

Silva, J.A., Derecho, D.V., Leong, G.B., Weinstock, R., and Ferrari, M.M. (2001) A classification of psychological factors leading to violent behaviour in posttraumatic stress disorder. *Journal of Forensic Sciences*, 31, 81-83.

Singer, P.W. and Brooking, E.T. (2018) *LikeWar: The weaponization of social media*. New York: Eamon Dolan/Houghton Mifflin Harcourt.

Slovic, P. (1987) Perception of risk. *Science*, 236(4799), 280-285.

Smith, C.O., Levine, D.W., Smith, E.P., Dumas, J., and Prinz, R.J. (2009) A developmental perspective of the relationship of racial- ethnic identity to self-construct, achievement, and behavior in African American children. *Cultural Diversity and Ethnic Minority Psychology*, 15(2), 145-157.

Smith, D. (2013, December 8) Francois Pienaar: "When the whistle blew, South Africa changed forever." *The Guardian*. https://www.theguardian.com/world/2013/dec/08/nelson-mandela-francois-pienaar-rugby-world-cup

Smith, K. (2020, January 2) 258 incredible and interesting Twitter stats and statistics. *Brandwatch*. https://www.brandwatch.com/blog/twitter-stats-and-statistics/

Smith, R. (2005) *The utility of force: The art of war in the modern world*. London: Vintage. 루퍼트 스미스 , 『전쟁의 패러다임』, 황보영조 옮김, 까치(2008년 1판 1쇄).

Soon, C.S., Brass, M., Heinze, H., and Haynes, J. (2008) Unconscious determinants of free decisions in the human brain. *Nature Neuroscience*, 11(5), 543-545.

Southern Poverty Law Center (2019) Groups. https://www.splcenter.org/fighting-hate/extremist-files/groups

Spencer-Oatey, H. (2012) What is culture? A compilation of quotations. *GlobalPAD Core Concepts*. http://www.warwick.ac.uk/globalpadintercultural

Spisak, B.R., Blaker, N.M., Lefevre, C.E., Moore, F.R., and Krebbers, K.F.B. (2014) A face for all seasons: Searching for context-specific leadership traits and discovering a general preference for perceived health. *Frontiers in Human Neuroscience*, 8, 792.

https://doi.org/10.3389/fnhum.2014.00792/full

Stallen, M. and Sanfey, A.G. (2013) The cooperative brain. *The Neuroscientist*, 19(3), 292-303.

Statista (2020) Global digital population as of January 2020. https://www.statista.com/statistics/617136/digital-population-worldwide/

Staub, E. (1989) *The roots of evil: The origins of genocide and other group violence*. New York: Cambridge University Press.

Steinberg, L. (2008) A social neuroscience perspective on adolescent risk- taking. *Developmental Review*, 28(1), 78-106.

Stewart, F. (ed.) (2008) *Horizontal inequalities and conflict: Understanding group violence in multiethnic societies*. Basingstoke, UK: Palgrave Macmillan.

Stewart, P., Waller, B., and Schubert, J. (2009) Presidential speechmaking style: Emotional response to micro-expressions of facial affect. *Motivation and Emotion*, 33(2), 125-135.

Stone, A. (2007, September 12) Most think founders wanted Christian USA. *USA Today*.

Suedfeld, P., Leighton, D., and Conway, L.G. (2006) Integrative complexity and decisionmaking in international confrontations. In M. Fitzduff and C.E. Stout (eds.), *The psychology of resolving global conflicts: From war to peace* (pp. 211-238). Westport, CT: Praeger.

Suedfeld, P. and Schaller, M. (2002) Authoritarianism and the Holocaust: Some cognitive and affective implications. In L.S. Newman and R. Erber (eds.), *Understanding genocide: The social psychology of the Holocaust*. Oxford: Oxford University Press.

Sullivan, M. (2016, March 18) Your brain might be hard-wired for altruism. *UCLA Newsroom*. http://newsroom.ucla.edu/releases/your-brain-might-be-hard-wired-for-altruism

Sunstein, C.R. (1996) *Social norms and social roles*. Working Paper No. 36. Chicago: Coase-Sandor Institute for Law & Economics.

Svetlova, M., Nichols, S.R., and Brownell, C.A. (2010) Toddlers' prosocial behavior: From instrumental to empathic to altruistic helping. *Child Development*, 81(6), 1814-1827.

Swaine, J. (2018, January 20) Twitter admits far more Russian bots posted on election than it had disclosed. *The Guardian*. https://www.theguardian.com/

technology/2018/jan/19/twitter-admits-far-more-russian-bots-posted-on-election-than-it-had-disclosed

Taber, C.S. and Young, E. (2013) Political information processing. In L. Huddy, D.O. Sears, and J.S. Levy (eds.), *The Oxford Handbook of Political Psychology* (2nd ed.). Oxford: Oxford University Press.

Tabibnia, G. and Lieberman, M.D. (2007) Fairness and cooperation are rewarding: Evidence from social cognitive neuroscience. *Annals of the New York Academy of Sciences*, 1118, 90-101.

Tactical Tech (2018) *Tools of the influence industry.* https:// ourdataourselves.tacticaltech. org/posts/methods-and-practices/

Tajfel, H. (1978) Interindividual and intergroup behaviour. In H. Tajfel (ed.), *Differentiation between groups: Studies in the social psychology of intergroup relations* (pp. 27-60). London: Academic Press.

Takeuchi, S. and Marara, J. (2009) *Conflict and land tenure in Rwanda.* Tokyo: JICA Research Institute.

Tetlock, P.E., Kristel, O.V., Elson, S.B., Green, M.C., and Lerner J.S. (2000) The psychology of the unthinkable: Taboo trade-offs, forbidden base rates, and heretical counterfactuals. *Journal of Personality and Social Psychology*, 78(5), 853-870.

Theodoridis, A.G. and Nelson, A.J. (2012) Of BOLD claims and excessive fears: A call for caution and patience regarding political neuroscience. *Political Psychology*, 33(1), 27-43.

Thornhill, R. and Fincher, C.L. (2014) The parasite-stress theory of sociality, the behavioral immune system, and human social and cognitive uniqueness. *Evolutionary Behavioral Sciences*, 8(4), 257-264.

Tiemessen, A.E. (2004) After Arusha: Gacaca justice in post-genocide Rwanda. *African Studies Quarterly*, 8(1), 57-76.

Tigue, C., Borak, D., O'Connor, J., Schandl, C., and Feinberg, D. (2011) Voice pitch influences voting behavior. *Evolution and Human Behavior*, 33(3), 210-216.

Tiihonen, J., Rautiainen, M., Ollila, H., Repo-Tiihonen, E., Virkkunen, M., Palotie, A., Pietiläinen, O., Kristiansson, K., Joukamaa, M., Lauerma, H., Saarela, J., Tyni, S., Vartiainen, H., Paananen, J., Goldman, D., and Paunio, T. (2015) Genetic background of extreme violent behavior. *Molecular Psychiatry*, 20, 786-792.

Tomasello, M. and Hamann, K. (2012) Collaboration in young children. *Quarterly Journal of Experimental Psychology*, 65(1), 1-12.

Tomasello, M., Melis, A.P., Tennie, C., Wyman, E., and Herrmann, E. (2012) Two key steps in the evolution of human cooperation. *Current Anthropology*, 53(6), 673-692.

Tony Blair Institute for Global Change (2018) *Global Extremism Monitor 2017: Violent Islamist extremism in 2017.* London: Tony Blair Institute for Global Change.

Tooby, J. and Cosmides, L. (1990) The past explains the present: Emotional adaptations and the structure of ancestral environments. *Ethology and Sociobiology*, 11(4-5), 375-424.

Travis, A. (2008, August 20) MI5 report challenges views on terrorism in Britain. *The Guardian*. https://www.theguardian.com/uk/2008/aug/20/uksecurity.terrorism1

Triandis, H., Bontempo, R., Villareal, M., Asai, M., and Lucca, N. (1988) Individualism and collectivism: Cross-cultural perspectives on self- ingroup relationship. *Journal of Personality and Social Psychology*, 54(2), 323-338.

Truskanov, N. and Prat, Y. (2018) Cultural transmission in an ever-changing world: Trial-and-error copying may be more robust than precise imitation. *Philosophical Transactions of the Royal Society B: Biological Sciences*, 373(1743). https://doi.org/10.1098/rstb.2017.0050

Tskhay, K.O., Xu, H., and Rule, N.O. (2014) Perceptions of leadership success from nonverbal cues communicated by orchestra conductors. *Leadership Quarterly*, 25(5), 901-911.

Tusche, A., Kahnt, T., Wisniewski, D., and Haynes, J.D. (2013) Automatic processing of political preferences in the human brain. *NeuroImage*, 72, 174-182.

Tversky, A. and Kahneman, D. (1974) Judgment under uncertainty: Heuristics and biases. *Science*, 185, 1124-1131.

Twenge, J.M., Baumeister, R.F., DeWall, C.N., Ciarocco, N.J., and Bartels, J.M. (2007) Social exclusion decreases prosocial behavior. *Journal of Personality and Social Psychology*, 92(1), 56-66.

Ulman, R.B. and Apse, D.W. (1983) The group psychology of mass madness: Jonestown. *Political Psychology*, 4, 637-661.

UN Women (2019) Facts and figures: Leadership and political participation. https://www.unwomen.org/en/what-we-do/leadership-and-political-participation/facts-and-figures

USAID (2009) *Religion, conflict and peacebuilding.* Washington, DC: USAID.

Vaidhyanathan, S. (2018) *Antisocial media: How Facebook disconnects us and undermines democracy.* Oxford: Oxford University Press. 시바 바이디야나단,

『페이스북은 어떻게 우리를 단절시키고 민주주의를 훼손하는가』, 홍권희 옮김, 아라크네(2020년 1판 1쇄).

Van Bavel, J.J. and Cunningham, W.A. (2009) Self-categorization with a novel mixed-race group moderates automatic social and racial biases. *Personality and Social Psychology Bulletin*, 35, 321-335.

Van Bavel, J.J., Earls, H., Morris, J., and Cunningham, W.A. (2013) *Identity tunes rapid person perception: Group membership overrides initial racial bias*. Unpublished manuscript.

van der Plas, E.A.A., Boes, A.D., Wemmie, J.A., Tranel, D., and Nopoulos, P. (2010) Amygdala volume correlates positively with fearfulness in normal healthy girls. *Social Cognitive and Affective Neuroscience*, 5(4), 424-431.

Van Hiel, A, Onraet, E, and De Pauw, S. (2010) The relationship between social-cultural attitudes and behavioral measures of cognitive style: A meta-analytic integration of studies. *Journal of Personality*, 78(6), 1765-1799.

Van Vugt, M. and Ahuja, A. (2010) *Selected: Why some people lead, why others follow, and why it matters*. London: Profile Books.

Van Vugt, M. and Grabo, A.E. (2015) The many faces of leadership: An evolutionary-psychology approach. *Current Directions in Psychological Science*, 24(6), 484-489.

Van Vugt, M., Hogan, R., and Kaiser, R.B. (2008) Leadership, followership, and evolution: Some lessons from the past. *American Psychologist*, 63(3), 182-196.

Velton, R. (2017, April 25) The "silent killer" of Africa's albinos. *BBC Future*. https://www. bbc.com/future/article/20170425-the-silent-killer-of-africas-albinos

Verbaarschot, C., Haselager, P., and Farquhar, J. (2016) Detecting traces of consciousness in the process of intending to act. *Experimental Brain Research*, 234, 1945-1956.

Victoroff, J., Quota, S., Adelman, J., Celinska, B., Stern, N., Wilcox, R., and Sapolsky, R. (2011) Support for religio-political aggression among teenaged boys in Gaza: Part II: Neuroendocrinological findings. *Aggressive Behavior*, 37(2), 121-132.

Vignoles, V., Schwartz, S., and Luyckx, K. (2011) Introduction: Toward an integrative view of identity. In S.J. Schwartz, K. Luyckx, and V.L. Vignoles (eds.), *Handbook of identity theory and research* (pp. 1-27). Berlin: Springer Science + Business Media.

Volkan, V. (1998, August) *Transgenerational transmissions and chosen traumas: An element of large-group identity*. Opening address, XIII International Congress, International Association of Group Psychotherapy, London.

Volkan, V. (2001) Transgenerational transmissions and chosen traumas: An aspect of large-group identity. *Group Analysis*, 34(1), 79-97.

Volkan, V. (2004) *Blind trust: Large groups and their leaders in times of crisis and terror.* Durham, NC: Pitchstone.

Volkan, V. (2009) Large-group identity, international relations and psychoanalysis. *International Forum of Psychoanalysis*, 18(4), 206-213.

Volman, I., von Borries, A.K.L., Bulten, B.H., Verkes, R.J., Toni, I., and Roelofs, K. (2016) Testosterone modulates altered prefrontal control of emotional actions in psychopathic offenders. *eNeuro*, 3(1), 1-9.

Vosoughi, S., Roy, D., and Aral, S. (2018) The spread of true and false news online. *Science*, 359(6380), 1146-1151.

Wade, L. (2011, January 28) Irish apes: Tactics of de-humanization. *The Society Pages.* https://thesocietypages.org/socimages/2011/01/28/irish-apes-tactics-of-de-humanization/

Waldman, D., Balthazard, P.A., and Peterson, S. (2011) Social cognitive neuroscience and leadership. *Leadership Quarterly*, 22(6), 1092-1106.

Wall, K. and Choksi, M. (2018, May 22) A chance to rewrite history: The women fighters of the Tamil Tigers. *Longreads.* https://longreads.com/2018/05/22/a-chance-to-rewrite-history-the-women-fighters-of-the-tamil-tigers/

Waller, J. (2006) Becoming evil: How ordinary people commit genocide and mass killing. In M. Fitzduff and C.E. Stout (eds.), *The psychology of resolving global conflicts: From war to peace.* Westport, CT: Praeger.

Walsh, D, and Zway, A.S. (2018, September 4) A Facebook war: Libyans battle on the streets and on screens. *New York Times.* https://www.nytimes.com/2018/09/04/world/middleeast/libya-facebook.html

Walsh, K. (2001) Collective amnesia and the mediation of painful pasts: The representation of France in the Second World War. *International Journal of Heritage Studies*, 7(1), 83-98.

Walsh, K., Uddin, M., Soliven, R., Wildman, D., and Bradley, B. (2014) Associations between the SS variant of 5-HTTLPR and PTSD among adults with histories of childhood emotional abuse: Results from two African American independent samples. *Journal of Affective Disorders*, 161, 91-96.

Walter, B. (2017) The new new civil wars. *Annual Review of Political Science*, 20, 469-486.

Warneken, F. and Tomasello, M. (2010) Helping and cooperation at 14 months of age. *Infancy*, 11(3), 271-294.

Webber, D., Chernikova, M., Kruglanski, A., Gelfand, M., Hettiarachchi, M., Gunaratna, R., Lafreniere, M.-A., and Bélanger, J. (2018) Deradicalizing detained terrorists. *Political Psychology*, 39(3), 539-556.

Weierter, S. (1997) Who wants to play "follow the leader?" A theory of charismatic relationships based on routinized charisma and follower characteristics. *Leadership Quarterly*, 8, 171–193.

Weinberg, L. and Eubank, W. (2011) Women's involvement in terrorism. *Gender Issues*, 28(1-2), 22-49.

Weinschenk, S. (2012, September 11) Why we're all addicted to texts, Twitter and Google. *Psychology Today*. https://www.psychologytoday.com/ca/blog/brain-wise/201209/why-were-all-addicted-texts-twitter-and-google?collection=157448

Weir, K. (2017) Why we believe alternative facts: How motivation, identity and ideology combine to undermine human judgment. *Monitor on Psychology*, 48(5). https://www. apa.org/monitor/2017/05/alternative-facts

Weiss, K.M. and Buchanan, A.V. (2009) *The mermaid's tale: Four billion years of cooperation in the making of living things*. Cambridge, MA: Harvard University Press.

Westen, D. (2008) *The political brain: The role of emotion in deciding the fate of the nation*. New York: PublicAffairs. 드루 웨스턴, 『감성의 정치학』, 뉴스위크 한국판 편집팀 옮김, 뉴스위크 한국판(2007년 1판 1쇄).

Westen, D., Blagov, P.S., Harenski, K., Kilts, C., and Hamann, S. (2006) Neural bases of motivated reasoning: An fMRI Study of emotional constraints on partisan political judgment in the 2004 U.S. presidential election. *Journal of Cognitive Neuroscience*, 18(11), 1947-1958.

Whicker, M.L. (1996) *Toxic leaders: When organizations go bad*. Westport, CT: Quorum Books.

White, R.F. (2017) Political behavior and biology: Evolutionary leadership and followership. In S.A. Peterson and A. Somit (eds.), *Handbook of biology and politics* (pp. 22-49). Cheltenham, UK: Edward Elgar.

Why Boko Haram uses female suicide-bombers. (2017, 23 October). *The Economist*.

Wilde, R. (2018) Who were Hitler's supporters? Who backed the Führer and why.

ThoughtCo. https://www.thoughtco.com/who-supported-hitler-and-why-1221371

Willis, J. and Todorov, A. (2006) First impressions: Making up your mind after a 100-ms exposure to a face. *Psychological Science*, 17(7), 592-598.

Wilson, J. (2000, November 18) How the real IRA recruits boys into a life of terrorism. *The Guardian*. https://www.theguardian.com/uk/2000/nov/18/northernireland. uksecurity

Winter, C. (2017) *Media jihad: The Islamic State's doctrine for information warfare*. London: International Centre for the Study of Radicalisation and Political Violence.

Wolpert, S. (2016, May 31) The teenage brain on social media. *UCLA Newsroom*. https://newsroom.ucla.edu/releases/the-teenage-brain-on-social-media

Wrangham, R. and Peterson, D. 1996. *Demonic males: Apes and the origins of human violence*. Boston: Houghton Mifflin. 리처드 랭엄·데일 피터슨, 『악마 같은 남성』, 이명희 옮김, 사이언스북스(1998년 1판 1쇄).

Wright, R. (1999) *Nonzero: The logic of human destiny*. New York: Pantheon. 로버트 라이트, 『넌제로』, 임지원 옮김, 말글빛냄(2009년 1판 1쇄).

Xu, X., Zuo, X., Wang, X., and Han S. (2009) Do you feel my pain? Racial group membership modulates empathic neural responses. *Journal of Neuroscience*, 29(26), 8525-8529.

Yamagishi, T. and Mifune, N. (2016) Parochial altruism: Does it explain modern human group psychology? *Current Opinion in Psychology*, 7, 39-41.

Yang, H.-P., Wang, L., Han, L., and Wang, S.C. (2013) Nonsocial functions of hypothalamic oxytocin. *International Scholarly Research Notices*, 179272.

Yapp, R. (2016, December 9) The toxic triangle— the environment and followers of toxic leaders. *Leadership Forces*. https://www.leadershipforces.com/toxic-leadership-environment-followers/

Yeomans, R. (2005) Cults of death and fantasies of annihilation: The Croatian Ustasha movement in power, 1941-45. *Central Europe*, 3(2), 121-142.

Youngblood, S. (2017) What is peace journalism? *Media and Peace Building Research Project*. https://mediapeaceproject.smpa.gwu.edu/2017/12/14/what-is-peace-journalism/

Zaki, J., López, G., and Mitchell, J.P. (2014) Activity in ventromedial prefrontal cortex co-varies with revealed social preferences: Evidence for person-invariant value. *Social Cognitive and Affective Neuroscience*, 9(4), 464-469.

Zambakari, C. (2017, February 16) Challenges of liberal peace and statebuilding in divided societies. *Accord*. https://www.accord.org.za/conflict-trends/challenges-liberal-peace-statebuilding-divided-societies/

Zamboni, G., Gozzi, M., Krueger, F., Duhamel, J.R., Sirigu, A., and Grafman, J. (2009) Individualism, conservatism, and radicalism as criteria for processing political beliefs: A parametric fMRI study. *Social Neuroscience*, 4(5), 367-383.

Zephoria (2019) The top 20 valuable Facebook statistics. https://zephoria.com/top-15-valuable-facebook-statistics/

Zhang, T.-Y. and Meaney, M.J. (2010) Epigenetics and the environmental regulation of the genome and its function. *Annual Review of Psychology*, 61, 439-466.

Zimbardo, P.G., Haney, C., Banks, W.C., and Jaffe, D. (1973) *The psychology of imprisonment: Privation, power and pathology*. Unpublished manuscript.

Zoria, Y. (2020) Baltic "elves" launch online database of pro-Russian trolls to tackle propaganda. *Euromaidan Press*. http://euromaidanpress.com/2018/0 1/20/b altic-e ves-launch-vatnikas-online-database-of-pro-russian-trolls-to-tackle-propaganda/

찾아보기

전쟁하는 뇌

갈등과 평화구축의 신경과학

초판1쇄 발행 2025년 7월 15일
지은이 마리 피츠더프 **옮긴이** 한지영 **펴낸이** 박동운
펴낸곳 (재)진실의 힘 **출판등록** 제300-2011-191호(2011년 11월 9일)
주소 서울시 중구 세종대로 19길 16 성공회빌딩 3층 **전화** 02-741-6260
홈페이지 truthfoundation.or.kr **대표메일** truth@truthfoundation.or.kr
페이스북 facebook.com/truthfdtion
기획 조용환 **진행** 임순영·김경훈 **편집** 김현림 **디자인** 공미경 **제작·관리** 조미진·서수정
인쇄·제책 한영문화사
ISBN 979-11-985056-7-5 03340